图书馆
无尽的奇迹

THE LIBRARY
A CATALOGUE OF WONDERS

〔澳〕斯图尔特·凯尔斯（STUART KELLS）著　温暖 译

图书在版编目（CIP）数据

图书馆：无尽的奇迹 /（澳）斯图尔特·凯尔斯著；温暖译. -- 北京：北京联合出版公司，2023.4
ISBN 978-7-5596-6002-2

Ⅰ.①图… Ⅱ.①斯… ②温… Ⅲ.①图书馆—介绍—世界 Ⅳ.①G259.1

中国版本图书馆CIP数据核字（2022）第034271号

Copyright@2017 by Stuart Kells
Published by arrangement with The Text Publishing Company, through The Grayhawk Agency Ltd.
Simplified Chinese edition copyright © 2023 by Beijing United Publishing Co., Ltd.
All rights reserved.
本作品中文简体字版权由北京联合出版有限责任公司所有

图书馆：无尽的奇迹

[澳] 斯图尔特·凯尔斯（Stuart Kells） 著
温暖 译

出　品　人：赵红仕
出版监制：刘　凯　赵鑫玮
选题策划：联合低音
策划编辑：马晓茹
特约编辑：黄子元
责任编辑：孙志文
封面设计：王喜华
内文排版：薛丹阳

关注联合低音

北京联合出版公司出版
（北京市西城区德外大街83号楼9层　100088）
北京联合天畅文化传播公司发行
北京华联印刷有限公司印刷　新华书店经销
字数190千字　787毫米×1092毫米　1/32　10印张
2023年4月第1版　2023年4月第1次印刷
ISBN 978-7-5596-6002-2
定价：68.00元

版权所有，侵权必究
未经许可，不得以任何方式复制或抄袭本书部分或全部内容
本书若有质量问题，请与本公司图书销售中心联系调换。电话：（010）64258472-800

目录

前言 / 001

无限 / 008

1
没有书的图书馆
口头传承与歌之版图 / 013

书籍的乐趣 / 024

2
亚历山大图书馆的最后岁月
古籍及其存储 / 029

枕边书 / 045

3
日臻完善
抄本的崛起 / 049

恋爱中的愚人 / 061

4
"下流的人类"
重新发现文艺复兴 / 065

卑鄙的藏书家 / 091

5
无拘无束
印刷时代书籍的极大丰富 / 095

好奇心 / 111

6
"野蛮人没做的事"
梵蒂冈图书馆 / 115

珍馐美馔 / 129

7

隐秘的历史

图书馆设计中的技巧和宝藏 / 131

图书馆里的新发现 / 152

8

图书守护者

史上最好和最糟的图书馆员 / 155

虐书者 / 163

9

放荡的精髓

希伯、拜伦和巴里 / 167

作家们的图书馆 / 180

10

火神的诅咒

毁于战争和火灾的图书馆 / 183

图书馆动物志 / 204

11
窃书伯爵
书盗与书贼 / 211

图书馆中的器械 / 227

12
"图书馆内请低声"
皮尔庞特·摩根图书馆 / 229

灾难来临时 / 240

13
荣耀归于莎士比亚
福尔杰莎士比亚图书馆 / 243

诞生 / 263

14
杀死一名修士
奇幻图书馆 / 265

死亡 / 285

15
情书
图书馆的未来 / 287

身后事 / 299

致谢 / 303

前言

二十多年前，我还是个郁郁寡欢的社会研究所青年学者。一天中午，某学院举办图书甩卖活动。甫一到场，我就发现了一本方形小书印着老式字体，很是漂亮。装订是鲜明的英伦式：深蓝色，直纹摩洛哥革（一种山羊皮），书脊大胆镏金，并依19世纪伟大装订匠人查尔斯·刘易斯（Charles Lewis）的风格，用凸起的条带分出几段。

扉页印的出版时间是1814年，书名是《未发表手稿及稀缺书籍中的古诗残卷》(*Pieces of Ancient Poetry from Unpublished Manuscripts and Scarce Books*，以下简称《残卷》)。就我所知，"古"指伊丽莎白一世[1]及詹姆斯一世[2]统治时期，"诗"涵盖了民谣和诗歌。除此之外，这本书相当神秘。作者署名仅两个字母"NY"。出版者也没有写明。

---

1 英国都铎王朝女王，1558—1603年在位。——编者注
2 苏格兰国王，1567—1625年在位；英格兰及爱尔兰国王，1603—1625年在位。——编者注

图书馆：无尽的奇迹

一条脚注显示，这本书共印了九十六册，另有六册蓝纸印刷的"特制本"。我手上的是特制本之一。书后也未标明作者和出版者，但有希普尚克斯（Sheepshanks）、佩科弗（Peckover）、波普尔（Pople）等预购者的名字。名单中有享誉全球的藏书协会罗克斯伯俱乐部（Roxburghe Club）的会员们：马克·马斯特曼-塞克斯爵士（Sir Mark Masterman-Sykes，蓝、白副本各一册），弗朗西斯·弗瑞林爵士（Sir Francis Freeling），弗朗西斯·兰厄姆副主教（Archdeacon Francis Wrangham），布兰福德侯爵乔治·斯宾塞-丘吉尔（George Spencer-Churchill, Marquess of Blandford，破产前夕再享受一次购书的乐趣）。

也就是说，我手里的是一本印制精良、保存完好、流传有序的莎翁时代稀有善本。在某些方面，皮革装订的书籍已经过时了。它们只是与"棕色家具"配套的"棕色书籍"而已。但与《残卷》的偶遇在我生命中留下如此美好的一刻，它让我理解了藏书迷为何心甘情愿在跳蚤市场、书摊、车后备箱和车库旧物甩卖中消磨半生。那天步行回家，我满心期待地向未婚妻菲奥娜（Fiona）展示这件战利品。我们住在一栋曾是旅馆的塔楼中，公寓里还保留着迷你吧台小冰箱和壁挂式吹风机。菲奥娜和我争论如何安放我们的贵宾才是最佳方案。档案盒？透气的书架？小厨房飘来的蒸汽会打扰摩洛哥革吗？

之后几个星期，我对《残卷》进行研究，在贝利厄图书馆查阅《匿名及伪名文学辞典》（*Dictionary of Anonymous and*

Pseudonymous Literature）和一本19世纪版本的《国家人物传记大辞典》(*Dictionary of National Biography*)。"NY"原来是约翰·弗莱（John Fry），布里斯托尔的一位年轻书商：N和Y分别是他姓名的最后一个字母。这是常见的礼仪性匿名方式（弗莱的最后一本书匿名程度更低，编者标作"J-N F-Y"）。

菲奥娜和我节省开支，以便搜购更多弗莱的书。不久，在我们的小公寓里，我们拥有了世界上最好的弗莱著作收藏（福尔杰莎士比亚图书馆也有弗莱的书，但没有《残卷》），我开始尽情欣赏图书甩卖捡漏所得。单从严格的金钱意义上讲，《残卷》是我们的所有物中价值最高的。但它并非那种在需要时可以变现的财产。对我们来说，它是一个护身符，是我们未来的图书馆的核心。

《残卷》也是一幅寻宝图，是通向多彩藏书生活的门户。约翰·弗莱将菲奥娜和我引荐到乔治三世[1]时代的藏书圈，圈中绅士以收藏几个世纪以来稀有的书籍和文献为己任。他向我们展示了目录学的精髓和登峰造极的藏书之道。他介绍我们认识哥特体书法匠人、镏金装饰匠人、毛边切制匠人、精装大开本抄写匠人、页缘装饰匠人、阿尔杜斯印刷匠人（Aldusian）、埃尔泽维尔印刷匠人（Elzevirian）、搜集图书插图放进剪贴簿的人、写讽刺诗的人和褐色摩洛哥革鞣制匠人。他将我们带回伊丽莎白一世

---

[1] 英国汉诺威王朝国王，1760—1820年在位。——编者注

时代，欣赏莎士比亚作品前卫的一面。同时，他也将我们征召到寻找莎士比亚下落不明的图书馆的队伍中。

与《残卷》的偶遇激发了一次顿悟，顿悟的程度在《在路上》和《禅与摩托车维修艺术》之间。我再次成为学生，决意学习藏书家需要学习的一切。附近大学没有全能藏书人的相关学位。受弗莱和其朋友圈的启发，我灵光乍现，给自己设计了课程，从文学、心理学、哲学、艺术、商业、策展、历史、法律、逻辑、数学中挑选组件，拼成菲奥娜和我之外的任何人都无法理解的知识网络。最终毕业时，我带走了一本关于书籍交易的书、一个书籍拍卖硕士学位、一个法学博士学位、一份基督教世界最没条理的成绩单，以及量身定制的藏书癖资质。

周末的时候，我开始"跑书"：开一辆装满书的车，大部分是平装书，辗转于书店之间搞批发。菲奥娜和我将存货中的重点书籍做成目录，分发出去。我们买进卖出的每一本书都是一个谜题，一个等待证明的判断。我们珍惜实践的机会，而不单是理论。对菲奥娜和我来说，这是图书事业的开端。我们并肩在一家出版社耕耘，带着欣喜发行一系列关于书籍的书。我们在书展上做展销，将书卖到米切尔图书馆、霍顿图书馆、博德利图书馆等德隆望尊的图书馆。这些图书馆的借阅者必须发誓不会移除、污损馆藏书籍，也不能带任何明火或点火。

借工作之便，我们参观了上百座图书馆。它们之中，有整齐或混乱的，有干燥或潮湿的，有空气清新或满是霉味的，也有热情好客或危机四伏的。这些图书馆收藏了几乎所有种类的图书：被喜爱的和被忽视的，可圈可点的和虚有其表的，被阅读过的和未被阅读过的。我们探索过国家图书馆、工人图书馆、会员图书馆、学术图书馆、企业图书馆、俱乐部图书馆，以及或奢华或简朴的个人图书馆。比如，有一份收藏都是"偶遇"之书，是一位拆迁工人在施工时搜集的，每一本都被有条不紊地编目并妥善收藏。

我们在图书馆中陈列未编目书籍的书架上探索，并有很多令人振奋的发现，比如放错位置的小册子、被忽视的签名、传说中的变体版本、额外添加插图的稀有版本，以及隐藏的书口画。我们发掘图书馆未对公众开放的区域，比如新南威尔士州立图书馆精美的莎士比亚屋，隐藏在维多利亚州立图书馆深处的特别紧凑的螺旋楼梯，以及家附近国家图书馆玻璃穹顶上的全景式空间——这座图书馆是仿照德国国会大厦建造的。

我们研究藏书者的罪行，比如一位农民将一套价值连城、精妙绝伦的约翰·古尔德动物学画本（四十一卷大象对开本）存放在羊毛剪理捆装场里，而他住在城里的堂兄弟则将一系列独一无二的书籍及抄本藏在壁炉中。我们拜访过一位藏书者，他开辟了一条通往浴缸的室内通道，他最昂贵的藏品收在浴缸中。我们还曾埋首于中世纪图书馆的书架，架上图书的书脊冲内摆放，每一册都用铁链固定，以防逸失。

我们了解到图书馆不单单是堆积书籍的场所。每座图书馆都有它的气场，甚至灵魂。每次拜访图书馆，都像是邂逅条理、美丽和品味的空灵化身。但是，图书馆不是柏拉图式抽象概念或无菌高压氧舱。它们是充满人性之所在。人流下的泪水、掉落的毛发、蜕下的皮屑、打喷嚏时喷溅出的飞沫，还有手上的油脂，都在图书馆中留下痕迹。顺便说一句，手上的油脂是旧皮革封面的最佳养护剂。

莎士比亚、多恩、海明威和伍尔夫的图书馆中遗留了多少他们自身的痕迹呢？从他们的藏书中又可以窥见多少本人的个性？创建图书馆是劳心的事业。在搜集"恩典"的过程中，书迷会展现出焦虑、贪婪、嫉妒、挑剔、痴迷、欲望、骄傲、自负、自恋和恐惧——事实上这涵盖了所有《圣经》中的罪和美国精神病学协会手册里列举的病状。

每当有客人拜访17世纪威尔士藏书家威廉·布斯比爵士（Sir William Boothby）时，他总希望对方快点告辞："客人走了，我终于可以继续享受与书籍独处的时光了。这才是我生命真正乐趣之所在，其他一切不过是喧嚣浮华而已。"约翰·希尔·伯顿（John Hill Burton）曾提到，一位生性敏感的藏书家甚至不能容忍他的图书馆里有外来书籍，"如果住所中混进非他族类的书，他会感受到蠼螋进入蜂巢时蜜蜂会有的那种恐惧和不安"。

藏书家通过各种方式获得并整理书籍后，便不吝用各种比喻形容他们的心爱之物：园中之花、苍翠之叶、果中珍品、喷涌之泉、船舶、房屋、砖块、门、钉子、子弹、匕首、香气、魔药、陨石、珠宝、友人、子女、囚犯、房

前言

客、士兵、恋人、幽灵、魔鬼、骨头、眼睛、牙齿。约翰·巴克斯特（John Baxter）幻想自己的格雷厄姆·格林藏书一到晚上就像一窝昆虫一样，挤挤蹭蹭，沙沙作响。

寂静、昏暗、富含淀粉的图书馆也的确是昆虫的理想栖居地。菲奥娜和我见过整架被虫子蛀坏的书。对我来说，蛀虫留下的"小土堆"和孔道是真真切切噩梦般的存在。我们还见识过藏书家克星蠹鱼毁掉全部藏书的例子。这些恶魔喜欢松软的纸页，以及书胶和布质封面中松脆的淀粉。它们似乎还偏好浓墨，用看起来恶意满满的爬痕毁掉书的护封。

通过拜访图书馆，我们学到了如何鉴别书架的好坏——光滑、坚固、开放型的最好。下陷的书架使书籍变成令人痛苦的非欧几里德几何形状，表面粗糙的书架会磨损书籍的皮质封面，被玻璃柜封住的书籍会因为反复吸入自己呼出的浊气而生病。更重要的是，我们了解到图书馆是个充满故事的地方：生与死的故事，欲望与丧失的故事，坚守信念或放弃信念的故事。它囊括了人间每一种可能存在的悲喜剧，并通过复杂且不规则、跨越代际的线索，将所有故事交织在一起。

《残卷》是一系列我记忆犹新的奇妙发现的起点。有一次，我们到一户城郊的人家做鉴定访问，发现两部1925年版的乔治·查普曼剧本堆放在卧室书柜里，四开本，品相完美，由世界上最好的装订工坊之一里维耶（Riviere &

Son）装订。在一家乡村书店尘封的箱子的底部，我们也有所得：大革命前的法兰西王室装帧，品相完好，出处惊人，异常稀有。在一家二手书店，我们发现了托马斯·弗罗格纳尔·迪布丁编制的斯宾塞勋爵奥尔索普图书馆的豪华书目。在书目中，迪布丁赞扬了1623年版的莎士比亚戏剧集——第一对开本。

约翰·弗莱已经过世近两个世纪，而我要充分理解他的成就，仍然需要很多年的积累，但他已成为我在书籍世界的导师，将他对近代早期英国印刷文化的痴迷传给了我。在他的影响下，我撰写并发表了关于关莎士比亚的作品，加入了对伊丽莎白一世及詹姆斯一世时代宝藏的追寻。我探索了最伟大的图书馆和书痴无限分岔的小径。所有这些事发生的时候，这位过世已久的布里斯托尔年轻书商是我的顾问和向导。这种实实在在的永垂不朽，也是人们热爱书籍的一大原因。我们为何写书，原因也在于此。

无限

1937年，时年三十八岁的豪尔赫·路易斯·博尔赫斯开始了他的第一份"卑微且令人沮丧"的全职工作——在位于布宜诺斯艾利斯市博埃多（Boedo）的米格尔·卡内市立图书馆为馆藏图书重新编目。周围的同事或暴戾，或懒惰,或吵闹。他常常消失,躲到图书馆的僻静角落试图写作。每天下班回家,他步行十个街区到电车站,眼中"泪水在打转"。

1938年圣诞前夜,博尔赫斯上楼梯时被窗子磕破了头。伊丽莎白·海德·史蒂文斯(Elizabeth Hyde Stevens)在书中描述了他的伤口如何恶化,接下来一个星期他如何在失眠和谵妄中度过,悬浮于生与死之间,无法讲话。博尔赫斯的母亲大声朗读他之前订购的一本书,竟然将他的知觉唤醒了。"在那奇迹般的一天,她在朗读C. S. 刘易斯著述的间隙抬起头,赫然发现博尔赫斯开始哭泣。他口齿清晰地说:'我流泪,是因为我听懂了。'"

痊愈后,博尔赫斯创作的第一批作品之一是短篇小说《巴别图书馆》。博尔赫斯称它是地狱般的米格尔·卡内市立图书馆的"噩梦版或夸大版"。故事以非凡的视野,描画了一个由无穷无尽的图书馆组成的宇宙。图书馆由大小相同、互相连接的六边形房间组成。房间中的书架形制完全一致——每架三十五本书,每侧五个书架,每层楼二十个书架——与米格尔·卡内图书馆一模一样。

书的尺寸也是标准化的:每本四百一十页,每页四十行,每行约八十个字母,限用二十二个语音字符加上句号、逗号和空格。书在六边形房间中的分布是随机的,不过有很多人尝试用不同的理论将这种随机套入某种固定模式之中。馆藏书籍看似毫无章法,但它们涵盖每一种语言所书写的每一本书的每一个版本:过去与未来的详细历史，翔实或不实的图书馆书目，逸失的福音书、评注及伪经，失传的塔西佗的书，可敬的比德可能写过（和从未落笔）的撒克逊神话专著；虚虚实实的生死簿……

无限图书馆的隐喻以无数其他方式被表达过：每种可能的音符组合，囊括万物的橱柜，所有可能的蛋白质序列，所有可能的推理小说桥段，上帝秘密化名的列表，存有万物的人世、自然及谷歌，作为通用文本的《圣经》、《古兰经》、第一对开本和《芬尼根的守灵夜》，猴子与打字机，全息密码术，自动化写作，连续叙事，无名的城市，对数学及量子物理不确定性的正规描述，未知之海与无主之地，所有人发布的所有推特。一页像素不仅可以用来创建每一页的文字，也可以用来创建每一幅图片。原则上，实体可以被切成无限窄的平面。

在博尔赫斯的故事中，巴别图书馆的屋宇和楼梯见证了无数文明的奇迹：传奇和宗教的建立，不同理论的辩论，对迷宫般广阔领域的探索。绝望时，人们跃入六边形之间深不见底的通风井，快速堕入"缓慢死亡"之中。

博尔赫斯在米格尔·卡内图书馆度过了压抑的九年。得力于他的文学声誉，博尔赫斯终于逃离旧职，出任位于布宜诺斯艾利斯的阿根廷国家图书馆馆长。在这一职位上，他度过了快乐的十八年。尽管五十岁出头就失去了视力，但博尔赫斯拒绝使用手杖，并且坚持工作。他还继续光顾书店。据曾在布宜诺斯艾利斯拉瓦奇书店（Labach's bookstore）工作的阿尔维托·曼古埃尔说，博尔赫斯用手

前言

拂过书架，仿佛能用手指读取书名。一次，博尔赫斯由耄耋之年的母亲陪同，来到拉瓦奇书店。这位大作家兼图书馆馆长想找一些中世纪英文文献，他的老母亲却说："哦，乔治，我真不明白你为什么偏要在盎格鲁-撒克逊文学上浪费时间，而不去读一读拉丁文或希腊文之类有用的东西！"

1

没有书的图书馆
口头传承与歌之版图

如果把图书馆简单定义为有序地收藏文本的所在，那么在文化历史中，图书馆远比书籍出现得早。在文字记录出现之前，每个国家都有口耳相传的传说、预言、谜语、神话、圣歌。这些口头传承被储存在记忆中，以舞蹈、手势、口述等形式传了一代又一代。新几内亚岛的科布人（Kope）、马里的曼丁戈部族史说唱艺人（Mandinka griot）、菲律宾的伊富高人、巴勒斯坦的阿拉伯人、蒙古的游牧人、巴西的南比克瓦拉人、加拿大不列颠哥伦比亚省的基特克桑人（Gitksan）、瓦特苏瓦特恩人（Wet'suwet'en）……这些民族用"呼德呼德圣歌"（Hudhud）、故事（Hikaye）、长调和短调等形式，建立了没有书的非物质图书馆。

缺乏任何形式的文字的文化永远无法完美地保存文本。但是，这些文化中的人们采用精妙的技巧（比如复杂的重复模式）和规则（比如社会义务和禁忌，尽其所能确保文本在传承中的完整性。用助记公式口头传承的最好例子来自古印度。《吠陀经》的一段经文有多达十一种背诵形式，包括网状背诵（jatā-pātha, mesh recitation），即经文中每两个相邻的词先顺序，然后倒序，最后再顺序背诵。

世界上最早的口头图书馆，或许在数万年前出现于澳大利亚中部的不毛之地。在那里，阿伦特（Arrernte）部落创造了一套复杂的知识、信仰、责任及道德体系。在1906年出版的《澳大利亚的神话与传说》一书中，范热内普称其"兼具教理释疑、礼拜规则、文明史、地理教科书及宇宙学手册的片段"。澳大利亚原住民则将这个包罗万象的系统称为"梦境"或"梦中之事"。梦境记述了澳大利亚原住民与这片土地及土地上的事物之间密不可分的关联——丘陵、高原、河流、沼泽、动物、植物，以及贸易与征服之路，还有对生自远古时期的巨兽和巨人图腾的朝拜之旅。

旅行和地理对梦境来说非常重要，因此梦中故事通常被称为"梦径"。阿伦特人用他们文化中至关重要的神秘石头储灵珈（tjurunga）[1]来命名此路。被赋予神圣内涵的储灵珈石是一种扁平的长方形石头，约三英寸[2]宽，经过抛光后，雕上精美的纹饰和图样，比如同心圆、折线、点、拱形和曲线，代表石头所属部落的图腾。阿伦特人认为，是

---

1 储灵珈既有石质的，也有木质的。tjurunga 也作 churinga 或 tjuringa。——编者注
2 1英寸折合2.54厘米。——编者注

祖先创造了储灵珈石，这些石头是原住民口头图书馆的现实体现。在"爱之魔法"、奠基典礼和其他古老仪式中，储灵珈石均扮演着关键角色（用女人的头发将储灵珈石系在一起，摇晃发出撞击声，被称为"吼板"或"召妻来"）。一块储灵珈石不再用于祭祀之后，阿伦特人长老便将它用叶子和树皮包裹起来，藏到山洞里，或在必要时，恭敬而秘密地将其送往其他地点。

每一条梦径都带有与生俱来的多面性，它们融合了生命体与非生命体、过去与现在、现实与信仰、天与地。如尼古拉斯·莎士比亚（Nicholas Shakespeare）所写，这是"曾经的地图和长篇叙事诗，是原住民宗教及传统的基石……秘境所在，扰者必究"。作为在文字之前出现的概念，有关梦径的记述晦涩难懂也不足为奇。

无论如何，梦径成了科学与伪科学研究的热点之一。大部分研究是由路德宗传教士盖佐·罗海姆（Géza Róheim）完成的。罗海姆是匈牙利裔美国人，弗洛伊德的信徒。他在爱丽斯泉附近的赫曼斯堡（Hermannsburg）向澳大利亚中部偏远地区的阿伦特部落和洛利加部落（Loritja）传教，并在1929年与妻子伊隆卡（Ilonka）对这一地区进行了实地考察。弗洛伊德鼓励并协助了罗海姆在赫曼斯堡、美拉尼西亚、索马里兰和亚利桑那的研究。罗海姆随后撰写了有关阿伦特部落和皮坚加加拉（Pitjantjatjara）部落的文章，并被誉为首位从精神分析角度解读文化的民族学家。

图书馆：无尽的奇迹

1894 到 1922 年，卡尔·施特雷洛（Carl Strehlow）担任赫曼斯堡的路德宗牧师。二十八年的传教生涯中，他只离开过澳大利亚中部三次。1922 年被浮肿击倒后，他第四次试图离开，到阿德莱德求医，可惜只熬过二百四十公里便被疾病夺去了生命。他被安葬在沿途的马蹄湾（Horseshoe Bend）。他的儿子西奥多（Theodor），也被大家称作泰德（Ted），在阿伦特部落长大，勉强算是人类学家。泰德曾回到欧洲，但因为缺乏正规训练，被业内精英排斥，体验极为糟糕。后来，他返回澳大利亚中部，继续研究那里的原住民部落。

在持续四十年的职业生涯中，泰德·施特雷洛进行的实地考察以其广度、深度和成果而引人注目。他从阿伦特部落搜集到一千八百多件物品，其中多数是圣物，很多是储灵珈石。他搜集、整理、分析了大量歌谣，于 1971 年结集出版，名为《澳大利亚中部之歌》（*Songs of Central Australia*）。美妙复杂的梦径让施特雷洛着迷。解析梦径是一个无解的史诗性难题，"像打开一座秘密城堡的大门，进入迷宫般无穷无尽的走廊和过道"。在《澳大利亚中部之歌》中，施特雷洛构建了一个详尽的理论架构，将阿伦特梦径与西方文学经典相联系。该书使用了丰富的希腊和北欧神话作为类比，读者不多，评价也褒贬不一。有人说它是"诗歌宝库"，有人说它"异常怪异"，"信息量大到令人困惑"。泰德·施特雷洛过世五年后，英国作家布鲁斯·查特文联系到他的遗孀凯丝（Kath）。查特文做了自我介绍,说他读过《澳大利亚中部之歌》,想再买一册。凯丝回答:"你好,世上唯一读过这本书的人。"

查特文其实在这本书出版后不久就读过它。1972年,他曾计划为《星期日泰晤士报》写一篇施特雷洛的介绍,但因为要远赴南美洲写一本游记,这一计划同其他几项计划一起被搁置了。查特文可能在此之前就留意过施特雷洛的研究:据他说,早在1970年,他就与澳大利亚考古学家约翰·马尔瓦尼(John Mulvaney)交流过,主题是游牧民族艺术和施特雷洛。据查特文说,他与马尔瓦尼在牛津的皮特河博物馆偶遇。他提到"游牧"也许是解锁"人类躁动本性"的良方,马尔瓦尼旋即向他介绍了施特雷洛。马尔瓦尼直言完全不记得这件事。到底是他忘记了,还是这次相遇根本没发生过,无从查证。

查特文对《澳大利亚中部之歌》态度鲜明,将其视为"继亚里士多德《诗论》后唯一真正试图定义歌谣(所有语言的歌谣)的巨著",可媲美海德格尔和维特根斯坦的作品。施特雷洛1947年出版的《阿伦特部落传统》也被查特文赞为"20世纪扛鼎之作:只要看看列维-斯特劳斯的作品就会意识到这一点"。拜读施特雷洛的著述后,查特文1983年1月亲抵澳大利亚中部,循着泰德·施特雷洛的足迹,撰写了一系列关于阿伦特文化的研究报告。一到澳大利亚,他就将注意力集中在梦径上。与英国神秘的地脉(ley lines)类似,梦径有着难以抗拒的吸引力。满载人类学谜团的梦径,有望在口述历史与史前移民之间建立联系。在梦径中，查特文看到了比任何人类发明创造更为宏大的东西，"与之相比，金字塔不过是小土堆"。

查特文对古代文明是有一些体悟的。中学毕业后，十八岁的查特文加入伦敦苏富比拍卖行，担任艺术部助理杂工。他负责除尘，搬运部落手工艺品及来自欧洲、亚洲的盆盆罐罐。他的工作表现并不好。"布鲁斯三心二意，四处闲荡。发售展览开始时，可能有三十五件展品还没就位，即使就位，也很可能标错了序号，或者灰头土脸。"尽管如此，查特文还是得到升迁，担任家具、现代绘画及古董的初级分类员。查特文容貌俊美、脑筋灵活，他担心苏富比的经理把他当作"活诱饵"，以套牢手握艺术品的富翁富婆。

如今在澳大利亚，查特文换上一副托马斯·爱德华·劳伦斯的人设，将自己扮成四处游走的文学冒险家，性欲高涨，不怕沙漠，也不怕蛇。返回英国后，他与马里奥·巴尔加斯·略萨、文学界最痴迷图书馆和迷宫的博尔赫斯一起，出现在英国广播公司二台。博尔赫斯时年八十四岁。查特文四十三岁，他广获赞誉的实验性游记《巴塔哥尼亚高原上》余威犹在。这本游记就是他爽约《星期日泰晤士报》那一次写就的。查特文与博尔赫斯有不止一处共同点。如尼古拉斯·莎士比亚在查特文传记中所写："博尔赫斯在米格尔·卡内市立图书馆为书籍编目时习得的许多技能，查特文在翻检文玩古董时也学到了。"这些技能包括对来龙去脉的理解和对大量细节的处理能力。

1 没有书的图书馆

这期节目的开头,是一则与查特文的生活和研究颇有共鸣的博尔赫斯寓言:一个毕生致力于发现世界的人,搜集各种各样的图像,"领地、王国、高山、海湾、船只、岛屿、鱼、房子、仪器、天体、马和人"。最终,当死亡降临时,他意识到,这所有图像共同组成了一幅画面,就是他自己的脸孔。

1984 年,查特文二度造访澳大利亚。这次访问的成果《歌之版图》(*The Songlines*)于 1987 年成书出版。书名与施特雷洛的《澳大利亚中部之歌》相呼应,亦是对迷宫般的阿伦特梦径的称呼。在某种程度上,这本书不过是一本旅行回忆录而已。很多读者和书商都持这种看法:又一本文体花哨的平庸之作,作者"既无文采,也无魅力"——此话出自评论家罗里·斯图尔特(Rory Stewart)。查特文本人则对这本书寄予厚望,将其视为《包法利夫人》一流的文学经典,模糊了虚构与非虚构文本的界限。查特文认为,这种界限原本不过是出版商搞出来的粗暴分类。《歌之版图》得到托马斯·库克旅行文学奖提名,但查特文没有接受。

《歌之版图》成了《星期日泰晤士报》和《纽约时报》排行榜上的畅销书。精装本销量迅速突破两万册,而查特文,如尼古拉斯·莎士比亚所说,"赢得了文学声誉"。科林·休布伦(Colin Thubron)说:"我不能说《歌之版图》禁得起逐字推敲,可能任何人类学专业的大三学生都能将它驳斥得体无完肤,但布鲁斯倾注其中的热情是非常美妙的。"推崇者说查特文创造了一种全新类型的书。雪莱·哈泽德（Shirley Hazzard）给查特文的信中说："一切都不一样了。"罗里·斯图尔特在《纽约书评》中表示，他在这本书中看到了更优秀、更宏伟、不那么循规蹈矩、更具异域情调的英国文学。安德鲁·哈维（Andrew Harvey）的观点则与斯图尔特正相反，他发表在《纽约时报》的书评中批评《歌之版图》是"'小英格兰主义'，就是那种热衷于为金鱼写诗、为性冷淡女图书馆员作传的文学样式"。

在澳大利亚中部，《歌之版图》得到的评价又大为不同。它激起了从历史学家、民族学家到其他各类观察家的一系列批评。观察家中，有些声称他们与查特文所写的传统文化有直接联系。这些批评的指向一目了然：查特文误解也误写了阿伦特部落历史上以及当下储灵珈梦径的所在地。《歌之版图》中所写的梦径，无论深度、广度、位置，还是与土地和传统的关联，都被查特文低估和矮化了。他笔下的《歌之版图》过于地理化，过于浅显，过于——线性。他没有捕捉到阿伦特"图书馆"中无所不包的复杂性和真正令人称奇之处。

批评家在《歌之版图》中嗅到一种天真的大英帝国式感性。即使查特文将澳大利亚原住民标注在了世界地图上，如尼古拉斯·莎士比亚所说，这地图也不过是"万宝龙钢笔一样的精致外壳和浮华品味，事实上与日常生活完全脱钩"。克里斯托弗·皮尔逊（Christopher Pearson）称这本书严重滥用了诗的破格，又引用斯图尔特·哈里斯

1 没有书的图书馆

（Stewart Harris）的评论："比种族主义者对澳大利亚原住民地位破坏力更大的，是那些理想化、浪漫化他们的人。"在澳大利亚中部与查特文有过接触的人都留意到，现实生活中的布鲁斯与书中的布鲁斯差异巨大。比如，他其实是怕蛇的。他在书中将自己描绘成一位严格遵循科学方法的学者，不过是近乎欺骗的恼人表演的一部分。

有人指责查特文没有呈现原住民真正的声音。站在阿伦特人的角度，他们自然更不需要一个白人去宣扬他们的歌之版图，解读他们的智慧。可以说，这本书是在施特雷洛割出的伤口上又撒了一把盐。施特雷洛对阿伦特人的背叛是无法弥补和不可原谅的。这背叛有三：一是取走神圣的储灵珈石和附着于其上的诸多阿伦特文化；二是违反所有阿伦特禁忌，将储灵珈石传给他的第二任妻子；三是在德文杂志《亮点》（Stern）周刊中泄露他承诺要保守的阿伦特部落的秘密。取走圣石并泄露秘闻，类比到图书收藏界，就和托马斯·怀斯（Thomas Wise）、利布里伯爵（Count Libri）、詹姆斯·哈利维尔（James Halliwell）等臭名昭著的窃书贼的罪行一样严重。

［1983年8月，查特文给澳大利亚作家默里·贝尔（Murray Bail）写信，询问"一本关于歌之版图的纸浆书"。这本书是查尔斯·P. 芒福德（Charles P. Mountford）1976年出版的《澳大利亚沙漠中的游牧民族》（Nomads of the Australian Desert）。芒福德是澳大利亚著名的人类学家。他的书（其中收录了原住民仪式的照片）因为透露皮坚加加

拉人的秘密而被下架停售。这是澳大利亚首次因涉及原住民文化敏感问题而下架一本书——可谓是对原住民文化日益尊重的分水岭。尽管这本书无法从正常销售渠道买到，但它并未被彻底销毁，通过人类学协会或一些书商，还是能买到的。一位本地作家就从弗里曼特尔监狱图书馆买到了一册。]

施特雷洛和查特文两人，在研究记录澳大利亚中部口头"图书馆"的过程中丑闻缠身。然而，尽管存在研究及表述上的失误，这座"图书馆"的确拥有吸引施特雷洛和查特文落笔的史诗般的宏伟。它包含丰富多样的古老歌曲；法律方面，有关于不当杀死和烹饪袋鼠的处罚；还有通过语言描绘的美丽图景，比如黄昏时日光昏暗到无法分辨草丛的那一刻，黎明时东方天际朝霞掩映的时分。阿伦特口述历史的丰富和广阔是查特文无法想象的。20世纪，澳大利亚是研究口头"图书馆"的理想之地。作为这所"图书馆"的"馆长"，查特文和施特雷洛未能尽到职责。

在伦敦及纽约苏富比工作八年，查特文升任董事、合伙人和"专家"。苦行僧一样的编目工作损害了他的视力和精神状态。1965年2月，他到苏丹长期疗养——这是一系列戏剧性逃离事件的第一回。之后，查特文返回苏富比，并在巴黎负责了赫莲娜·鲁宾斯坦非洲及大洋洲雕塑藏品的售卖，这也是他为该公司负责的最后一次重大拍卖。

在苏富比，查特文在鉴别赝品方面臭名昭著。他常常一阵风似的走过展室，指着雷诺阿和波洛克的作品，"这

1 没有书的图书馆

个是赝品！这个是赝品！这个也是赝品！"展室之外，他也常常发现赝品，比如研究员埃丝特尔·诺伊曼（Estelle Neumann）戴在胸前、"在双乳间摆来摆去"的贝拉瓜斯金鹰项链。查特文有时是对的，但有时他只是陷在"赝品"情绪中，将真品贬为赝品而已。他这些不负责任的行为，让共事的同人不堪忍受并日渐疏远。瓷器部主任蒂姆·克拉克（Tim Clarke）的妻子说，在苏富比，很多人提及查特文时，都表示"我们觉得他本人才是个赝品"。

查特文在乔纳森·凯普出版社（Jonathan Cape）的第一任编辑苏珊娜·克拉普（Susannah Clapp）讲过这样一段往事。查特文第二次也是最后一次到澳大利亚中部旅行后，乔纳森·霍普（Jonathan Hope，威廉·萨默塞特·毛姆的外孙）到伦敦丽兹酒店拜访他。查特文正卧病在床，这场病最终夺去了他的性命。他送给霍普一件礼物，是他在澳大利亚内陆发现的一个小小的圆形尖锐物体。他说"这是原住民使用的解剖刀"，用来在成年礼上割开尿道下侧。查特文把这把小刀举到灯下细看，说它是用一种沙漠欧泊制成的，"色泽太奇妙了，几乎是荨麻酒的颜色"。几个星期后，澳大利亚国家艺术馆馆长詹姆斯·莫利森（James Mollison）到霍普家验看一批印尼纺织品。莫里森从桌上拿起那把小刀，仔细看了看，然后宣布了自己的判断。真神奇啊，他说，原住民竟能用玻璃瓶碎片磨出这样一个东西。

书籍的乐趣

彼特拉克曾写道，书籍使我们身心愉悦，它与我们交谈，为我们提供咨询，并通过一种积极活跃的方式与我们融为一体。他命令仆人像守卫神殿一样守卫他的图书馆。书籍于他，就像谈得来的朋友。奥斯曼诗人阿卜杜勒-拉蒂夫·切莱比（Abdüllatif Çelebi）将他的每一本书都当作挚友，它们能驱走他的一切烦恼。翁贝托·埃科幻想他的书会相互交谈，阿尔维托·曼古埃尔则将在衬页做批注称为在背后说书的闲话。

在1935年出版的小说《迷惘》中，埃利亚斯·卡内蒂思考了书籍友好倾向的确切属性："我们有什么证据能证明非有机体感受不到疼痛呢？谁知道一本书是否想念另一本陪伴它多年的书呢？也许只是我们不知道它们用何种方式表达思念，所以从未觉察到。"

有人对书的情感甚至超越了友情。查尔斯·兰姆、塞缪尔·泰勒·柯勒律治、托马斯·弗罗格纳尔·迪布丁，这三位，是会亲吻藏书的著名文学家。亨利·克拉布·鲁宾逊（Henry Crabb Robinson）曾经看到柯勒律治亲吻他那部斯宾诺莎著作的雕版扉页。托马斯·阿·肯皮斯（Thomas à Kempis）教导学生，读一本书就应该像"正义的西门（Simeon the Just）把还是婴孩的耶稣抱在怀里一样，捧在手心，亲吻他"。贝奈戴托·克罗齐年轻时，曾欣喜若狂地亲吻裴立科（Pellico）《我的狱中生活》（*Le mie prigioni*）的书页。

戴德丽·肖娜·林奇（Deidre Shauna Lynch）曾写过一本关于热爱书籍的肢体表现的书——《文学之爱》（*Loving Literature*）。书中，林奇记载了数百个亲吻、摩挲、爱抚书籍的案例。17世纪的海军部长、政治家兼日记作家塞缪尔·佩皮斯将这一游戏提升到全新高度，如果他关于1668年4月10日购入1521年版弗拉津的雅各的《黄金传说》的记载可信的话："于是去了风笛手那里和鸭巷（Duck Lane），在鸭巷吻了书商的妻子，买下《黄金传说》。"

诗人埃塞奎耶尔·马丁内斯·埃斯特拉达（Ezequiel Martínez Estrada）说，读一本书时想到另一本书，是一种微妙的背叛。福尔杰莎士比亚图书馆馆员路易斯·赖特（Louis Wright）记述，一位英国妻子因为丈夫坚持在半夜朗诵莎士比亚而离婚。一位美国洛杉矶的妻子或许更不幸，她也遇到同样的问题，只是她丈夫读的是爱默生。

图书馆藏书布局是礼仪的雷区。在中世纪，教会和修道院的图书管理员将神圣的书籍与世俗的书籍分开摆放，并禁止将"罪恶的"书籍置于神圣书籍之上，临时放一放也不行。5世纪，西多尼乌斯·阿波利纳里斯点评一位朋友的图书馆时抱怨，异教徒作家与基督徒作家的作品是分开的，"异教徒写的书放在男士座位旁边，基督徒的书放在女士座位旁边"。本着类似的精神，1863年出版的一本教导礼仪与仪态的书，则指示藏书者将男女作家的作品分开摆放，"除非两位是夫妻"。

艾萨克·戈塞特（Isaac Gosset）虽然自己已婚，却向单身的年轻爱书人鼓吹："永远不要结婚。如果有这个念头，立刻拿本书来读一读，直到它消失为止。"藏书人常宣称自己与书缔结了良缘；那些无法抗拒人类婚姻诱惑的，则瞒着他们的人类伴侣，偷偷买书。为避免这种麻烦，作家及图书馆员蒂姆·芒比（A. N. L."Tim" Munby）建议新婚丈夫和准丈夫，必须对妻子进行"早期教育"："建议蜜月期每天至少光顾一家书店。"1917年，查尔斯·达尔文的孙女玛格丽特·达尔文（Margaret Darwin）嫁给了外科医生及藏书爱好者杰弗里·凯恩斯（Geoffrey Keynes）。新婚夫妇度蜜月时逛到一家书店，玛格丽特抱怨头晕。杰弗里"把她带到店外舒舒服服安顿好，然后自己返回书店购书"。两人婚姻和睦，携手白头。

[杰弗里的哥哥就是著名的经济学家约翰·梅纳德·凯恩斯。作为自由主义小团体布鲁姆斯伯里派的成员，梅纳德娶了芭蕾舞女演员莉迪亚·乐甫歌娃（Lydia Lopokova）。性格严肃内敛的杰弗里认为俏皮外向的莉迪亚完全不可理喻。1946年梅纳德下葬时，杰弗里穿了黑色外套和条纹长裤，莉迪亚说："哦，杰弗里，你看起来真性感。"事后，杰弗里跟好几位朋友提起这事："她这到底是什么意思？"]

与书籍纠缠过深是危险的。荷兰中世纪哲学家德西德里乌斯·伊拉斯谟将优先级排得很清楚："有一点钱时，先买书；买书后如果还有富余，再买食物和衣服。"法国文

1. 没有书的图书馆

献学家及律师撒尔美夏斯让人将自己锁在海德堡的图书馆里,不吃不喝四十八小时,只靠他视为珍宝的书活命。利·亨特说画家本杰明·韦斯特的妻子伊丽莎白·韦斯特爱书如痴,不惜为其殒命。她的医生诊断说,因为常年坐在室内读书,她的四肢失去了功能。希腊哲学家卡涅阿德斯"沉迷于对知识的渴求,从没空闲剪发或剪指甲"。文献学家比代则以另一种方式阐明心意。仆人冲进书房,告诉他房子失火了,比代回答,"跟夫人说去,我不管这些家务琐事",然后就继续读书了。

2

亚历山大图书馆的最后岁月
古籍及其存储

说完口头"图书馆",再说实体书籍收藏。英文中 library(图书馆)和 book(书)的词根源于不同的语言。liber 来自拉丁语;bece、buc、boc 来自日耳曼语系,包括古弗里斯兰语、古撒克逊语、古北欧语和古英语。两个词的词根含义类似,liber 是树皮,bece 是山毛榉木,都与制书的森林原料有关。这些词根的含义举足轻重。从人类发明书写开始,制书材料的属性和易得程度便与书籍和图书馆的发展交织在一起。

公元前 1200 年前后,拉美西斯二世建立了一座庞大的图书馆。制书材料来自尼罗河谷中所有可用的资源,比如纸莎草、棕榈叶、骨头、树皮、象牙、亚麻和石头。拉美西斯二世的收藏不过是五千年制书试验的一张快照,只反映了书卷历史的一瞬。在其他地区和其他时代,丝绸、宝石、塑料、硅、竹子、麻、破布、玻璃、草、木头、蜡、橡胶、搪瓷、铁、铜、银、金、乌龟壳、鹿角、头发、生皮，甚至大象的肠子，都被用来制作书籍。

用什么材料制作图书，取决于何种材料在当地既易得又充足。在底格里斯河和幼发拉底河流域，泥土取之不尽，用之不竭，所以美索不达米亚人自然而然地用泥土来制书。在尼罗河谷，黏土却很少见，埃及最早的写字板用骨头和象牙制成。较晚的埃及卷轴则使用随处可见的尼罗河纸莎草的茎。远在欧洲之前，中国就开始大量使用丰富易得的竹子和日常生活的副产品造纸。

别迦摩古城（Pergamum）在现在的土耳其，位于牛、绵羊和山羊放牧区的中心，用来制作羊皮纸的动物皮革供给充足。最初，羊皮纸只供给别迦摩的大图书馆。那时，使用动物材料作为书写载体已经有很长的历史了。动物对制书业的发展可谓贡献良多，并且在继续做贡献。羊皮纸是将一张皮革洗涤和拉伸，并鞣制光滑而成的。一只皮毛没有瑕疵的绵羊只能产出一页羊皮纸。刘易斯·布兹比在《书店的灯光》中说，制作一本小书需要大约二十张羊皮，"好在这些羊剩下的部分可祭五脏庙。正因如此，文凭被称为羊皮卷。"在公元 1000 年前后的时代，一本中等大小的书要用掉几打甚至上百只动物的皮。比如，一本一千页的《圣经》就需要二百五十只羊的皮。现存最厚的中世纪手抄本《魔鬼圣经》（*Codex Gigas*），据说用了一百六十头驴子的皮。

2 亚历山大图书馆的最后岁月

使用动物皮革，尤其是野生动物皮革时，质量永远是个让人挠头的大问题。比如袋鼠皮，虽然也被用来装订图书，但它的质量却是出了名的参差不齐。雄袋鼠有长而利的爪子。袋鼠的生皮上通常布满抓痕，皮革行业称这种抓痕为"交配痕"。中世纪时，抄写员常迫不得已使用有类似孔洞的羊皮纸。这些孔洞，或是伤口，或是虫子的叮痕。有些瑕疵用蚕丝修复了，有些则经过巧妙设计融入彩色图绘中。达勒姆藏有一本非常珍贵的福音书，其历史可追溯到7世纪或8世纪。在这本书中，抄写员在几个昆虫咬痕的边缘即兴做了细心的绘图装饰。

犊皮纸，最豪华也最具悲剧性的一种皮革纸，是由胎牛皮制成的。这种纸光滑、洁白，而且易于加工。托马斯·弗罗格纳尔·迪布丁，19世纪杰出的目录学家，也是一位"吻书人"，将犊皮纸制成的书视为书籍珍品的巅峰，称其为"膜状珍宝"。犊皮纸非常结实耐用。蒂姆·芒比在剑桥大学国王学院担任图书馆员时，与人共有一辆1925年生产的40型布加迪跑车。这辆车"经常在路边被拆得七零八落"。一次旅行中，汽车引擎垫圈一直漏气。芒比恰巧带着几本自己收藏的稀有抄本善本。一系列尝试后，犊皮纸脱颖而出，将垫圈封住。一本已被水浸坏的古董唱和歌集被切开后投入使用。

每当有老爷车发烧友问这辆布加迪的车龄，就难免让人沉湎于一点点生活技巧，并若无其事地答道：

图书馆：无尽的奇迹

"其中一部分可以追溯到15世纪"。

学者们早就注意到，制书材料的易得性，与文学创作的活跃程度及图书馆的蓬勃发展密不可分。据古希腊历史学家希罗多德记载，到公元前500年，莎草纸已经成为希腊半岛的首选书写材料。大量进口埃及莎草纸后，雅典的文学焕发出勃勃生机，图书馆也随之蓬勃发展起来。这些图书馆，比如亚里士多德为吕克昂学园（Lyceum，建于公元前335年）建立的大型研究收藏机构，代表了两个重要的源头：西方学术研究的起始，以及用于阅读、写作和交谈的特色建筑空间的创建。这些特色使得其后从古典时期到中世纪、文艺复兴及其他时期的学院图书馆、修道院图书馆和公共图书馆都自成一体。

雅典图书馆大繁荣后五个世纪，罗马上演了相似的一幕：大量莎草纸涌入，使罗马的制书业和图书馆空前繁荣（也有相对应的反例，2世纪时，托勒密王国禁止出口埃及莎草纸，这对整个古典世界的作家和读者都有很大负面影响）。符合这一模式的例子还有很多。公元初，羊皮纸取代莎草纸，成为更加可靠的书写材料。羊皮纸供应的增加，使得修道院手抄本的大量出现成为可能。16世纪，在印刷术发展的同时，纸张的大量使用带来了伊丽莎白时代英格兰文学的辉煌。

拉美西斯二世图书馆收藏有莎草纸制成的书籍，但这

2 亚历山大图书馆的最后岁月

不是真的纸。真正的纸质书籍很久之后才会出现。这座图书馆收藏的多是从两河流域新月沃地至东北一带进口的泥版书。据信，公元前3100年甚至更早，收藏实体书籍的图书馆就在这一地区出现了。这些尚在雏形的图书馆只是简陋的储藏室，里面收有数以万计正方形或长方形的黏土板。每块黏土板约有储灵珈石一半长，写满了符号。黏土板被精心地摆放在架子和托盘中。埃卜拉、马里、乌鲁克[1]等地发现的黏土板储藏室遗址就是这类图书馆的典范。在文明发源地美索不达米亚，书吏使用一种复杂的文字，即楔形文字，来抄写阿卡德语、埃兰语、哈梯语、赫梯语、乌拉尔语等十五种语言，地界相当于后来的叙利亚、伊拉克及伊朗西部。

美索不达米亚的书吏用三角形笔尖书写楔形文字，将精确的符号（表音）刻在湿黏土上。楔形文字的命名人是牛津大学希伯来语钦定教授及阿拉伯语劳德讲席教授托马斯·海德（Thomas Hyde）。这种符号语言使他联想到cuneus，也就是拉丁文的楔子。由于过于复杂，现代考古学家最初以为这不是一种文字。例如，在海德1700年出版的关于波斯的书中，这位双衔教授坦言，他对波斯波利斯楔形文字铭文被保存下来感到遗憾，因为它们太过琐碎复杂，"可能会浪费很多人的时间"。他说，这些铭文证明楔形文字无法书写。铭文中的字符从未有过重复。它们一定只是

---

[1] 均为古城名。埃卜拉和马里在今叙利亚境内，乌鲁克在今伊拉克境内。——编者注

游戏性的尝试而已，艺术家们想看看用一种元素能创造出多少不同的组合。换句话说，这些铭文像神秘的伏尼契手稿或博尔赫斯的无限图书馆中的废话书一样，毫无用处。

然而，这些质疑是错的。今天，我们不仅可以读懂这些文字，还可以用与几千年前差不多的发音将它们朗读出来。除官方记录外，楔形文字还记录了史诗和故事，比如早在文字发明之前就广为流传的乌特纳匹什提姆（Utnapishtim）和吉尔伽美什的故事。20世纪，信天翁出版社和企鹅出版社用封面颜色来区分平装书的文体。相应地，最早的泥版书写字板用形状区分其上文本的体裁：财务账目用正方形，农业记录用圆形，等等。有些写字板兼有文字和图像，是最早的插图书。

特别重要的写字板受到了特别的保护。收藏在大英博物馆的一组亚述写字板，都被包裹在黏土壳中。要读到里面的内容，只能像砸胡桃一样打破黏土壳。这层黏土壳可以算作最早的书籍封面。与美索不达米亚人一样，早期的埃及书吏也使用写字板，但他们制作写字板的材料不同，书写的文字也不同。具体来说，他们使用象形文字。象形文字出现的时间与楔形文字相近。二者间的关系并不清楚，但象形文字似乎受到了楔形文字的影响。多年来，学界已达成楔形文字早于象形文字出现的共识。但是，近期的发现使得两种文字的出现顺序再次引起争论。辩论仍在热烈进行，古文书学家已经形成两个阵营。

两个阵营都可以拿出各自文字出现早期的传说。根据

2 亚历山大图书馆的最后岁月

苏美尔人的传说,库拉巴领主恩麦卡尔(Enmerkar, Lord of Kulaba)发明了楔形文字。据说他曾派遣使者到另一位领主处,寻求重建女神伊什塔尔神殿的材料。使者在两位领主间来回往返,传递信息,但恩麦卡尔的指示越来越复杂,使者很难凭记忆理清。于是,恩麦卡尔发明了楔形文字,以确保他的指示清晰准确地传递出去。埃及一方的故事涉及很多我们耳熟能详的人物。据柏拉图记载,苏格拉底告诉菲得洛斯,是埃及的智慧之神透特发明了文字,并传授给塔姆斯神,也就是阿蒙神(Amon),以帮助"埃及人民增长智慧,增强记忆"。这两个传说对辩论并无助益:恩麦卡尔在美索不达米亚第一张写字版问世四个多世纪后才出生,智慧之神透特甚至根本不存在。

莎草纸非常适合制作卷轴。古代世界的图书馆,无论贵族的、官方的、学术的,还是地方的,都将莎草纸卷轴存放在箱子、壁龛,或类似帽子盒的卷轴筒(capsae)中。庞贝古城附近有一座赫库兰尼姆古城,收藏在那里的一幅精美壁画记录了卷轴筒的模样。赫库兰尼姆城的"纸莎草庄园"是典型的古罗马卷轴图书馆,也是保存最完好的。18世纪,一千八百个古书卷轴在这里被发掘出土。

关于卷轴的制作过程及分工,研究者已经了解得比较清楚了。抄写员负责誊写抄本;装书员负责装饰抄本,并添加书名及其他附属事项;订书员负责将抄本装订成册,也就是压平页缘,理出边角,用浮石抛光空白面,并在两端安装宽于书卷的木轴,以便翻动和阅读,也能保护卷轴不受损坏。阅读时,可以将木轴嵌入桌面的凹槽中,使书卷保持展开状态。

史上最伟大的卷轴图书馆建在纸莎草产地的下游,埃及北部港口城市亚历山大。亚历山大大帝和他的将军们建立了希腊化帝国,首府就设在这座城市。公元前300年前后,讲希腊语的托勒密国王在护卫森严的王城内建立了亚历山大图书馆,选址就在潮间带湖泊和法洛斯岛(Pharos)人造港口之间的空地上。图书馆的书架据推测可能放置在宽阔甬道两侧的凹室中。甬道有棚遮盖。藏书的具体布局尚不清楚,据意大利古典学家和历史学家卢恰诺·坎福拉(Luciano Canfora)推测:"每个壁龛或凹室须为收藏特定某类作家的作品专门准备,并标注相应的主题。"书架上方还刻有题词,曰"医魂之所"。

亚历山大图书馆旨在搜集所有国家所有语言的书籍,其兼容并包的野心令人钦佩。公元前3世纪,托勒密三世向海内外众国王、领主及王公发出信函,请他们输送书籍以供抄录,但实际搜集到的大部分是希腊文文本。印度、近东、中东以及亚历山大帝国覆盖的其他疆域,也提供了数量可观的书籍。这些书承载了多样的哲学和教义。

亚历山大图书馆也翻译了很多重要文献,比如将《摩西五经》从圣经希伯来语翻译成希腊语,也就是著名的七十士译本(Septuagint)。"娶了姐姐的人"托勒密二世(Ptolemy Ⅱ Philadelphus)是这一工程的发起人。他邀请

2 亚历山大图书馆的最后岁月

七十二位犹太学者担任翻译。据犹太法典《塔木德》记载，在这次召见中，上帝显示了神迹：

> 托勒密国王曾召集七十二位长老，没有说明召集缘由，只将他们分别请入七十二间房室中。国王到每间房室中说："尊敬的老师，请您为我写下摩西律法[1]。"上帝引导每一位长老默写出了一模一样的法条。

亚历山大里亚的斐洛（Philo of Alexandria）认为，学者的数量是通过从以色列十二个部落的每个部落中各选出六位学者确定的。

亚历山大图书馆兼容并包的政策系继承苏美尔人的遗志。1849年，业余考古学家和冒险家亨利·莱亚德（Henry Layard）发现了亚述帝国尼尼微皇家图书馆。亚述国王亚述巴尼拔建立了这座图书馆，目的是将所有知识收集在一处。托勒密王国承袭了亚述巴尼拔的雄心。巅峰时期，亚历山大图书馆的馆藏卷轴多达数十万。有些记录说是五十万，有些记载是一百万，并且另有四万在古埃及哈克提斯（Rhakotis）塞拉皮斯神庙的附属建筑中。

尽管亚历山大图书馆的卷轴都有标签，但读者要找具体某卷书仍然十分困难，因为书的数量实在太多了。解决

---

[1] 即《摩西五经》。——编者注

这个问题的办法是有的。著名诗人及教师，来自昔兰尼的卡里马库斯，将书籍管理得井井有条，并在学者们寻找昇卷书时提供导航，也就是说，他充当了图书管理员。

从古代作家斯特拉波、阿忒纳乌斯（Athenaeus）、埃皮法尼乌斯（Epiphanius），拜占庭学者策策斯（Tzetzes），以及《苏达辞书》等著作的记述中，我们了解到很多亚历山大图书馆的运作方式。被称作俄克喜林库斯残卷1241号的文档，信息量尤其大。19世纪末到20世纪初，这组莎草纸文档在现代埃及小镇巴纳萨（El-Bahnasa）附近出土。该遗址是个古代垃圾场。和在那里发现的其他填埋垃圾一样，这些手抄本跨越公元初的六个世纪，其中包括数千册希腊语及拉丁语书籍和文献。匿名创作的1241号文档可以追溯到2世纪。它用工整的安色尔体写就，"是典型的亚历山大时代受过良好教育的人的手笔，在此时期的文献和表格中十分常见"。除了军事信息和神话资料，以及著名雕刻家、画家及语法学家的简短名录外，该文档还按时间顺序记载了亚历山大图书馆历任馆长的名字。这份名录简直是无价之宝。

幸亏有这份文档及其他资料，我们不仅知道了前六位馆长的名字，比如以弗所的泽诺多托斯、拜占庭的阿里斯托芬；还知道了他们的职责和成就，比如卡里马库斯负责编辑图书目录。我们还得知，在托勒密王国，亚历山大图书馆馆长的地位很高，通常由王家教师和荣退军官担任。

为了扩大馆藏，托勒密国王颁行了著名的索书令：所

2 亚历山大图书馆的最后岁月

有停靠亚历山大港的船只,所载卷轴必须送至亚历山大图书馆抄录。抄录完成后,原版留在图书馆,新抄录的副本返还船上。以此方式获得的书籍,在图书馆目录中标记为"舶来品"。亚历山大图书馆霸道的索书令还不止于此:从雅典借来翻抄的索福克勒斯、欧里庇得斯、埃斯库罗斯作品,抄录完成后,原本也被扣留了,返还希腊的是副本。自此之后,亚历山大图书馆恶名远扬,除非抵押巨额保证金,否则其他城邦及图书馆拒绝借书给它。据盖伦(Galen)记载,若要借阅雅典的书籍,亚历山大图书馆须抵押十五他连得(也就是四百五十千克)的黄金或白银。

亚历山大图书馆的索书令是一千多年后法国国王通过的一项法令的先声。1537 年,在《蒙彼利埃敕令》中,法国国王颁布了"法定呈缴令",即所有印刷所和出版商发售图书之前,必须送交布洛瓦堡王家图书馆一册存档,否则禁止上市。该法令适用于所有新发行的图书,无论是何种尺寸、价格、文体、语言(法国大革命后,法定呈缴令重新颁行,并增补国家图书馆在书籍拍卖时有优先购买权的法条)。在这一点和其他方面,亚历山大图书馆是连接世界古代和现代图书馆图书搜集、政策制定、日常管理历史的重要一环。

1610 年,托马斯·博德利爵士与伦敦出版业公会达成私人协定,制订了英格兰有史以来第一份法定呈缴方案。伦敦出版业公会同意向牛津大学博德利图书馆送存"所有登记在册图书,条件是如果图书需要重印,公会可以借用由此提供的副本，而其他机构送存博得利图书馆的图书，该公会可以查阅、整理及翻抄"。与埃及人和法国人不同，博德利爵士的法定呈缴似乎求"精"而非求"全"。明显的佐证是，博德利爵士对馆长托马斯·詹姆斯将一些"闲杂书等"纳入馆藏颇为不满，认为这些书不配被博德利图书馆收藏。1662年，英国皇家图书馆、剑桥大学图书馆也签订了法定呈缴方案，并且不可避免地也被送存了许多"闲杂书等"。

书籍与学者的会聚，使亚历山大图书馆自然而然成为滋养医学、天文学、几何学等领域傲人成就的温床。埃拉托色尼精确计算出地球周长。阿基米德计算出了圆周率的近似值。作为西方思想史知识产出重镇，亚历山大足以与雅典匹敌。亚历山大图书馆的藏书是专门面向学者的。托勒密国王认为，图书馆应该为阿基米德、埃拉托色尼、欧几里得这样的学者所用。不过，其他阶层的读者仍可在图书馆中找到可读之书。

去亚历山大危机四伏的红灯区不远，便是各类书商聚集的商业区。"无信""无良"是常用在他们身上的标签。书商有若干不法谋生手段，其中之一就是贿赂图书馆员，拿到藏书，翻抄复制，然后将盗版销往海内外。

对于经典书籍，托勒密国王向来诛求无厌。在索书复制之余，国王还派遣使者往四面八方借阅、求购图书。这为图书商业化打通了渠道。图书馆周边聚集了一批"地下

2 亚历山大图书馆的最后岁月

文人"制造伪书,然后与书商协作发售。出售的对象往往是图书馆。伪造的亚里士多德论著最受欢迎,且拥有令人信服的制作水准。经过几个世纪的研究,它才被证明是伪造的。

即使是表面守法的学者,有时也参与编造伪书,卖给图书馆。学者克里提普斯冒充公元前5世纪的雅典人、修昔底德的密友,编造了一本《修昔底德未述之秘》。书中,"他不顾时代错置,大吹特吹"。这本书被当成正经作品收入图书馆。哈利卡那索斯的狄俄尼索斯和普鲁塔克也把它当成了真作。这种寄生于受人尊重的作家名誉上的做法,贯穿近代早期直至启蒙运动,成为欺诈式出版的主要手段。莎士比亚、约翰逊[1]、斯威夫特[2]等如雷贯耳的名字,被印在无名投机写手拼凑而成的伪作上。

埃利亚斯·卡内蒂的《迷惘》夸张地重现了亚历山大图书馆的隐晦历史。小说的主人公彼得·基恩先生是一位中年汉学家兼嗜书人。童年时,基恩曾偷偷藏在打烊的书店里度过整整一夜,只为能像撒尔美夏斯一样享受被书包围的感觉。成年后,他在公寓中收藏两万五千册图书,建成了维也纳最重要的私人图书馆。为摆放更多书架,他不得不将窗子堵住。基恩的世界危机四伏,社交互动和细菌感染的风险尤其高。不过,最令基恩忧心的是火灾隐患。

---

[1] 指塞缪尔·约翰逊。——编者注
[2] 指乔纳森·斯威夫特。——编者注

他对书有多贪婪，就有多怕它们在火灾中荡然无存。

在身边人的哄骗下，基恩娶了他的管家特蕾莎，期望能夫妻携手为书除尘，护书周全。可惜特蕾莎是"一个庄稼汉般健硕的女人"，"眼里只有钱"。结婚没几天，她夺了家政大权，要求基恩必须弄走四分之三的藏书，为新婚妻子腾空间。后来，基恩被赶出公寓，成了无家可归的流浪汉，并陷入一个噩梦般的地下世界。那里充斥着肮脏的酒吧、莽撞的警察、鬼魅、色狼、杀人犯和骗子。

基恩疯了，他雇用一个会下棋但毫无道德的驼背侏儒菲舍尔勒，为他头脑中的图书馆编目。在当地一家当铺里，基恩自愿充当了一位书籍拯救者。每当有客人典当书籍，基恩就资助对方，大讲一通如何妥善护理图书后，就让对方带着书走了。这让菲舍尔勒有了一个坏主意。他和同伙伪造一包又一包"价值连城"的书，带到当铺，骗基恩的钱，然后分赃。

基恩忙于"拯救"书籍，特蕾莎则忙着在公寓中翻找存折，或者死尸之类证明丈夫癫狂已久的线索。当她带着基恩的藏书出现在当铺时，矛盾爆发了。在故事的高潮，基恩返回堆满书的公寓，放火，然后爬到梯子的第六级，狂笑着等死。小说以烈火和癫狂收尾，基恩的图书馆被摧毁了。雄伟的亚历山大图书馆蓬勃发展了三个世纪，或者长达九个世纪（公元前300—公元642年），已经无法确知了。可以确定的是，这座伟大的图书馆同样以彻底毁灭告终。

2 亚历山大图书馆的最后岁月

关于亚历山大图书馆的终结，有很多不同版本。一种是公元前47年的意外火灾将其烧毁；一种是亚历山大推行基督教，在1世纪异教徒的暴动中，它被夷平了；还有一种是273年，罗马皇帝奥勒良的军队放火焚烧亚历山大城的宫殿时，将它连带烧毁了；最离奇的版本是7世纪时，哈里发欧麦尔一世下令，将馆藏图书分发给各浴场烧水用，六个月才烧完；还有一种全新的思路，远早于欧麦尔一世时，这些手抄本就已经破烂不堪了。就书籍保存来说，莎草纸的确是很难保存的糟糕材料。没有长期且大量的养护和翻抄，收藏莎草纸卷轴的图书馆将不可避免地因为日积月累的损耗走向终结，尤其是在尼罗河三角洲潮湿的气候环境中。亚历山大图书馆可能因此没落。

无论原因为何，结局就是亚历山大图书馆的馆藏卷轴几乎全部湮灭于历史的黄尘之中。仅以希腊戏剧为例，损失就十分惊人：埃斯库罗斯的九十部作品中有八十三部逸失，还有欧里庇得斯八十部作品中的六十二部，以及索福克勒斯一百二十部作品中的一百一十三部。包括那些小作坊伪造的盗版在内，有些书籍幸免于难，被希腊、黎凡特（特别是君士坦丁堡）的图书馆收藏。如今，亚历山大图书馆幸存的图书中，不法书商抄录的盗版书占很大比例。

无论其辉煌到底持续了几个世纪，亚历山大图书馆都保存和发扬了希腊的文学遗产。在它之后，君士坦丁堡的大型图书馆——帝国图书馆、牧首图书馆和大学图书馆，又将其传统沿袭千年之久。尽管这些图书馆的学者几乎没有产出新颖或有创造性的作品，但他们编辑、注解并阐释了正宗的经典著作，确保它们在后世得以流传。

1453年，君士坦丁堡被奥斯曼土耳其帝国攻陷。许多在博斯普鲁斯海峡沿岸传道授业的希腊学者逃往意大利。同时，也有许多意大利学人蜂拥而至，索求图书。西西里人文主义者、希腊文化研究者及抄本收藏家乔瓦尼·奥里斯帕（Giovanni Aurispa）为求书倾其所有："为了这些抄本，我把衣服都典当给了君士坦丁堡的希腊人，可我既不遗憾也不羞愧。"

君士坦丁堡众图书馆的收藏，沿海路、陆路、商路、朝圣路，涌向东西方的修道院、公共图书馆和私人收藏家手中，例如教皇图书馆、安波罗修图书馆和老楞佐图书馆。拜占庭帝国的陷落，促使罗马、米兰、佛罗伦萨成为经典著作的研究中心，也使威尼斯成为希腊手抄本的交易重镇。更远之处的新兴图书馆和后来的图书馆，比如博德利图书馆、柯尼斯堡图书馆、沃尔芬比特尔图书馆，也受到它的影响。一言以蔽之，君士坦丁堡图书馆的书籍和文档滋养了全世界。人类图书馆的历史错综复杂。往事越千年，书籍和思想的馆际交流涉及研究、编辑、翻译、交易、创新及侵占，形成了交错的非线性轨迹。这些轨迹与古代澳大利亚的"歌之版图"一样，神秘而令人称奇。

2 亚历山大图书馆的最后岁月

枕边书

——

书籍能伴你同眠。17世纪比利时政治家及藏书爱好者查尔斯·范·胡特姆（Charles van Hulthem）搜集了三万两千卷图书，"都是上好的版本"，很多是稀有的珍品。安东尼·霍布森（Anthony Hobson）在《伟大的图书馆》（*Great Libraries*）中描述，这些书"塞满了他在布鲁塞尔的住所和根特的另一处房子。每张桌上都堆满了书，从来没法摊开桌布。他用来睡觉的凹室里也是一摞一摞的书"。范·胡特姆家里不生火，因为太危险了。寒冷的夜晚，他将对开的书盖在脚上保暖，效果最好的是巴莱乌斯（Barlaeus）记述拿骚的莫里斯（Maurice of Nassau）在巴西探险的洋洋大作。范·胡特姆时常"怀着婴儿般的喜悦，雕刻精美的女性躯干图案"，这是他与异性的唯一接触。

美第奇图书馆馆员安东尼奥·迪·马尔科·马利亚贝基（Antonio di Marco Magliabecchi）是著名的文学老饕。他拥有过目不忘的记忆力，"像蜡一样，稍一碰触便印在脑子里；又像大理石，一旦记住，不毁不灭"。据《书痴剖析》（*Anatomy of Bibliomania*）作者霍尔布鲁克·杰克逊（Holbrook Jackson）所说，马利亚贝基"生活在一个由书堆成的洞穴中，睡于书上，沉迷书中"。

> 书是他的床和桌，他唯一的家具，他首要的需

求。就寝时，在书堆上铺一张旧毯子，他便可以安然入睡，或者和衣躺在堆满书的沙发上。

杰克逊还记载了另一位 19 世纪初期的嗜书狂人。他的收藏"精挑细选、所值不菲，且异常丰富"。没人比他更喜欢"与书融为一体"：

> 他的枕套由 1493 年版哥伦布的《书信》(Letter) 与克莱顿 (Crichton) 的《挑战》(Challenge) 初版本缝合而成。他的床单是曾被米德博士 (Dr Mead) 收藏的大开本《赫恩斯》(Hearnes)，"原装的摩洛哥革封皮熠熠发亮"。他的床垫是大开本的《达格戴尔斯》(Dugdales)。他的床帐是"几条真正的贝叶挂毯"。

珍妮特·温特森也是一个睡在书上的人。她的父母是虔诚的五旬节派传教士。童年时，室外洗手间就是她最佳的隐秘阅读之所。温特森在那里读了弗洛伊德和 D. H. 劳伦斯。她说："到头来，也许那里才是最好的阅读室。"一把橡胶手电筒是读书的唯一光源。她的妈妈非常清楚，正常如厕的照明只要几节电池就够了，所以"我得把周六打工的钱在买书和买电池之间做分配"。

> 我把书塞到短裤里偷渡回室内，还得找个地方把它藏起来。如果有一张标准尺寸的单人床，将标准

2 亚历山大图书馆的最后岁月

尺寸的平装书藏在床垫下面,你会发现每一层能摆放七十七本。

随着藏书数量增加,床铺肉眼可见地越来越高,温特森很担心妈妈会注意到。妈妈当然发现了,她的藏书也葬身炉火。

大英博物馆著名的阅览室的设计师实现了这样一种奇妙的错觉:巨大的穹顶就像珍妮特·温特森的床垫一样,悬浮在层层叠叠的书本之上。

3

日臻完善
抄本的崛起

莎草纸卷轴是贯穿古典时代的主要书籍种类,但收藏卷轴的图书馆却时日无多。作为书写载体,羊皮纸明显优于莎草纸。它耐折叠,防潮,也更易获得,因此不易形成垄断。与莎草纸不同,羊皮纸的两面都可以用墨水书写。将羊皮纸切割成长方形,装订在一起,可以做成合页式的"书本",通常称作抄本。抄本能以更少的空间记录更多的信息。读者可以直接翻到某一章节或段落,而无须手动卷起九米长的莎草纸。抄本非常适合插入参考标识,比如目录、索引、页码,而这些标识在卷轴中几乎没有办法使用。羊皮纸抄本逐渐取代了莎草纸卷轴。

回顾抄本研究史,几位学者分享了发现第一部抄本的殊荣。从1978年起,澳大利亚和北美的考古学家发掘了撒哈拉沙漠中的达赫莱绿洲(Dakhleh Oasis),并在此发现了一本4世纪的账簿。账簿的薄木片书页（13厘米×33厘米）左侧有四个孔，用来穿绳，将八枚书页装订在一起。这本账簿被认为是抄本最早的完整实例。它看起来与之前古希腊人作为学识象征挂在腰间的合页式写字板并无二致。这些将黏土片、木片或金属片铰接在一起的硬挺挺的"书"和达赫莱的木质账簿，都不能算作真正的抄本，但它们有助于证实这一创造。

古典时代的另一种抄本雏形是将莎草纸一端打孔，装订在一起。西塞罗在给阿提库斯的信（公元前56年）中说，莎草纸也是可能被粘在一起，做成抄本样式的。诗人马提亚尔在《赠礼》（*Apophoreta*，1世纪）中大赞抄本格式简洁紧凑，并用后来口袋本经典和平装书卖家也会使用的文字向他的读者推荐抄本："把你的书箱给那些大家伙吧，我这本书只手可携。"无论订还是粘，易碎的莎草纸抄本注定是昙花一现。

真正现代样式的抄本，直到公元100年甚至更晚才出现。这种抄本用柔软结实的羊皮纸制成。在之后的几个世纪中，抄本的制作方法不断完善。在早期修道院的制书作坊中，活页夹被创造性地发明了。用绳索将羊皮纸书页牢固地装订在一起，再固定在活页夹中，之后用黏合剂填充书脊的缝隙。这种装订方式使得书本有了稳固的形状，可以平摊在桌面上，并在书本合上时保护书页上的字迹。刘易斯评价，抄本是中世纪黑暗时代两个最重要的发明之一。另外一个是马镫。

3 日臻完善

羊皮纸抄本的出现可能与古典时代后期的另一项发明有很大关联。罗马时代，公元元年前不久，书桌日渐流行，方形的羊皮纸非常适合用于在书桌上写作，写就的羊皮纸又方便装订成抄本样式。在此后的两千年中，家具设计、书籍样式和图书馆布局三者的发展演变始终息息相关。

中世纪，欧洲的大多数图书馆附属于教堂或修道院，宗教相关的书籍往往是抄本。修道院图书馆的时代始于卡西奥多鲁斯和圣本笃，二人于 6 世纪分别创建了维瓦留姆修道院和卡西诺山修道院。阅读和抄写是修道院图书馆的根基。在这里，书籍被不厌其烦地精心抄录和装饰。

古典时期，多数抄书人是奴隶。但在修道院图书馆中，抄书人是为所做之事感到自豪的自由人。精美繁复、栩栩如生的扉页插画和段首花体字母就源于他们的个人创造。即便是最资深的牧师，也会参与抄本的制作。一笔一画将文字抄写下来本身，就是虔诚皈依的表现。如刘易斯·布兹比所说，"承载圣言的书必须是艺术品"。抄书人在如教堂长椅一般排在一起的诵经台上辛勤耕耘。对他们来说，制作抄本是神圣的工作。

"装饰"抄本是中世纪抄本艺术的巅峰。"装饰"包括段首花体字母、扉页插画、页缘装饰和丰富的填色，如红色、紫色、天青色[1]，特别是还有银色和金色（近代以前，

---

[1] 用青金石制作的矿物染料所呈现的颜色。——编者注

青金石来自遥远的阿富汗,紫色染料则提取自地中海蜗牛的腺体。提取一点五克紫色染料要用掉大约一万二千只蜗牛)。兼具才华和创造力的僧侣们描绘出迷人的图像,有些极其精微。兔子、猫和老鼠在书页边缘嬉戏相杀;复杂的花边图案令人联想到凯尔特珐琅杰作;卡通漫画式的画面和滑稽举动栩栩如生,令人惊叹。尽管损毁逸失惨重,至今仍有数千部装饰抄本存世。这些存世抄本以修道院抄本为主,构成了现存中世纪艺术品的主体。从抄本中,我们得以窥见那个时代人们的喜怒哀乐。

现存中世纪装饰抄本中,7世纪的《林迪斯法恩福音书》(*Lindisfarne Gospels*)是最令人惊艳的作品之一。其中《圣卢克福音书》的扉页绘有一万零六百个红铅点。仅这些红点就需要一位抄书人聚精会神地工作至少六个小时。抄书人埃德弗里斯(Eadfrith),也是后来林迪斯法恩修道院的主教,是一位抄本绘图大师。他绘制了许多福音书抄本中的精美插图,其中最引人注目的是交错编织的凯尔特"地毯"图案,拥有非凡的复杂和美丽。埃德弗里斯会在他的图案中故意留一点瑕疵,比如用错颜色的连锁纹样、少一只翅膀的鸟等。这被解读为意在避免完美,因为完美是造物主的专利。

在将近一千年的时间里,欧洲的图书馆几乎只收藏《圣经》、教堂认可的宗教论文,以及供特权阶层使用的精选科学、哲学经典。典型的基督教修道院图书馆只收藏不到一百本书。直到中世纪末,馆藏才可能达到两三百本。

3 日臻完善

由爱尔兰僧侣建立的意大利博比奥修道院是个例外。10世纪时，这里收藏了六百六十六部抄本，但与古典时期的图书馆和小说、电影中流行的中世纪图书馆的神话相比，其数量是很少的。1200年，达勒姆的"大型"中世纪图书馆是个特例，只有五百七十卷藏书。罗马沦陷后一千多年，西方才出现与赫库兰尼姆卷轴图书馆同等规模的抄本图书馆。

中世纪中期，阿拉伯及远东地区出现了一些大型图书馆。1011年，朝鲜半岛高丽王朝的僧侣为《初雕大藏经》建立了"图书馆"。这座"图书馆"藏有超过八万片可用于印刷整套佛经的精美木版。中世纪伊斯兰世界的大型图书馆出现在科尔多瓦、巴格达、开罗及非斯。这些图书馆的馆藏卷轴和抄本一度达到数千卷之多，但到12世纪末期，大部分藏品都逸散了。

在中世纪的基督教图书馆，早期的抄本被收在箱子里和诵经台上，而不是摆在书架上。用书架来分类图书是后来才出现的。那时书名也很少被写在封面上。书太少，没必要——亚历山大图书馆的丰富馆藏和它带标签的卷轴，即使没被彻底忘掉，也已经是遥远的记忆了。当一位中世纪的学者要找一部书，看看书的大小、形状、颜色和位置，就知道哪一本是要找的了（在博尔赫斯笔下，无限的巴别图书馆中藏书的书脊上贴有标签，但标签的内容是与书本身内容无关的随机字母，除了偶然情况）。

一般来说，修道院抄本比制式化的现代图书尺寸大很多。圣加（St Gall）[1]本笃会修道院收藏的抄本中，最重的有二十二点五千克。《魔鬼圣经》重达七十四点八千克。抄本的大尺寸使它更易读，也更富丽堂皇，而且防盗功效非常显著。在一封858年给安克马尔大主教的信中，费里耶尔的卢普斯（Lupus of Ferrières）解释说，他之所以不愿意将比德文集（Bede's Collectanea）的抄本送过去，是因为这部书太大了——既不能随身藏起来，也不能藏在背包里，即使勉强装在背包里，"恐怕这样美丽的书，必然招来强盗"。后来，随着平均尺寸的缩小，书籍的被盗窃率持续上升。图书馆员不得不采取一系列措施来保证图书的安全。

中世纪后期，随着数量的增加，书籍在书架上的摆放方式变为竖立并排。书籍的制作也顺应了这种改变。今天，我们认为图书平顺地放入、抽出书架是理所当然的，但这其实是逐渐改良的结果。书籍的装订必须更结实，以防内页下垂或干脆彻底脱离。还有些变化更明显。比如，在西班牙埃尔埃斯科里亚尔王家图书馆，书籍封皮上的银质书扣都被移除了，以免刮伤相邻的书。拆下的金属材料卖给了回收金属的商贩或金匠。

书架从诵经台演变而来，有一系列涉及热力学和单音节问题亟待解决：下陷（sag）、倾斜（lean）、掉落（fall）、拥挤（cram）、钩住（hook）、压扁（squash）。书架长度与下陷速度的四次方成正比，展现了独特的数学美。鉴于这

---

[1] 也译作"圣高尔"。——编者注

3 日臻完善

样的"书架微积分",现代图书馆改革家梅尔维尔·杜威（Melvil Dewey）认为,书架的最佳长度是一米。如果长于一米,不斥重金加固是无法避免书架下陷的。

塞缪尔·佩皮斯,一位热衷英国文学、科学及海上航行的知名近代藏书家,对书架变形丝毫不能容忍。他吹毛求疵到用雅致的黄铜柱将每个书架支撑起来。佩皮斯对摆在一起的书籍高度不同也无法忍受。他专门定制用皮革包裹的木块基座,垫在书下面,使一排书的上缘完全在同一水平线上。每个积木块都经过修整和镀金,以担重任。

有些藏书人甚至随身携带卷尺逛书店,以便精准测量一本书的厚度是否刚好塞进自家书架的空隙。"英寸尺"布鲁尔（Inchrule Brewer）就是因为口袋里总装着折尺,才得了这个绰号。用这把尺,他测量稀有善本的长宽高,按照体积来买书。外交官巴勃罗·曼古埃尔在布宜诺斯艾利斯建立私人图书馆,其中的藏书是他指示秘书"按码"买回来的。买回的书随后被包装在与书架统一高度完全匹配的绿色皮革封面里。为了使书籍尺寸规格统一,装订匠人动用了剪刀和切纸器,裁去页顶和页底边缘,有时甚至要裁去顶部的几行文字。

（曼古埃尔的藏书买得随意,删得随意,但这座兼收并蓄的图书馆完美地满足了他的儿子阿尔维托。通过阅读《洛丽塔》《冷暖人间》《大街》,以及西班牙语百科全书中关于淋病的恐怖条目,小阿尔维托完成了自己的性教育。）

蒂姆·芒比注意到,书籍有像潮水一样填满一间又一间屋子的特性。有趣的是，在书架演化的过程中，诵经台先向天花板延伸，然后才向地板扩展。剑桥大学王后学院图书馆中保留的中世纪书架，清楚地展现了诵经台到书架的渐变过程。图书馆1448年成立之初，收藏的书都装有防盗锁链，书柜是双层的立式诵经台，台子下面配有可拉出的书桌。诵经台侧面刻着伊丽莎白一世时代晚期或詹姆斯一世时代早期风格的华丽花纹。1600年前后，木匠去掉了十四个诵经台的斜顶，用一层架子取而代之。侧面的花纹被保留下来，这一部分就是现代书架下半段的侧面。随后，更多层架子被加入原有的两层架子中间。再之后，大约1650年之前，书架改良的最后一步完成：旧式诵经台空着的底部被装满架子。虽然经过一系列演变，诵经台的痕迹在这些古董书架上仍随处可见。

在王后学院图书馆及同时期其他图书馆，加高的书架给藏书史带来一样新事物：被书架分隔开的私密小空间，或者说"馆中馆"。将书架像从前的诵经台一样垂直于外墙摆放的方式叫作"陈列式"布局。据信，这种布局于1590年在墨顿学院最先使用，成为英格兰早期学院图书馆的特征。

牛津大学图书馆曾在宗教改革中被拆分。1594年，莱顿大学图书馆开放，促使托马斯·博德利决心重振牛津大学图书馆。1598年2月23日，博德利给牛津大学副校长的信中说：

3 日臻完善

我将承担所有费用,使大学的开销相较从前不会增加。我将为图书馆添置桌椅、书架等用品,使其美观、得体,以吸引其他人捐赠图书。

博德利在重建的牛津大学图书馆中使用了陈列式布局。1602年11月8日,博德利图书馆正式开放,馆藏多达二百九十九部抄本和一千七百余册印刷书。像博德利期望的那样,图书馆吸引了大量图书捐赠。仅在三年后第一版馆藏书目出版时,藏书数量就已经达到六千册。在欧洲大陆的图书馆中,书架往往是平行于墙壁或靠墙摆放的。这种"墙壁式"布局最早在埃尔埃斯科里亚尔图书馆大规模采用。剑桥大学圣三一学院的雷恩图书馆采用了陈列式和墙壁式相结合的布局。

全高度书架,无论平行还是垂直于墙壁放置,都只是曾经新奇,但现在已经普及的技术而已。其他被普及的"新鲜事物"还有标点符号。用空格分隔单词,辅以标点、彩色墨水、大小写字母,使文档的可读性大大提高。这些改变始于查理大帝时代,即747至814年。直到这一时期,才开始以句子和段落组织写作,句首字母才用大写,句尾才用句号。完全没有空格和标点符号的书籍非常难以读懂。圣加修道院图书馆收藏的《维吉尔作品集》(*Vergilius Sangallensis*)抄本就是其中一例。该抄本于4世纪末或5世纪初在罗马出版,从头到尾都用大写字母书写,没有断句,没有标点——阅读全是大写的单词,现代人的眼睛要累坏了。

今天，给书籍标页码，即"分页"，是常规操作，但这也并非自古就有。16世纪，标注书籍还主要靠"分张"，而非"分页"。1600年之后，分页才逐渐成为主流。印刷术[1]发明前的书籍和第一代印刷书籍（1475年之前印刷的书籍），几乎不使用任何标号。

纵观历史，不同文化中，阅读和书写的方向是不同的：楔形文字从左到右，阿拉伯文从右到左，汉字自上而下，有一个时期古希腊文像犁地一样来回反复书写，一些伊特鲁里亚文也采用这种牛耕式转行书写法。[在《格列佛游记》中，据里梅尔·格列佛所说，卡斯卡加人（Cascagian）从下向上写字，小人国则是从纸的一角斜着写到另一角，像英格兰淑女一样。]

15至16世纪，书籍怎样摆放在书架上，仍取决于不同的喜好和传统。书脊冲里面还是冲外面，要看书名写在书脊还是书口。包括都柏林圣三一学院图书馆、西班牙埃尔埃斯科里亚尔图书馆和哥伦布图书馆在内的知名早期图书馆，藏书都是书脊向内摆放的。在博德利图书馆，带着锁链的抄本也是书口朝外摆放。从书脊和书口，可以看出很多图书如何被使用和储藏的细节。

奥多里科·皮洛内（Odorico Pillone）的藏书拥有惊人的视觉效果：他将藏书书脊向内摆放，并请艺术家塞萨

---

[1] 指古登堡印刷术，发明于1448年。——编者注

3 日臻完善

雷·韦切利奥（Cesare Vecellio）在一百七十二本书的书口上绘制了与其内容相关的彩色画作。其中十二本书并列摆在书架上的照片是互联网上转发最多的藏书图片之一。韦切利奥是一位出色的艺术家，但对图书显然不大用心——有两幅书口画被画倒了。

17世纪，一股奢华之风给书口装饰带来了新变化。书口画被隐藏在金色涂层之下，只有像扇子一样展开时，才会显现。塞缪尔·米尔恩（Samuel Mearne）是这种"隐秘艺术"的先驱。从查理二世复辟到1683年，他是皇家装订匠人。查理二世1622年版的《公祷书》就是很好的例子。这部书的书口有五幅垂直排列的画作，分别展现基督的痛苦、遭到背叛、受难、复活和升天。这幅水彩画很可能是一位受雇的画家用"尽可能干燥的画笔"在卷成扇形的书页外缘画就的。水彩晾干后，润饰匠人将书口恢复平整，再将红赭石、黑铅、水和盐酸的混合物用骆驼毛或海绵覆在上面，最后将裁好的金箔贴在外层。这种技术的隐藏效果非常好，以至很多书籍的主人都没有发现隐藏在书口的神奇画作。发现这些秘密是至欢至乐之事。每本书口镀了金粉的书，都该被发掘一下，看看是否隐藏了珍宝。

图书馆有自己的摩尔定律[1]。唐·托兹曼（Don Tolzman）估计，从19世纪70年代到20世纪40年代，美国主要图书

---

[1] 由英特尔创始人之一戈登·摩尔提出。其内容是，当价格不变时，集成电路上可容纳晶体管的数目每十八至二十四个月便会增加一倍。——译者注

馆的藏书规模每二十年翻一番，此后每十五年翻一番。在全球范围内，大英图书馆是第一个馆藏图书超过一亿册的图书馆。美国国会图书馆紧随其后。早在17世纪，人们就开始担忧书籍激增可能带来的问题。戈特弗里德·威廉·莱布尼茨（Gottfried Wilhelm Leibniz）说："如果世界以这种方式发展一千年，并且书籍创作始终保持现今的速度，恐怕整个城市都将被图书馆占满。"托马斯·科里亚特（Thomas Coryat）也注意到图书出版数量的激增，他评论说："就我浅见，宁愿多一些找书来读的人，而不要满架等人来看的书。"

［保罗·古尔丁在1622年出版的《组合相关数学问题》（*Problema Arithmeticum de Rerum Combinationibus*）中正式计算了要多少图书馆才能容纳二十三个字母可能组成的单词所写就的所有书籍。他得出了博尔赫斯式的精确结论：七万亿个单词，每六十个字符为一行，每一百行为一页，每一千页为一册，要容纳这些书，长宽各一百三十二米的图书馆，需要建八十亿五千二百一十二万二千三百五十座。］

除了公共图书馆，书籍还走入私宅，构成私人图书馆。公元前1世纪初，罗马城的富庶人家就开始建立私人图书馆，并雇用工作人员阅读和抄写书籍。书籍可以在战争中作为战利品缴获，也可以到锡拉库萨、那不勒斯等希腊人建立的意大利南部城市通过书商购买。普林尼和塞涅卡笔下的大型庄园图书馆，是当时展示财富和学识的一种时尚方式。当然，展示财富的动机无疑远大于展示学识。

3 日臻完善

文艺复兴时期，私人图书馆再次兴起。从 15 世纪中叶开始，意大利富人再次流行在家中设小书房。据约翰·黑尔《文艺复兴时期的欧洲文明》(*The Civilization of Europe in the Renaissance*) 记载，这些小书房旨在存放家庭文件，但也是避难所，"忙碌大家庭的家长，可以在夜深人静时在这里读他喜欢的书"。私人图书馆在英国出现的时间可追溯到 16 世纪。16 世纪 30 年代，约翰·利兰（John Leland）在穿越宁静的英格兰北部时，"惊喜地在诺森伯兰伯爵亨利·珀西（Henry Percy）城堡的塔楼中，找到一间带书桌和书架的书房"。伯爵称其为"天堂"。

恋爱中的愚人
——

藏书人必须忍受各式各样的侮辱。评论家指责他们古怪，没有理性，痴迷于死物，是生活的偷窥狂，典型的缺乏正常人类情感的性冷淡。爱尔兰裔外交官沙恩·莱斯利（Shane Leslie）很不"外交辞令"地写道：藏书者不过是文学"阴阳人"——既非读者，也非作家。一旦搜集图书成为寻常事，嗜书如命的人就是个笑话。塞巴斯蒂安·勃兰特 1494 年出版的《愚人船》是一本蠢材花名册，而其中最蠢的就是一个收集他看不懂的"无用书"的藏书人。

彼特拉克在《命运补救》(*De remediis utriusque fortunae*)

中反对搜集书籍而不读。拉丁诗人及修辞学家德西穆斯·马格努斯·奥索尼乌斯也在作品中表达过类似见解：

> 爱书的人，你买了书，装满了书架。
> 这就意味着你是学者吗？
> 你今天买了弦乐器、拨片和里尔琴。
> 难道明天你便能主宰音乐界吗？

1607 年，枢机主教费德里科·博罗梅奥（Federico Borromeo）创立了米兰安波罗修图书馆（1609 年奠基）。博罗梅奥的个人笔记显示了巨大而广泛的求知欲：鸟为什么唱歌？天使和魔鬼怎样讲话？天使有正式姓名吗？为什么有些动物寿命更长？冰岛人吃什么？几内亚人民信仰什么？书写是何时何地发明的？博罗梅奥对崇拜书籍本身并不赞赏。一位藏书人曾向他展示一部印制精良、保存完好、装订雅致的西塞罗作品集。这位枢机主教说："如果能多一点用过的痕迹，而不是纤尘不染，我会觉得这本书更好。"

爱德华·吉本在评论第 3 世纪时的罗马皇帝戈尔迪安二世的俗世成就时说：

> 二十二位有名分的妃嫔，六万两千册藏书的图书馆，这两项成就显示，他的喜好并不单调。从他身后所遗来看，二者又的确出于实际需要，并非只为炫耀而虚设。

3 日臻完善

18世纪的英国律师托马斯·罗林森（Thomas Rawlinson）被嘲讽为博学多才的白痴。他积累了大量藏书，但往往只读一读封面。据说他"像松鼠捡坚果"一样搜集图书。罗林森在"南海泡沫"（South Sea Bubble）中蒙受损失，他的藏书随后被遣散。1722至1734年间的十六次拍卖中，其他收藏家欣喜若狂地瓜分了罗林森的藏书。

爱书者被不喜欢他们的人刻画为被社会抛弃的古怪边缘人：他们为私人图书馆中书籍之间有缝隙、书籍没有摆放整齐或摆放不对称而大惊小怪。蒂姆·芒比选择与嗜书人站在一边，"与毕生所爱相比，被同胞视为疯子只是微不足道的代价"。沃尔特·巴杰特（Walter Bagehot）也持相同观点：

> 从前，人们认为马就是用来骑的，蛋糕就是用来吃的，钱就是用来花的。一些幼稚的人推而广之，认为书就是用来读的。一本稀有的书只是用来读，那就太不成熟了，半大小子才这么干。

4

"下流的人类"
重新发现文艺复兴

在黑暗时代的泥潭中,西欧饱受战争和帝国崩溃的摧残。但是,在一处看似不可能的地方,透出一线文明之光。在爱尔兰和苏格兰偏远的西北海岸,凯尔特基督教徒开创了修道院文化,使欧洲艺术及文明得以延续。6至7世纪,爱尔兰和苏格兰传教团的先锋队从艾奥纳岛和其他避难地出发,穿越整个欧洲大陆,建立了一批欧洲最重要的修道院及图书馆。传教士为所到之处带去了抄本和非凡的热忱。在法国、比利时、德国、瑞士和意大利,在迪西博登贝格(Disibodenberg)、贝桑松、吕尔、库桑斯、朗格勒、图尔、列日、佩罗讷、埃贝斯明斯特(Ebersmunster)、科隆、雷根斯堡、维也纳、埃尔福特、维尔茨堡、安内格雷(Annegray)和方丹莱吕克瑟伊(Fontaine-lès-Luxeuil),百姓们接受了克罗纳德的科伦巴(Columba of Clonard)和班戈的科伦巴努斯（Columbanus of Bangor）所示范的生活方式。极富象征意义的是，安内格雷的修道院建在一座废弃的罗马堡垒之中。

时光飞速向前。14世纪，天主教会再次陷入困境。1378至1417年间，先有两位，随后又有三位并存的教皇，宣称对西方天主教会拥有统治权。每位教皇都有自己的枢机主教团、宗座署理和日课。这场分裂的原因与其说是宗教性的，不如说是政治性的。教众追随哪一位教皇，很大程度上是由其所在地区决定的。大分裂不可避免地严重损害了教会和罗马教皇的威信。

1414年，教廷大公会议在康斯坦茨召开，旨在修补分裂。这次会议是一次几乎没有先例的组织管理演习。除三万匹马、七百名妓女和几十名杂耍演员之外，还有共计两万多名枢机主教、修道院院长、修士、隐修者和神父齐聚这座瑞士小城[1]。会议历时四年半，最终成功促使罗马教皇格里高利十二世辞职，罢免了阿维尼翁教皇本笃十三世的职务，解除了比萨教皇若望二十三世的职务，并在1417年11月推举马丁五世为唯一的教皇。

1416年夏天，来自托斯卡纳的三位会议书记员——琴乔·鲁斯蒂奇（Cencio Rustici）、巴尔托洛梅奥·达·蒙泰普尔恰诺（Bartolomeo da Montepulciano）和吉安·弗朗切斯科·波焦·布拉乔利尼（Gian Francesco Poggio Bracciolini）——

---

1 康斯坦茨今属德国。——编者注

4 "下流的人类"

在会间暂停工作，休假几天。他们听说附近有一座修道院看守的古老图书馆，便启程前往。图书馆在三十公里外的圣加，也就是现在的圣加仑（St Gallen）。

圣加修道院的起源可以追溯到在伦巴第建立博比奥修道院的爱尔兰传教先锋队。7 世纪初，班戈的科伦巴努斯（又称小科伦班）带领传教士们穿越欧洲。一行人到达康斯坦茨湖畔布里甘蒂亚（Brigantia）附近的山地时，一位叫加卢斯（Gallus）的修士被绊倒了。据说，加卢斯认为这是神启，于是在此建立隐修室。无论天意还是人为，加卢斯偶然发现了一个美丽的地方，正是阿尔邦森林树木繁茂的施泰纳赫河谷中的瀑布附近。加卢斯住在简朴的隐居处，保留了一个小图书馆，收藏一些日常礼拜用的礼仪书籍。隐居处和其中的隐士逐渐为当地人所熟知，人们到加卢斯那里寻求指引和保护。祈祷室建成后，更多修士投奔而来。很快，隐居处发展为一座修道院。

加卢斯在瀑布旁停止征程后的一个世纪，一位名叫奥特马尔（Otmar）的神父在隐修室的遗址上建造了一座新修道院，成为圣加修道院的首任院长。在第二任院长治下，修士们在 747 年加入本笃会。在瓦尔多（Waldo，782—784 年在任）、戈兹贝特（Gozbert，816—836 年在任）、格里马（Grimald，841—872 年在任）、哈特穆特（Hartmut，872—883 年在任）和扎洛莫三世（Salomo Ⅲ，890—920 年在任）等多位睿智勤奋的院长的带领下，圣加成为重要的宗教中心。

图书馆：无尽的奇迹

书籍对于本笃会的修行至关重要。圣本笃戒律要求每天读经。此外，在大斋期，每位修士都必须从头至尾独自阅读《圣经》。所有这些都需要《圣经》文本。圣加修道院的缮写室可以追溯到修道院成立早期，760年或更早。除《圣经》外，圣加修道院的第一批缮写士还创作评论圣徒传记及文法学作品。院长瓦尔多见证了圣加修道院图书馆的发展后，转至德国南部的赖歇瑙修道院（Reichenau Abbey，他于786—806年担任院长），并在那里建立了一座伟大的图书馆。瓦尔多任院长期间，圣加的缮写士用的是羊皮纸。据安东尼·霍布森记载，这些羊皮纸"颜色又脏又黄，满是裂口和破洞"。但在戈兹贝特任院长时，圣加为缮写士供给高质量的白色犊皮纸。这样一来，多达一百名缮写士开始着手扩充修道院的藏书。从820年起的十年间，修道院建造了一座独立的双层图书馆——下层是缮写室，上层藏书。这是欧洲首座此类建筑。（图书馆中藏有一幅现存最古老的修道院建筑设计图。图纸可以追溯到9世纪头几十年，上面绘制了一座大型双层图书馆，完美的立方体。设计旨在建造一座"理想的修道院"，但实际上，只有图书馆－缮写室部分付诸实施。）

在新的缮写室中，花体首字母装饰艺术蓬勃发展。融合了爱尔兰、英国、德国、拉丁和拜占庭元素，圣加的抄本形成了独特的风格，效果十分出色。除抄写圣加本地的藏书外，修士们还用他们的抄本交换别处的抄本，另外遗赠和购买也是获取新书的途径。不过，大部分书籍仍是由

4 "下流的人类"

"日耳曼人"诺特克（Notker the German）、"口吃者"诺特克（Notker the Stammerer）等才华横溢的圣加本地修士抄写制作的。

据一份850至890年间写就的目录记载，圣加修道院主藏书楼藏有二百九十四卷，共计四百二十六篇文稿。有些文稿是装订在一起的。修道院还有学者图书馆、教堂图书馆、院长私人图书馆各一座。圣加不愧为藏书之所。它的第一部历史——《圣加沧桑》（*The Vicissitudes of the Abbey of St Gall*），由修士拉特佩特（Ratpert）撰写于890年。在之后的岁月，圣加修道院将经历更多沧桑。

9世纪末，修士们将书籍转移到与教堂相邻的一座有防御工事的建筑中。这座建筑以去世不久的前院长命名，叫作哈特穆特塔（Hartmut Tower）。10世纪，在马扎尔人入侵之前，一位叫维博拉达（Wiborada）的有远见的虔诚隐士，建议修士们把图书馆搬到一个更安全的地方——康斯坦茨湖上的赖歇瑙岛。入侵者到来时，修士们到附近的堡垒中寻求庇护，但维博拉达却留在了圣马格努斯（St Magnus）教堂的隐修室中。926年5月初，她被入侵者杀害。1047年，她成为教会历史上第一位被封为圣徒的女性。今天，她被尊为图书馆和藏书者的守护神。

937年的一场大火，烧毁了修道院的大部分建筑，圣加图书馆随之进入漫长的停滞期。从11世纪到文艺复兴时期,"除几本法律书籍和伯纳德[1]、安瑟伦[2]及之后几位作家的作品",图书馆的藏书几乎没有增加。1200年前后,圣加缮写室彻底关闭。两个世纪后,圣加修道院及圣加城成为独立公国,神圣罗马帝国的亲王兼任修道院院长。

不过,圣加图书馆始终是一座宝库。1416年,三位托斯卡纳书记员一到,就发现了令人惊叹的宝藏:昆体良《雄辩术原理》的完整抄本,一部关于修辞学理论和实践的论著,托斯卡纳人当时只知道这部作品有一个内容非常不完整的残本;西利乌斯·伊塔利库斯(Silius Italicus)的《布匿战争纪》(*Punica*),一部十七卷、一万二千行的关于第二次布匿战争(公元前218—前201年)的传奇,是拉丁文学中最长的诗歌;阿斯科尼乌斯·佩迪亚努斯(Asconius Pedianus)从历史和法律角度对西塞罗演说的两篇评论;还有瓦勒里乌斯·弗拉库斯(Valerius Flaccus)撰写,献给韦帕芗的史诗《阿尔戈英雄纪》(*Argonautica*),这部史诗"光芒闪烁、气势磅礴、诗意盎然","恣意重述"了罗德岛的阿波罗尼乌斯(Apollonius of Rhodes)曾讲过的金羊毛的故事。

满心惊喜的琴乔·鲁斯蒂奇在写给弗朗西斯科·达·菲亚诺(Francesco da Fiano)的信中,滔滔不绝地述说上述及其他圣加图书馆的遗珍:维特鲁威的《论建筑》,关

---

[1] 中世纪法国经院哲学家,即"克莱尔沃的圣伯纳德"(St Bernard of Clairvaux)。——编者注
[2] 中世纪经院哲学家,出生于意大利。——编者注

4 "下流的人类"

于建筑主题的最重要的古代作品；语法学家普利西安（活跃于 500 年前后）撰写的关于维吉尔诗歌的教科书式讲评；拉克坦提乌斯撰写，"篇幅不大，但其雄辩和智慧令人惊叹"的论著，"立场鲜明地驳斥了创世之初人类的处境比野兽更低下、更可怜的论调"。这本书很可能是拉克坦提乌斯的《论人的责任》（*De officio hominis*）。

圣加的一些藏书和它们的作者之前在意大利完全不为人所知。比如，关于昆体良的《雄辩术原理》，波焦·布拉乔利尼评论道："在意大利学界，他的文字和思想经过时间的蹂躏，已经支离破碎，残破不堪，无法辨认。"只有半部《雄辩术原理》在意大利流传下来，并且这半部也很不完整。圣加收藏的昆体良及其他罗马作家的作品重见天日，影响可谓深远。而且，还有更多圣加宝藏被陆续发掘出来。当琴乔·鲁斯蒂奇发现塞维利亚的伊西多尔的莎草纸抄本时，他把它拥在怀里，"因为它是无比圣洁的古物"。与古老而珍稀的书卷的奇遇，让人们喜不自禁。

但他的喜悦很快被悲伤和对修道院院长海因里希·冯·贡德尔芬根（Heinrich von Gundelfingen）的愤怒所淹没。据波焦和鲁斯蒂奇记载，在哈特穆特塔，他们发现了大量已经损毁的书籍。鲁斯蒂奇写道，他们看到"拉丁文学无与伦比的光辉和荣耀"竟受到如此摧残，不禁泪流满面。

> 被尘土、虫子、污垢及其他一切可毁坏书籍的脏污侵蚀……如果图书馆能讲话，它一定会大声疾呼：

"热爱拉丁文的人们,不要让我湮没于这可怕的漠视啊!把我从这所监狱中救出去吧!这里的黑暗连求知之光都无法照亮!"修道院的院长和修士根本就是文盲。多么野蛮的拉丁文仇敌,多么可恶下流的人类!

在写给维罗纳的瓜里诺·瓜里尼(Guarino Guarini of Verona)的信中,波焦描述了霉菌和灰尘如何毁损这些藏书:

> 这些书并没有依照它们的价值被妥善保存在藏书室中,它们被丢在一座塔楼底部肮脏、阴森的地牢里。那个地牢,即使用来关死刑犯,都嫌太过残忍了。

波焦颇为生动地想象了富有教养、优雅、勤勉、幽默的昆体良抄本身于"监狱的肮脏、洞穴的污秽、守卫的野蛮"之中,忍受着何种痛苦:

> 他衣衫褴褛、蓬头垢面、神情沮丧,仿佛在居丧。他的举止表情好像在宣告他遭受的不公审判。他似乎伸出手,恳求罗马民众保护他免受不公正的刑责。他似乎满心愤恨地抱怨:曾经,他用优秀的辩才帮助支援过那么多人,可如今,没有一个人来怜悯他的不幸,没有一个人为他的福祉尽一点力,也没有一个人让他免受不公正的惩罚。

4 "下流的人类"

后世作家对托斯卡纳人关于哈特穆特塔藏书室的戏剧性描述持怀疑态度，其中波焦尤受质疑。波焦被后人称为"文艺复兴时期最伟大的猎书人"，是最早的"猎鸟犬"收藏家。也许，这个以寻获古书为嗜好的人，夸大了修道院的混乱，并以此为借口和掩饰，偷走了修道院的一批精华藏书。在猎书的过程中，波焦自然并非无可指摘。他用高超的话术，"说"开了很多修道院的大门。不止一次，他夸大了自己作为寻书人的资历和成就。他总喜欢指责别人撒谎、懦弱、偷窃、伪善、异端和变态，但他自己也同样被指认为骗子，不惜用不正当的手段从修道院骗取书籍。比如有一次，他为了从赫斯菲尔德修道院（Hersfeld Abbey）图书馆取走李维和阿米亚努斯（Ammianus）的书，贿赂了一名修士。

波焦在担任教廷官员期间，与他的情妇露西娅·潘内利（Lucia Pannelli）总共生了十四个孩子。五十六岁时，他与十七岁的塞尔瓦加·德·布昂德尔蒙蒂（Selvaggia de' Buondelmonti）结婚，和她又生育了六个孩子（1436年，他写了一部著名的对话录——《论老年婚姻》）。在丰富多彩的职业生涯中，波焦和莎士比亚一样，用他的智慧积累了巨额财富。1434年卖掉一份李维的抄本后，他用所得款项在瓦尔达诺（Valdarno）建了一栋别墅，里面堆满钱币、碑铭和古董半身像。波焦通过购买伪造的盾徽让自己显得更有地位，这也像莎士比亚（大都会艺术博物馆现藏有一件银质鎏金圣骨匣胸像，呈主教头戴法冠样式，上面佩有波焦和塞尔瓦加的盾徽）。

还有编纂笑话集《妙语录》(*Facetiae*)的小风波。这本书是波焦在1438到1452年之间写的，是15世纪最粗鄙下流的笑话集。其中有些笑话是关于教会政治和时事的，但大部分是与性相关的，比如淫荡的教友、好色的商人、神奇的孔洞、易骗的病人、猥琐的杂佣、饥渴的隐士（圣加卢斯一定气得在坟墓里翻身）、头脑简单的新郎、放荡的农夫，以及迷人的修士。还有故事写一个女人告诉丈夫她有两个阴道，前面的与丈夫共享，后面的献于教会。波焦的第CLXXXI号笑话"年轻女人分娩时的妙语"也是基于同一主题：

在佛罗伦萨，一个年轻的蠢女人马上要生产了。她痛了很久。稳婆手持蜡烛，检查她的阴部，看婴儿是不是快出来了。这可怜的东西说："检查一下后边，我丈夫有时也会用那一个。"

第CLXI号笑话提出了个人命运如何决定的新理论：

一个庸医声称，他能通过控制器官插入的深浅来控制孩子将来的职业——商人、士兵、将军随你选。一个愚蠢的乡巴佬，把妻子交给这恶棍，说要生一个士兵。乡巴佬自作聪明地藏起来，适时跳出，猛推庸医后背。"圣人保佑，"他得意扬扬地喊，"这下肯定

4 "下流的人类"

是个教皇！"

第 CLIV 号笑话，"想娶老婆的山里人"：

佩尔戈拉村的一个山里人，想娶邻居家的小女儿，但观察一番后，他觉得她年纪太小、身子太弱，就打消了这个念头。女孩愚蠢的父亲争辩说："她可比看起来成熟多啦！她已经跟主教代理的书记员生过三个孩子了。"

尽管出于显而易见的原因，这本书引起了教会的不满，但它在民间却大受欢迎。书的抄本和印刷版"疯传整个意大利，并涌入法国、西班牙、德国、英格兰和其他所有懂得拉丁文的国家"。列奥纳多·达·芬奇收藏了一本。四个世纪后，摩根大通集团也收藏了一本。

除了编写《妙语录》使波焦的名声一言难尽外，他还因为受人牵连招来一些骂名。他是教皇若望二十三世［又被称为"反教皇"（Anti-Pope）］巴尔达萨雷·科萨（Baldassare Cossa）的书记员，并以此身份参加了教廷大公会议。若望是争夺权力的三个教皇之一。在神圣罗马帝国皇帝西吉斯蒙德的压力下，他发起了大公会议，但会议一开始，事情就朝着对他不利的方向发展。到后期，他不得不扮成一个邮差，只由一个忠心的弓弩手护卫，趁着黑天逃离康斯坦茨。在逃期间，他被正式指控犯有乱伦、强奸、鸡奸、买卖圣职、剽窃、伤风败俗、施加酷刑、谋杀、狼子野心、分裂教会、暴政"恶行"和异端——他曾否认基督复活的真实性。在若望缺席的情况下，他被法庭判定所有罪名成立。不过，根据爱德华·吉本的说法，"最具丑闻性质的指控被掩盖了——他只被指控犯有剽窃、强奸、鸡奸、谋杀和乱伦"。若望被西吉斯蒙德监禁数月，在付了一大笔赎金后才得以脱身。若望向新任教皇求和。教皇赦免了他，并任命他为枢机主教。但几个月后，若望就死掉了。

由于上述及其他种种原因，波焦的名声不太好。一些现代作家直截了当地称他为"小偷"。图书馆史学家阿尔弗雷德·赫塞尔（Alfred Hessel）在谈到波焦时写道："无事可做时，他就会誊写抄本，但他更愿意把抄本塞进袍子里'保存'起来。"这段对波焦的描写像极了另一位以偷书而恶名远扬的嗜书人，19世纪的盗书贼詹姆斯·哈利维尔。E. V. 卢卡斯（E. V. Lucas）回忆起哈利维尔时说："如果碰巧看到他认为更值得为他所有的东西，不管在别人家中还是博物馆里，他会毫无顾忌地拿走。"

波焦对圣加图书馆的描述还有其他可疑之处。三位托斯卡纳书记员的故事，总让人有一种似曾相识的感觉。在离奇古怪的情况下巧遇古书的早期故事多如牛毛。这些故事有一个俗气的套路：千人一面的体贴爱书人，救书籍于危难之中。这种故事全靠双方对书籍价值认知的差异营造戏剧张力——一方欣赏、珍惜稀有抄本，一边弃之如敝

4 "下流的人类"

龌。这种强烈的对比往往令人意难平。

比如，米兰的安波罗修图书馆17世纪"最伟大的捡漏"——用"更有用的"现代书籍交换了博比奥图书馆收藏的部分古书。当时，博比奥图书馆拥有一批神秘的无价古书，其中包括博比奥10世纪时收藏的六百六十六部抄本的大部分。它们是存世不多的意大利加洛林手写体发明之前的抄本。博比奥图书馆用这批古抄本交换了新印制出来的印刷书。安波罗修图书馆在17世纪的另一次捡漏，给人的冲击感也很强。安东尼奥·萨尔马齐亚（Antonio Salmazia）花了一年时间，为图书馆在科孚岛寻找希腊抄本。他成功购买到一百一十三份抄本。在当今的室内设计杂志上，供应商以平方米为单位给皮革装订的旧书标价。科孚岛的旧抄本受辱更甚，按重量甩卖。萨尔马齐亚以每科孚磅五米兰里拉的价格买到了这批抄本。

"拯救抄本"套路文的经典桥段是薄伽丘拜访卡西诺山修道院图书馆的故事：薄伽丘在修士的陪同下，顺着梯子爬到一个没有门的阁楼里，这里就是"贵重抄本"存储室。阁楼中的书籍覆满灰尘，有些书整页被撕掉，还有些书页的边缘被裁掉了。薄伽丘禁不住落下泪来。他质问修士，为什么如此贵重的抄本却被这样糟蹋。修士说，每次教友们囊中羞涩时，就从《圣经》抄本上裁下一些羊皮纸书页，做成小册子换点儿零花钱。裁下来的书页边缘也可以卖掉。

薄伽丘对卡西诺山的拜访，令人想起博德利图书馆的前身——牛津大学图书馆的腾空。1550年，在宗教改革的高峰时期，牛津大学图书馆收藏的所有书籍，包括六百多份抄本，都以犊皮纸和羊皮纸的价格，卖给了书籍装订商和其他商人。基督堂学院的院长领导了这次清洗。他意图消除所有天主教的痕迹，以及所有"迷信书籍和图画"。六年后，基督堂学院买下了空置的书架。在接下来的四十二年中，各学院都设立了各自的图书馆，但牛津大学本身却没有图书馆。由于这一次和其他历次遣散，嗜书人在一些不可能的地方有了若干惊人发现。比如罗伯特·科顿爵士（Sir Robert Cotton）在裁缝店里偶然发现了一份古老的书稿。当时裁缝正准备把它剪开当皮尺用。细看之下，科顿爵士发现，这张羊皮纸竟然是约翰王在1215年签署的《大宪章》。这份抄本是四份原件之一，还带有"印章并签名"。

拉斐尔·塔巴雷斯（Rafael Tabares）记述了哥伦布图书馆的藏书被错待的故事。克里斯托弗·哥伦布和比阿特丽斯·恩里克斯（Beatriz Enríquez）的儿子费尔南多·哥伦布（Fernando Columbus），十四岁时就随同父亲完成了第四次穿越大西洋的航行。"高大、和蔼可亲、非常肥胖"的费尔南多长大成人后，他获得了房产和奴隶等财富，成为西班牙最富有的人之一。1526年，他在瓜达尔基维尔河畔的塞维利亚建造了房屋，并在花园里种上原产美洲的树木。费尔南多还购置了一万五千多册图书，安放在一个大房间里。

费尔南多死后，他的哥伦布图书馆被转移到塞维利

4 "下流的人类"

亚大教堂。1552年,书籍被安置在大教堂的一座附属建筑中。这座附属建筑是依着一座古代清真寺的墙壁建造的。二十年后,西班牙国王费利佩二世下令将其中的早期抄本转移到埃尔埃斯科里亚尔王家修道院的图书馆。又过了十四年,转移到修道院的这批抄本受到宗教裁判所的审查。由德意志新教徒厄科兰帕迪乌斯(Oecolampadius)编辑的1528年巴塞尔版《圣西里尔作品集》(*St Syril' Works*),第二卷的大部分内容和第三卷的全部内容被删除。其他书籍则被判彻底销毁。

仍保存在塞维利亚大教堂的书籍,在整个17世纪,被长期忽视,只偶尔有人关心一下它们的状况。比如1683年,很多书被用犊皮纸重新装订了。到18世纪,它们彻底被遗忘了。哥伦布图书馆副馆长塔巴雷斯描述了"他小时候获准和其他孩子在藏书室里玩耍,他们常用手指拂过装饰抄本和印刷书"。由于年久失修,排水沟泄漏,污水冲进图书馆,浸湿了好几卷书。曝晒、湿气、不当使用,使很多疏于照顾的抄本变成了"粉状垃圾"。塔巴雷斯尽力挽回局面,但到了19世纪,愈演愈烈的损毁和盗窃倒卖使书籍流失更加严重。截至1970年,只有约五千五百册费尔南多·哥伦布的藏书仍保留在哥伦布图书馆,其余约一万册都流散了。

"拯救抄本"套路文的另一个例子,发生在一个风景如画的地方。1801年,剑桥大学耶稣学院研究员爱德华·丹尼尔·克拉克(Edward Daniel Clarke)驾着一叶轻舟,来到希腊帕特莫斯岛。他将船泊在斯卡拉港（Skala），从码头出发，走过四公里的曲折路程，经过一群"全都很健美"的当地妇女，来到岛上的制高点。那里有一座始建于1088年的东正教修道院——神学家圣若望修道院。与克拉克同行的是他的学生兼好友，同样来自耶稣学院的约翰·马丁·克里普斯（John Marten Cripps），以及一位叫赖利（Riley）的翻译［克拉克和克里普斯1799年5月从英格兰启程时，同行的还有人口学家马尔萨斯和未来的奇切斯特主教威廉·奥特（William Otter），但马尔萨斯和奥特"很快就离队了"］。

在帕特莫斯，克拉克和克里普斯的资质担保无可挑剔——奥斯曼帝国的卡普丹帕夏，也就是海军总司令，为他们写了介绍信。在修道院，他们受到了院长和财务总管的接待。克拉克给他们看了卡普丹帕夏的信。信是用土耳其语写的。赖利翻译了信的内容。这封介绍信使几位外来访客受到热情款待，并得以在岛上为今后的航程订购"面包"。

英国人由院长和修士陪同参观了修道院。他们被带到一个满是书架的长方形小房间。书架上摆满了印刷书，"因为时髦的印刷书被认为价值更高"；而旧的羊皮纸抄本则"被当作垃圾"，堆在地上，扔得到处都是，有的封面尚存，有的连封面也没有了，饱受潮气和虫子的折磨。大量抄本被裁剪开来，当作"可以废物利用的羊皮纸"。房间尽头有一堆希腊抄本，其中一些显然非常古老。两个英国人问院长这些是什么书。院长鼻孔上扬，挂着冷漠轻蔑的表

4 "下流的人类"

情回答:"抄本!"

克拉克和克里普斯估算,小藏书室里有大约一千册书籍,其中二百多册是抄本。英国人定下救援计划后,赖利开始与院长讨价还价,克拉克和克里普斯则直接"扑在书堆上",并且几乎立刻发现了阿雷塔斯(Arethas)的《柏拉图》。院长同意向他们出售五份抄本,但这笔交易必须对帕特莫斯本地人保密,因为其中可能有奥斯曼帝国政府安插的间谍。来客带着兴奋和忐忑返回船上等待。不久,一位修士顶着一只大篮子出现了。走近时,他故意用周围岛民都可以听到的音量说,他为英国客人送来了他们通过卡普丹帕夏订购的面包。

在这些书籍捡漏的故事当中,有些明显是假的。比如,科顿是否真的在裁缝店巧遇原版《大宪章》就很令人生疑。帕特莫斯的修道院院长或许也不像克拉克描述的那样市侩。这又让我们回到最初的问题:关于圣加修道院,波焦和鲁斯蒂奇说的是实话吗?

阿尔弗雷德·赫塞尔显然认为他们在骗人。他写道:"故技重施,波焦对圣加图书馆状况的沉痛控诉,只是为了宣称他有责任把这些古代宝藏从苦难中解救出去而已。"然而,在波焦之后的几个世纪,其他访客对圣加图书馆的状况给出了差不多的说辞。例如,约翰·施特林普夫(Johann Strümpf)在1548年参观哈特穆特塔后,发现塔内的抄本"乱七八糟地堆在那里"。然而,对书籍疏于照看还不是最令人震惊的,有证据显示,圣加的修士们犯下了更严重的罪行。《圣加拉丁圣经》(*Vetus Latina Gallensis*)案就是一个惨痛的例子。

《圣加拉丁圣经》是一个非常早的拉丁文《圣经》版本,比圣哲罗姆的武加大译本还要早。后来,"更好的"《圣经》文本出现,圣加的修士们竟然将《圣加拉丁圣经》割成羊皮纸条,用来加固新抄本的书脊和封面。圣加的一卷早期武加大译本也被割开了,现今存世的只剩一百一十条碎片。这卷抄本可以追溯到5世纪,是最古老的圣哲罗姆福音书译本"仅存"的残迹。还有其他同样珍贵的圣加抄本也被割毁,包括一本重要的伦巴第法图书。

作为一座由爱尔兰修士创建的修道院,圣加自然收藏有爱尔兰的早期抄本。圣加的爱尔兰抄本共十五卷,年代跨越7世纪到9世纪,也就是修道院的奠基时期。爱尔兰及苏格兰传教士帮助欧洲大陆保全和更新了基督教文明,而这些抄本正是那个时代的宝贵文物,在宗教史、文化史、语言史和古文字学方面具有世界性的重要价值。例如,其中的《普里西安语法原理》(*Grammatica Prisciana*,约845年)是现今古爱尔兰语言学的主要资料。但那时圣加的修士又是怎样对待这些爱尔兰抄本的呢?在十五卷抄本中,有十一卷被割成了碎片。不但割成碎片,修士们还清洗书页,刮除原有字迹,以便重复使用这些羊皮纸。

图书馆史学家兼书商安东尼·霍布森认为,波焦和鲁斯蒂奇的说法是可信的,他们描述的似乎就是圣加图书

4 "下流的人类"

馆的真实状况。在毁书恶人泛滥的世界中,他们是救书英雄。圣加的院长冯·贡德尔芬根允许三个托斯卡纳人把五部罗马古典文学的瑰宝带到意大利,它们是弗拉库斯的《阿尔戈英雄纪》、伊塔利库斯的《布匿战争纪》、佩迪亚努斯(Pedianus)的两篇评论,以及昆体良的《雄辩术原理》。带着惯有的戏剧性,波焦写道:"天啊,如果没有我们的救助,它们肯定第二天就命丧黄泉了。"波焦和他的同僚将罗马苍穹中这几颗罕有的明星"不仅从流放中解救出来,而且使它们免于消亡"。

康斯坦茨大公会议期间,圣加并不是波焦到访过的唯一一座修道院。他还拜访了瑞士其他修道院,以及施瓦本和法国的一些修道院,比如赖歇瑙修道院、魏因加滕修道院和克吕尼修道院。几乎在每一处,他都有惊人的发现。在克吕尼,他发现了两部西塞罗的演讲稿。此前,这两部讲稿只有不完整的版本存世。在卡西诺山,他发现了1世纪晚期弗朗提努斯《论渡槽》(De aquaeductu)的抄本,这是一部关于罗马水路的专著。在朗格勒和科隆,他发现了西塞罗的《为凯基纳辩护》(Oration for Caecina)和其他十六篇讲稿,其中很多是之前不为人知的。

他还发现了诺纽斯·马塞勒斯(Nonius Marcellus)、弗拉维乌斯·卡佩尔(Flavius Caper)、普罗布斯(Probus)和优迪克的作品,以及西塞罗的《为塞克斯图斯·罗修斯辩护》(Pro Sexto Roscio)、费斯图斯(Festus)的《辞疏》(De *significatu verborum*)、马尼利乌斯的《天文学》、阿米亚努斯·马塞林努斯的《大事编年史》、斯塔提乌斯的《诗草集》(*Silvae*),还有阿比修斯关于烹饪的作品。他发现了伊甸园。

1416年,波焦到德国富丽堂皇的巴登浴城旅行,"我到这里来,是要试一试水疗是否能治好我手指间的皮疹"。在巴登城,他给朋友尼科洛·尼科利(Niccolò Niccoli)写了一封兴高采烈的信。

> 古人对普特奥利(Puteoli)浴场的溢美之词甚多,几乎所有罗马人都是那里的常客。但据我看,自吹自擂的普特奥利浴场,令人愉悦的程度并不及巴登。普特奥利的优势在于周围优美的乡村、宏伟的别墅,而非浴场本身。反观巴登,虽然没什么怡人的景色,但围绕具有医疗效果的温泉的一切都充满惊喜。巴登让我有一种错觉,维纳斯及与她相伴随的所有欢愉,都从塞浦路斯搬到这里来了。浴场的常客忠实地遵循她的教诲,模仿她的仪态。尽管他们没有读过埃拉伽巴路斯(Heliogabalus)的大论,但似乎已领会其精髓。

巴登浴场是四面敞开式的,常来光顾的客人中男女老少皆有。男女浴客对"对方都没有戒备",彼此间"只隔着一根朴素的栏杆而已",有些则是"带着低矮窗户的薄隔板"。

4 "下流的人类"

通过栏杆或隔板，人们可以见面、交谈、碰触、共饮。浴池上方有一道长廊，人们可以在其中结识其他浴客，互相聊天。每个人都可以自由进入所有浴池，看看其中有些什么人，与他们攀谈、开玩笑。女士们时而入水，时而出水，所以穿着都很暴露。这里没有门卫，甚至没有门，她们丝毫不担心有任何不雅之事发生。

男女浴池虽然是分开的，但他们共用一条甬路，为频繁"偶遇"创造了条件。这里的青年女子尤其令波焦惊艳，"外表美丽，出身亦好，无论礼节还是仪态，都类似女神"，还有她们的衣着，"侧面开口的亚麻坎肩，既遮不住颈部、胸部，也遮不住手臂"。一些年轻女子就穿着这样的衣服，在浅水区弹奏竖琴。

1417年1月，波焦在德国富尔达的一座修道院巧遇《土地测量师》（Agrimensores），一部附有插图的关于农业和土地测量的9世纪罗马抄本。在这里，他还遇到了他一生中最惊人的发现：已知唯一存世的卢克莱修《物性论》手抄本。这部抄本用拉丁文写成，共七千四百行，分六册，全面描述了古希腊哲学家伊壁鸠鲁对世界的看法。约翰·阿丁顿·西蒙兹（John Addington Symonds）1877年出版的《意大利文艺复兴：求知的重启》（Renaissance in Italy: The Revival of Learning）和史蒂芬·格林布拉特（Stephen Greenblatt）2011年出版的《急转：世界如何实现了现代化》（The Swerve: How the World Became Modern）中，都记载了波焦发现卢克莱修手抄本的过程,以及这部著作如何为文艺复兴、宗教改革和现代科学的发展注入动力。

波焦积累了价值无法估量的私人抄本收藏。他收藏的抄本数量,在整个佛罗伦萨,仅次于尼科洛·尼科利的八百部。波焦的藏书最终在佛罗伦萨美丽的老楞佐图书馆找到归宿。这座图书馆也是米开朗琪罗证明自己是建筑、雕塑和绘画天才的地方。

从1523年开始,米开朗琪罗在美第奇教皇克雷芒七世的赞助下规划并指导了老楞佐图书馆的建设。艺术家大胆而生动的建筑创新使该图书馆成为矫饰主义的典范。米开朗琪罗注意到了设计的每一个方面,并制作了三维模型,使施工者能够准确地落实他的设想。1559年1月,他寄给他的合作者建筑师巴尔托洛梅奥·阿马纳蒂(Bartolomeo Ammannati)一件模型和一封信。

写这封信是想告诉您,我为图书馆的楼梯做了一个小黏土模型,就在随信寄去的盒子里。因为模型太小,只能做出大致模样。记得之前我提议楼梯采用独立式,只与图书馆的大门相接。我仍觉得应该保持同样的模式;我不希望边上的楼梯像主楼梯那样,在两端都有栏杆,而是要设计成每两个台阶之间放一个座位,像黏土模型展示的那样。关于底座、柱基横饰线和其他装饰,就不一一赘述了。您是聪明人,到现场

4 "下流的人类"

一看,就比我还清楚这些装饰需要什么样的设计。至于楼梯的长和高,请在您认为合理的前提下尽量保持最小,以缩减其占用的空间。依我拙见,如果这副楼梯用木头制作,也就是说用上等胡桃木,会比用石料效果好,而且会与书桌、天花板和门更相配。

米开朗琪罗后来不得不放弃用胡桃木造楼梯的设计,因为吱吱作响的木楼梯会分散修士的注意力。他和阿马纳蒂最后用了大理石材料。约翰·希尔曼(John Shearman)在1967年出版的关于矫饰主义艺术的书中提到了老楞佐图书馆:

> 矫饰主义在老楞佐图书馆的主要发展在于,对所有建筑元素尽皆吸纳,有主有次。这是第一座看起来里外翻转的建筑。大量对内墙的设计处理,传统意义上都是用于外墙的。

墙面以纯装饰性的硕大涡流图案为特征,"像舌头一样挂在那里"。詹姆斯·阿克曼(James Ackerman)写道,在墙角处,巨型涡流图案"似乎是在交媾而非交汇"。

尽管圣加修道院的兴建故事如诗如画,但它仍然是悲剧的所在。在三位托斯卡纳书记员到访后不久,修道院再次被大火毁灭(哈特穆特塔中的抄本则再次逃过了灭顶之灾)。1712年吐根堡战争(Toggenburg War，旧瑞士联邦的最后一场教派战争)期间，来自苏黎世和伯尔尼的多支胜利之师占领并洗劫了圣加，使其洛可可风格的新址再次遭到破坏。胜利者们将抄本和印刷品作为战利品，一半运往苏黎世，一半运往伯尔尼。

  1718年签署和平协定后，大部分书籍被返还给圣加修道院，但苏黎世扣留了大约一百件物品，其中包括几十册重要的中世纪及近代早期抄本，以及一些印刷书籍、绘画、天文仪器和诸侯修道院院长伯恩哈德·穆勒(Bernhard Muller)的天球仪。这架天球仪的直径超过一百二十厘米，制作年代早于1575年，制作地点可能是德国北部。作为地图绘制和球形仪制作的经典，它同时展示陆地和天体的形态——星座被绘制在海洋中。

  18世纪晚期，圣加再次迎来黄金时代。这一次，蓬勃发展的不是书籍制作，而是图书的收藏和展示。修道院院长聘请了建筑大师和工匠，为所有幸存书籍建造了完美的家园。这些书籍历经"剪剪乐"修士的祸害，哈特穆特塔肮脏、发霉、爬满虫子的地下室，托斯卡纳书记员的拯救之手，926年和1712年的侵略和战争，937年和1418年的大火等，幸存下来。新图书馆的建造始于1758年，耗时十年。年迈的建筑大师彼得·索姆(Peter Thumb)负责整体结构。橱柜工匠加布里埃尔·洛泽(Gabriel Loser)用樱桃木、胡桃木、橄榄木和松木制作了精致的木制配件和地板。约翰·吉格尔和马蒂斯·吉格尔(Johann and Matthais

4 "下流的人类"

Giggel）负责粉刷工作。古董抄本遭受过的冷遇在新建的图书馆中再不会发生了。圣加的新图书馆有起伏的长廊，华丽的科林斯式圆柱和方柱，以及用胡桃木镶嵌的松木地板。这栋建筑在审美上接近完美，是巴洛克和洛可可式建筑的最佳典范之一。

新的圣加图书馆被划分为十四个区域，用罗马数字 I 到 XIV 标示。每个区域都有特定的主题，主题内容由石膏塑的天使像展现：诗人、医生、植物学家、歌手、画家、园丁、作曲家、商人、地理学家。约瑟夫·万嫩马赫尔（Josef Wannenmacher）在 1762 至 1763 年间为图书馆创作了精美的天花板壁画。壁画中有代表神圣智慧的圣母玛利亚；在四扇大窗上的弦月窗上，分别画有希腊和拉丁教会的神父们——教皇格里高利一世、拿先斯的贵格利、坎特伯雷的安瑟伦、耶路撒冷的西里尔、安波罗修、奥古斯丁、亚他那修、巴西略、哲罗姆、约翰·屈梭多模。他们是修道院的灯塔。天花板采用了由 17 世纪耶稣会修士安德烈·波佐（Andrea Pozzo）发扬光大的"错视"画法，营造出书架向上延伸至天际的视觉效果。在云朵和小天使的环绕下，圣奥古斯丁坐在一个由书籍组成的立体宝座上。拥有如此梦幻和华丽的设计，新的圣加图书馆无疑是一件杰作。

波佐的专著《画家和建筑师的透视学》（Perspectiva pictorum et architectorum）分为两卷，分别于 1693 年和 1700 年出版。这部著作将"透视绘画法"融入建筑学中。

之后，透视法风行意大利，并在一个多世纪的时间里对整个欧洲产生了巨大影响。在巴洛克风格的德国维布林根修道院（Wiblingen Abbey）图书馆，"假象"足以乱真，游客难以分辨哪些是建筑物的真实面目，哪些是通过透视营造出的视错觉。波佐的著作被翻译成多种语言，供"透视爱好者"参考。波佐认为，"建筑比其他艺术种类更能优雅地利用透视"，他提供了一百个令人如醉如痴的范例，阐释如何完美地实现透视。

圣加图书馆的天花板用洛可可风格石膏作品分隔成不同区域，万嫩马赫尔在其中绘制了最早的四次大公会议：卡尔西顿、君士坦丁堡、以弗所和尼西亚。从图书馆大堂两端观看这些壁画时，三维效果具有最大的视觉冲击力。在窗子上方，画家采用透视手法画了多位伟大的神父。最后，在窗子之间，画家画了一系列单色小像，展现正在工作的修士们。图书馆入口上方，有一行与亚历山大图书馆遥相呼应的铭文，大致可译为"医魂之所"。

圣加的历史满载悲剧，而即将降临的一幕尤为惨烈。完美的新图书馆刚刚落成，就被夺走了。

1803年，拿破仑的《调停法令》（*Act of Mediation*）将圣加仑升格为自治州。据圣加史学家维尔纳·福格勒（Werner Vogler）记载，两年后，该州废除了"西方世界最杰出、最繁荣、最富学术成就的修道院之一"。修道院解散，修士被强行赶走。圣加修道院附近的其他男女修道院也被世俗

4 "下流的人类"

化,比如康斯坦茨湖上的林道修道院。圣加修道院的一部分建筑被用于郡政府办公室,而修道院本身成了一位新主教的大教堂。1813年,一项法令将圣加修道院的档案和图书馆移交给圣加仑州的天主教政府。圣加图书馆,再一次幸存下来。

卑鄙的藏书家

并非所有藏书家都秉持善意猎书。出生于1836年的戴维·斯科特·米切尔(David Scott Mitchell)是澳大利亚最伟大的收藏家。随着买书速度的增加,他位于悉尼达林赫斯特路(Darlinghurst Road)十七号的家堆满了书。A. H. 斯宾塞(A. H. Spencer)在书商生涯早期,作为安格斯和罗伯逊出版社(Angus & Robertson)的送货员,经常拜访米切尔的家。据他描述,米切尔家里,"书架上堆满书籍、小册子、地图、图片、报纸、手稿,地上也摞着书,每个房间的桌椅上,以及楼梯上,也被书占满了",甚至女仆住的阁楼里都放了书。

米切尔与另一位藏书家阿尔弗雷德·李(Alfred Lee)展开了敌意满满的激烈竞争。当地一位医生去世后,书商威廉·迪莫克(William Dymock)买下了这位医生的全部藏书。李先下手为强,选了一部分放在旁边。米切尔来到书店，看见了李的那堆书。

"那些书是谁的？"他问书商。

"啊，那是李先生选出来的。"

"总共多少钱？"

"三百镑，米切尔先生。"

"立刻把那些书搬到我车上，否则我再也不来你这儿买书了。"

米切尔继续在店里选书的时候，书商按吩咐把李选的书搬到了米切尔的车上。李知道这件事后，他的反应"只能印在石棉上"。

李有一册不可多得的藏书——约瑟夫·班克斯爵士的日记手稿。米切尔几次诱使李把它卖掉，都没有得逞。最后，他孤注一掷再试一次。李拒绝了，宣称除非买下他的整个图书馆，否则不会卖这部宝贝书。

"好吧，说个价钱。"米切尔说。

"七千镑。"

"成交。你什么时候来取支票？"

在约定的时间，李去敲达林赫斯特路十七号的门。门开了一道缝，女管家老莎拉递出一个信封，"早安"，然后就把门关上了。

霍尔布鲁克·杰克逊写过一个恶魔般的人物：一名富有的爱尔兰藏书家。他"有许多难听的名字"，比如"吸血鬼"和"恶龙"。这位藏书家囤积的书填满了车库、地窖和仓库。他藏书"不是为了自己快乐，而是为了阻止别人享

4 "下流的人类"

有这些书"。这位藏书家有一种感知别人渴求的能力,他会在拍卖会上抢走竞争对手最想要的书。不过,对手也想出了对付他的办法——佯装对一文不值的书感兴趣,并把它们的价钱抬高。就这样,对手们打败了"巨噬怪"。后来,这位藏书家"像他神秘出现一样,神秘地消失了"。

5

无拘无束
印刷时代书籍的极大丰富

1476年,威廉·卡克斯顿(William Caxton)在威斯敏斯特开办印刷所,印刷术也随之传入英国。他在科隆首次接触到印刷术,并且已经在布鲁日经营着一家印刷所。到1500年,伦敦有五台印刷机。到1523年,这个数目增加至三十三台。印刷业在英国发展顺畅与否和能不能找到羊皮纸的替代品密切相关。

1490年,约翰·泰特(John Tate)在赫特福德郡(Hertfordshire)的斯蒂夫尼奇(Stevenage)附近建立了英格兰第一家造纸厂。巴托洛梅乌斯·安格利库斯(Bartholomaeus Anglicus)在1495至1496年出版的《物之属性》(*De Proprietatibus Rerum*)一书中提到泰特的造纸厂。该书由约翰·特里维萨(John Trevisa)翻译,温肯·德·沃德(Wynken de Worde)公司印刷,所用的就是泰特造纸厂生产的纸张。书的扉页上印有一首诗：

> 请善良的您与我们一起缅怀
> 本书的第一位印刷者，威廉·卡克斯顿
> 有了他的奠基，此译本才有可能面世
> 使每位想读之人皆可阅读
> 还有小约翰·泰特，幸得他之力
> 纤薄的纸张得以在英格兰生产
> 本书亦可以英文印于其上

泰特的造纸厂以倒闭告终。倒闭的原因很可能是来自荷兰的折价纸竞争力太强。不过，之后约翰·斯皮尔曼爵士（Sir John Spilman）于1588年在肯特郡达特福德（Dartford）建立的造纸厂取得了商业上的成功。女王授予斯皮尔曼收集碎布的特权。16世纪末到17世纪初，新的造纸厂在白金汉郡、斯塔福德郡的坎诺克蔡斯、牛津郡、萨里和爱丁堡附近相继成立。用于印刷的纸张虽然仍依赖从欧洲大陆进口，但到1567年左右，多数种类的印刷纸都可以自给自足了。

长期以来，中国人一直掌握着造纸的秘密。751年，在怛罗斯战役中，大食击败大唐，将俘虏来的唐人带回撒马尔罕。当地人从俘虏那里学会了造纸术。撒马尔罕人不久便开始大量生产纸张并出口。此后，造纸术及纸张的传播便不可阻挡。到8世纪后期，造纸业已经成为今巴格达

5 无拘无束

一带的重要产业。早在 1085 年,阿拉伯商人就把纸带到了欧洲。直到 15 世纪,大马士革仍是欧洲用纸的主要供应地。在欧洲大陆,造纸业最早开始于两个西班牙穆斯林聚居区:托莱多和哈蒂瓦。1190 年,法国有了第一座造纸厂。到 14 世纪早期,意大利的法布里亚诺、特雷维索等地也有了造纸厂。

造纸工艺其实简单得出奇。先将碎布用石灰煮沸,洗净后打成浆,转移到大桶中搅拌,再将金属丝编成的带框架的纸网浸入纸浆摇动,使纤维散开。排掉多余的液体,拆掉框架,将原纸覆在毛毡上,一层原纸一层毛毡累叠在一起,压平,挤出多余水分,再悬挂晾干,便得到了纸。将这种纸举起来对光观察,能发现其制作过程中留下的痕迹。"链状纹路"是金属框架留下的,线条间看起来有些距离,与紧密排列的平行线或者说直纹成直角。与羊皮纸取代莎草纸一样,这种纸张逐渐取代了羊皮纸,成为制作书籍的主要材料。

与造纸术类似,活字印刷术在传入欧洲之前已经在远东地区一显身手。9 世纪,中国已经使用早期且简单的雕版印刷术来印制图像。在此基础上,11 世纪,中国人用胶泥制作了活字。14 世纪,朝鲜半岛的人开始用金属铸造活字。活字印刷术传到欧洲后,一位青年雕刻师兼宝石切割师将其进一步完善。此举掀起了一场图书馆形态和规模的大革命,也引发了世界范围内文化生态和规模的变革。

1400年,约翰内斯·古登堡(Johannes Gensfleisch zur Laden zum Gutenberg)出生于美因茨。15世纪30年代末,他在美因茨筹集创业资金,计划开设一间印刷所。他的工厂需要大量的铅和一台像葡萄酒酿造商或书籍装订师使用的那种木制手压机。1450年,古登堡向富有的金匠、律师,同时也是放贷人的约翰内斯·富斯特(Johannes Fust)借贷八百盾。像大多数企业家一样,他很快耗尽了资金,两年后不得不再向富斯特借贷八百盾。

古登堡致力于投资这项技术的核心想法是,如果将字母制成可重复使用的独立单元,将大大提高印刷的速度和效率。通过将字母按顺序固定在框架中,一页纸的内容便可以印刷出来。打开框架,重新排列字母,就可以继续印制下一页了。他用了几年的时间来发展完善活字印刷术。为使其充分发挥效力,这项技术至少需要几十项辅助和补充的发明创新,比如寻找合适的纸张和油墨,还需要精良的金属加工工艺。其中最为困难的一环是找到恰当的合金材料铸造字母块。(螺旋压印机并不是古登堡技术中唯一受装订影响的部分,古登堡冲头和活字也是以装订匠人用来装饰皮革的金属冲头为前身改造的。)

最初,古登堡赖以为生的业务主要是来自教会的订单,其中最早一部印刷品上的日期显示为1454年。不过在此之前,古登堡已经着手一项野心满满的大工程:一套一千二百多页的两卷本拉丁文《圣经》,每页两栏,每栏四十二行。书名、章节标题和段首字母将像装饰抄本一

5 无拘无束

样，用手工添加。[这部四十二行《圣经》通常被称为《马扎然圣经》(*Mazarin Bible*)，因为它第一次严谨详尽的文献提要是为伟大的巴黎马扎然图书馆而作。]

1452年前后，彼得·舍费尔（Peter Schöeffer）以学徒身份加入古登堡印刷所。舍费尔与古登堡的金主富斯特是老相识。富斯特曾将他送到巴黎，在大学里接受书法、雕刻和抄本复制的培训。在舍费尔的协助下，古登堡印刷所印制了约一百八十部《马扎然圣经》，其中有些用了犊皮纸，但大部分采用纸浆纸。

在古登堡印刷所创立之前，欧洲已有过印刷书籍。至15世纪中叶，欧洲就出现了木制雕版书籍，以及用于宗教仪式的单张木刻版画。在古登堡进行首次印刷实验前后，哈勒姆的劳伦斯·扬松·科斯特（Laurens Janszoon Coster）就开始出产印刷书了。他很可能是第一个使用活字印刷术的欧洲人。不过，他的产品品质很差。与美因茨的宝石切割师古登堡相比，科斯特对工艺的要求过于粗糙。古登堡是欧洲第一位将活字印刷品做得既精美又实用的匠人。他把公司生产的《马扎然圣经》样品书页带到法兰克福贸易博览会展出。埃内亚·西尔维奥·皮科洛米尼（Enea Silvio Piccolomini）看到了这些样本，并在1455年给维也纳新城卡瓦哈尔枢机主教的信中提及此事。这本《圣经》的特点是"字体非常清晰、非常端正，没有任何错误，阁下不戴眼镜也能毫不费力地阅读"。早在《马扎然圣经》印制完成之前，已经有顾客前来订购。

古登堡的印刷所看起来一切顺风顺水，直到一场灾难降临。金主富斯特希望自己投资的一千六百盾能迅速回本，但古登堡的盈利周期太长了。1455年，尽管《马扎然圣经》的印刷即将完成，富斯特还是终止了借贷赎回权，并将古登堡告上法庭。放贷人富斯特赢得了官司，并接管了作为替代性财产补偿的印刷设备和书版。古登堡破产了。

审判过后，舍费尔作为合伙人，与富斯特继续经营印刷所。这位前学徒十分清楚自己的未来在何方。他娶了富斯特的独生女克里斯蒂娜（Christina），将合伙经营的关系巩固得牢不可破（庭审时，舍费尔是提供不利于古登堡的证词的首要证人。作为富斯特的内线，舍费尔与其达成协议，从内部瓦解印刷所，并强取了古登堡的伟大创新）。1462年，富斯特和舍费尔出版了具有里程碑意义的《美因茨圣经》。前金主和前学徒完全没有提及古登堡的名字。在这本书的历史上，古登堡被抹去了。古登堡逝世于1468年。几十年后，他才因其改天换地的伟大成就得到应有的赞誉。1499年，科隆的第一位印刷商乌尔里希·策尔（Ulrich Zell）郑重指出，约翰内斯·古登堡才是欧洲印刷术的真正发明者。

古登堡身后的头五十年，印刷所如雨后春笋般出现在欧洲几乎所有主要城市。尽管这项技术全面占领印刷界尚需时日，尽管早期的印刷商更喜欢用羊皮纸，并努力使其产品在外观和手感上更贴近手抄本，但图书这一信息传

5 无拘无束

播的媒介，已经开始了翻天覆地的变革。古登堡印刷术的出现，使得图书产量飞速提升。据估计，在印刷机出现之前，整个欧洲只有约五万册图书；而古登堡的第一部《圣经》出版的五十年后，书的数量超过了八百万册，版本数量达到两万八千个。一位高效的印刷工人一天内生产的图书数量，相当于一位称职的缮写士六个月的全部产出。古登堡印刷术出现后一百年中，印刷的图书数量超过了此前一千年抄写数量的总和。这场变革推动了思想和知识传播方式的千万次创新，也给图书馆带来了前所未有的新生。

（中世纪的缮写士有时会刻意在抄写的手稿中留下瑕疵，印刷术的广泛应用则引出全新的出错可能。第一批用英语印刷的《圣经》闻名于世，而且被分门别类，如《他圣经》、《她圣经》、《短裤圣经》[1]、《邪恶圣经》等，因为它们在排版和编辑方面颇有特点，而其中一些非常令人遗憾。比如1631年出版的《邪恶圣经》，漏印了一个关键词，将《十诫》中的第七诫印成了"你可通奸"。此版本的《圣经》被全部召回，其生产商巴克（Barker）印刷所被取缔。物以稀为贵的《邪恶圣经》现今难觅踪影。）

图书生产商的目标客户不仅是神职人员和贵族，还包括学者——他们现在可以通过引用相同印刷本的页码和图表来隔空讨论书籍了。日益壮大的中产阶级更是不可错过。为迎合读者需求，出版商和印刷商将书籍尺寸设计得

---

[1] 早期《圣经》英译本中，《创世记》第3章第7节有亚当、夏娃用无花果树叶为自己缝制短裤的记述，但后来的版本改为围裙。——译者注

更为合宜。大名鼎鼎的威尼斯印刷商阿尔杜斯·马努蒂乌斯（Aldus Manutius）制作了一批编辑精良、印刷清晰的八开本"袖珍"经典名著，适合随身携带，更适合在家中的书柜里展示。阿尔杜斯还推出了既美观又经济的新字体，比如"斜体"。斜体可以让一页纸容纳更多单词，还能保持易读和优雅。在波焦友人尼科洛·尼科利书法创新的基础上，博洛尼亚的字模冲压匠人弗朗切斯科·格里福（Francesco Griffo）创造了这种字体。

1490年，阿尔杜斯到达威尼斯后不久就成立了自己的出版社。作为雅典、亚历山大和君士坦丁堡古典文学的忠实爱好者，他聘请人文主义学者和希腊排字工人，用希腊文出版了阿里斯托芬、欧里庇得斯、希罗多德和索福克勒斯经典著作的学术性校勘整理本，之后又出版了维吉尔、普林尼等人的拉丁文经典。除了斜体，弗朗切斯科·格里福还为阿尔杜斯制作了希腊文字体和几种精美的罗马字体。

1499年，阿尔杜斯出版了道明会修士弗朗切斯科·科隆纳（Francesco Colonna）的《寻爱绮梦》（*The Hypnerotomachia Poliphili*）。这是一部关于寻找失落之爱的史诗性寓言。作者的名字被巧妙地隐藏在每章的首字母中，拼在一起组成"POLIAM FRATER FRANCISCVS COLVMNA PRRAMAVIT"，即"弗朗切斯科·科隆纳弟兄深爱柏丽雅"。《寻爱绮梦》以设计精美著称，它完美地将格里福创制的罗马字体与一百七十四幅木刻版画结合在一起，被认为是有史以来最佳书籍之一。这本书影响非常之

5 无拘无束

大,余者不提,正是它使得法国印刷商由哥特字体转用了罗马字体。

阿尔杜斯出版的书被全世界的图书馆和藏书家视为珍品。19世纪,爱书人黑斯廷斯侯爵(Marquis of Hastings)去世后,他的所有藏书随即被拍卖。其实,比起爱书,黑斯廷斯侯爵更以爱马闻名。据安德鲁·兰(Andrew Lang)讲,阿尔杜斯的传记作者迪多(Didot)凭其传记作家的第六感预测到侯爵的藏书中"可能有他感兴趣的东西"。迪多派代理人前往拍卖会的举行地点,某英国小镇。侯爵的藏书被从"不知哪个发霉的储藏室中拖出来"。兰的原话是,"从一间英国地窖的垃圾堆里拖出来"(语气很像波焦和鲁斯蒂奇)。藏书中有阿尔杜斯公司出版并进献给法国国王弗朗索瓦一世的大开本纸版荷马作品。这位国王也是达·芬奇画作《蒙娜丽莎》的拥有者。迪多的代理人发现这本书时,"部分最初的封面还连在书页上"。书一到迪多手上,就立刻被送往"书籍医院"——一家只为"公爵、百万富翁和罗斯柴尔德家族"服务的书籍装订商。封面图画中国王的手臂和配饰在此得到修复。

为了在世界范围内寻找新的读者和他们或公共或私有的图书馆,印刷商和出版商开始利用新开辟的国际商业渠道。法兰克福书展始于1478年前后。它曾在每年四旬期结束时(恰逢本笃会修士完成一年一度的经文通读)和夏末举行。尽管拉丁文仍是书写和印刷书籍的主流语言,但使用世俗语言的书籍越来越多了。文艺复兴是翻译的时代。

截至 1528 年，李维、苏维托尼乌斯、修昔底德和色诺芬的著作都有了法文版。这使得那些既非学术界也非宗教界人士的读者也能够阅读这些书了。

威廉·卡克斯顿是一位高产的译者。现存一百多种卡克斯顿出版的书籍中，约七十种是英文书。其中包括首次用英文出版的《特洛伊历史故事集》（*Recuyell of the Historyes of Troy*）等许多书籍，都是由卡克斯顿本人翻译的。他将自己翻译的一部浪漫小说献给了王太后玛格丽特·博福特夫人（Lady Margaret Beaufort）。他写到：

> 承蒙尊贵的玛格丽特·博福特夫人慷慨恩典，允许您谦卑的仆人我献上这本书，并宽恕我粗鄙平庸且难免瑕疵的文辞。我为自己缺乏足够的艺术修养和时尚活泼的修辞而忏悔。仅期望我的译文能为阅读者所懂，便已足够了。

大量增加的书籍和学习机会为社会阶层的流动带来强劲助力。1507 年，一位德国贵族的传记作者警示说，他的阶层忽视学习，"而农民的孩子却开始学习，并因此获得大主教辖区和高等法律机构的任职……像俗语说的那样，椅子已经翻身跳到桌面上去了"。

2014 年 10 月，十九岁的肯德拉·森德兰（Kendra Sunderland）在俄勒冈州立大学山谷图书馆六楼拍摄了自

5 无拘无束

亵的影片。这段影片成为互联网上的大热门。仿作也随之出现，使其在网红梗、动图、衍生作品，以及传统色情主题"性感图书馆员"中再次焕发生机。森德兰被指控犯有公然猥亵罪。她当庭认罪。毕竟，证据确凿。法官对她做出罚款一千美元的判决。但随后，她开启了数码色情的职业生涯。

虽然此事件对山谷图书馆来说是一桩丑闻，但森德兰的行为至少可以追溯到古罗马时代的一项传统。在庞贝古城和赫库兰尼姆古城的考古发掘中，出土了大量精致的雕塑、器具和壁画。例如，赫库兰尼姆洋溢着享乐主义的纸莎草别墅图书馆中就有一尊著名的大理石雕像，雕像的主题毫无疑问是潘神在同一只母羊交合。在这一发现之后，英文中才有了 pornography 一词。1864年版的韦氏词典将这一名词定义为"用于装饰纵酒狂欢的房间的放荡画作，例如庞贝古城就发掘出了此类作品"。

18世纪的意大利和法国出产了大量色情印刷品和其他禁书。其主题涵盖诱奸、卖淫、鞭刑等。来自欧洲各国的绅士淑女为他们的私人图书馆搜集其中各类精品。不过，淫秽印刷品并非上流社会的专利。法国大革命前夕，躁动的群众对着《丑闻集》这样的小册子和八卦传闻狼吞虎咽，其中涉及国王性无能、玛丽·安托瓦内特是双性恋等艳俗话题。

色情小说虽然流行，但收藏这些小说终究对名声有碍。在1877年出版的名为《新共和国》(*The New Republic*)的讽刺小说中,马洛克(W. H. Mallock)用"罗斯先生"(Mr Rose)的化名刻画了沃尔特·帕特尔(Walter Pater)的形象:

> 罗斯先生的……古怪之处可不只一点点。他对某些特别类型的书籍有着非同寻常的兴趣,比如《罗马女士的秘密崇拜》(Cultes Secrets des Dames Romaines)。他将这类书藏在书柜中一个上锁的隔间里。有迹象表明,他这种颓废的爱好不仅病态,甚至在道德上也颇可商榷。

色情书收藏品总是在出人意料的地方被发现,比如车库、牧师的宅邸、工人居住的村舍。拉丁美洲最大的色情文学收藏之一属于深受爱戴的童书作家康斯坦西奥·比希尔(Constancio C. Vigil)。各大公立图书馆也有色情文学收藏。在上个世纪大部分时间里,大英博物馆的"私密收藏"、法国国家图书馆的昂费藏品(Enfer collection),以及旧金山人类性学高级研究所图书馆的馆藏等,都笼罩在一种神秘而忸怩的氛围中。1950年,福尔杰莎士比亚图书馆馆长路易斯·莱特在翻阅了大英博物馆收藏的亨利·菲尤泽利(Henry Fuseli)画作后,认为其中一些过于色情,只适合给相关专家做研究时偶尔查阅(有读者询问一位博物馆管理员,是否可以借阅这一系列藏书中的一本。管理员问:"您是医生或心理学家吗?"读者答:"不是。"他的要求随即被拒绝)。纽约公共图书馆收藏的色情书籍——

5 无拘无束

在书目中谨慎地以三星级代码标识——被锁在书箱里几十年。

冷战期间,列宁图书馆(即苏联国家图书馆)的大量书籍被政府以"毒害思想"为由封禁。这批图书被称作"spetskhran",即特别存储区,其中包括从日本浮世绘到美国尼克松时代爱情小说等数千种来自世界各地的色情作品。[伊迪丝·沃顿在《欢乐之家》(*The House of Mirth*)的导言中忆及与亨利·詹姆斯(Henry James)的一次谈话,其中提到了被隐晦地称为"惹人不快的小说"的类型。沃顿说:"我很失望,那本书完全不像我想象得那么糟。"詹姆斯挤挤眼说:"啊,亲爱的,深渊都是很浅的。"]

对于本世纪[1]在西方长大的人来说,"审查"是一个古老而陌生的概念,很少有书籍被封禁。我只能想起《无政府主义者食谱》(*Anarchist's Cookbook*)和其他一两本危险的操作手册是禁书。但对 20 世纪的人来说,"审查"非常普遍,并且大多与性有关,比如《查特莱夫人的情人》《北回归线》《波特诺伊的怨诉》《尤利西斯》和《洛丽塔》。1972 年,奥克兰郡巡回法院法官以堕落、不道德、精神错乱、下流、反基督教等理由,禁止当地公立学校采用《五号屠场》作为阅读材料。第二年,北达科他州一所学校的董事会决定用学校的燃煤炉销毁三十二册该小说。

---

[1] 指 21 世纪。——编者注

与后世不同的是,审查刚出现的年代,"性"远非审查者所担心的问题。比如在英格兰,都铎王朝的主要关注点是铲除异端和叛国的作品。除非极端情况,猥亵和下流的文学作品不会成为封禁对象。

印刷品出现的初期,可以说是无拘无束的,但随着书籍阅读、翻译及传阅的激增,不得不制定一些规则了。1475年,审查制度在德国出现。不久之后,教皇西克斯图斯四世授权科隆大学颁发书籍出版许可。未经许可的书籍,其印刷者、销售者及读者都将面临严惩。违反此项法规的人,可能被罚款甚至驱逐出教会。违法书籍则可能被焚毁,有时焚毁的还包括违法者本人。例如,1512年,海牙宗教裁判所判处"屡教不改的异教徒"赖斯韦克的赫尔曼(Herman of Rijswijk)及他的书籍火刑。

初期的宽松审查标准持续了很久。对"受教育程度较低、更容易被激起兴趣"的中下层阶级而言,获得书籍的渠道十分畅通。新思潮如雨后春笋般涌现,其中也包括令人担忧的非正统社会及宗教思想。不受限制的图书发行对政治、道德及宗教价值观产生了威胁。为确保教会和国家的安全与稳定,控制印刷出版业势在必行。在科隆施行图书许可政策十年后,类似的制度在约翰内斯·古登堡的家乡美因茨大主教区也开始采用了。

1501年,教皇亚历山大六世将审查制度扩展到整个德国。主教和副主教可对未经授权就印刷宗教作品的人处以罚款或开除教籍。意大利的宗教印刷品审查制度也遵循类

5 无拘无束

似的模式。威尼斯和特雷维索分别于1480年和1491年开始实行审查制度。到1515年，审查制度普及到了整个意大利半岛。其他国家的宗教或世俗政府也开始实行审查制度，并且大多效仿了德国和意大利的模式。

新教改革的双方都充当过焚书者。1520年，科隆和鲁汶发生了公开焚烧路德著作的事件。而路德在维滕贝格焚烧了教皇的诏书和法令。他还试图封禁与他意见相左的新教徒的作品。

1521年，神圣罗马帝国皇帝查理五世颁布《沃姆斯敕令》，禁止印刷、私藏和阅读任何路德的作品。位于慕尼黑的今巴伐利亚州立图书馆前身对非正统作品做了特殊规定：依据教廷使节建议，新教神学作品被单独摆放，且理论上仅在特殊情况下才可以借阅。托马斯·普拉特（Thomas Platter）留下一本日记，是研究16世纪文学文化的重要史料。1599年，他访问了伦敦，并在环球剧场观看了《尤利乌斯·恺撒》[1]的早期演出。普拉特还记录了1595年对图尔农耶稣会学院（Jesuit College at Tournon）的访问。年轻的普拉特和他的同伴科拉多（Collado）博士在那里看到一本加尔文宗的《日内瓦圣经》，"科拉多想翻开看看，但一位神父愤怒地制止了他，并宣称这是被诅咒的作品"。

科隆实行审查制度一年后，威廉·卡克斯顿在威斯敏斯特开设了印刷所。中世纪的英国，根据旧有的叛国罪及

---

[1] 莎士比亚剧作。——编者注

异端罪相关法律规定，政治麻烦制造者会被起诉。而今，都铎王朝的君主制定了新的法律来控制书籍的印刷和传播。亨利八世的第一次审查行动是阻止路德宗宣传册的进口和传播。1520年和1529年，英国列出了路德宗作家的名单，他们的作品在英格兰被视为禁书。印刷和私藏此类图书者，将会面临教会法庭的起诉。1534年，亨利八世与天主教会决裂后，这一机构得以保留，但其审查目标有所改变。国王还进一步建立了预防性审查制度。为"避免任何可能出现纰漏的情况"，他颁布了1538年公告，规定书籍在印刷之前，必须得到国王、枢密院或主教的授权。为防止外国书籍逃避审查，国外印刷的图书被全面禁止。

亨利的女儿玛丽·都铎通过建立出版业公会进一步扩大审查范围。该公会是伦敦印刷商、书商和装订商组成的行业协会。1557年，女王授予该公会皇家特许状，以规范印刷行业，确保不发行叛国或煽动性作品。该公会成员可以没收并销毁没有许可的书籍。只有该公会成员才能拥有印刷机。

为了天主教信徒，梵蒂冈教廷封禁淫秽书籍，并从《十日谈》等文学经典中删去了淫秽和反教的段落，把用"命运"诠释世情的地方替换作"上帝"。异端、术士、马基雅维利的作品，以及洛伦佐·瓦拉（Lorenzo Valla）伪造的《君士坦丁献土》和波焦的笑话书等都被列入禁书名单。波焦的《妙语录》于1599年被收录进异端、反教廷及可疑书籍索引。该索引总共收录了约五百五十位作者的全部作品，还有一些单独列入的书籍。1564年的《特伦托索引》(*Tridentine Index*) 再次扩增了禁书名单。新增的封禁名单包括9世纪神学著作《加洛林书》(*Libri Carolini*)、14世纪作家约翰·威克利夫（John Wycliffe）的《祭坛的圣礼》(*De Sacramento altaris*，此书否认基督的变体论）等作品，1511年罗伊希林（Johannes Reuchlin）的推想小说《眼镜》(*Der Augenspiegel*)，以及新教学者撰写的各类神学、医学、植物学、动物学和法律书籍。再之后的《索引》纳入了狄德罗的《百科全书》（该书第一卷于1751年出版）。梵蒂冈禁书《索引》第二十版，也是最后一版，于1948年面世。1966年6月14日，教皇保罗六世正式停止了《索引》的出版。

好奇心

在托尔金的中土，"马松"（mathom）用来指代任何霍比特人暂时用不着但又不愿意扔掉的小物品。"马松之家"（mathom house）就是夏尔（Shire）的博物馆，里面展示着或真或假的夏尔古董。霍比特家庭把他们的马松陈列在书房、图书室或柜橱里——大多数霍比特人住在地下，没有阁楼。

根据彼得·吉里弗（Peter Gilliver）、杰里米·马歇尔（Jeremy Marshall）和埃德蒙·韦纳（Edmund Weiner）的说法，是托尔金让"马松"这个词从古英语中复活了。在古英语中，"马松"的意思是有价值的东西，宝物。这个词源于哥特语和日耳曼语，原本与战士为巩固友谊和结盟而交换的礼物有关。《贝奥武甫》中提到，在一位古代国王的葬礼中，他的胸前摆放了许多马松。1110年的《古英语编年史》（Old English Chronicle）中讲到，一位英国公主将马松作为嫁妆的一部分带到德国。约于12世纪出现的《奥姆卢姆》（Ormulum）中，写了三位拜访婴儿耶稣的国王，每一位都献上"城邦中的至宝"，即马松。

吉里弗、马歇尔和韦纳还解释了托尔金为何重新定义"马松"：

> 托尔金将这个词改得有了尘世间的烟火气。在霍比特人的定义中，"马松"代表一件只因为你不愿舍弃，所以才珍贵的物品。它的珍贵是主观的。但同时，对霍比特人来说，赠予别人礼物——其中很大一部分是马松，也是生活中非常重要的一部分。

托尔金的重新定义使得这个词与夏尔刚好匹配，因为夏尔的居民霍比特人既非贵族，也不尚武。

早在18至19世纪，就有了类似"马松之家"的概念。作为启蒙时代表达对物质世界的赞叹的一种方式，"古

5 无拘无束

玩柜"备受追捧,成为许多公共及私人图书馆的特色展品。古玩柜也被称为艺术柜(Kunstkabinett)或奇珍屋(Wunderkammer)。其定义十分宽泛,既可以是一件家具,也可以是一整个专门用来展示自然、艺术、考古和民族学趣味收藏的房间。其间的展品不必都是真品。无论大小,每个古玩柜都力图以微小之地捕捉天地之丰饶。

布鲁斯·查特文的祖父母就有一个古玩柜,据说里面有"雷龙的残骸"——其实是巨型树懒的一块骨骼。查特文巴塔哥尼亚之行的灵感正源于这块残骸。博德利图书馆古玩柜中的奇珍异品包括木乃伊、爱尔兰头骨、牙买加鳄鱼、中国书籍、俄国沙皇的羊皮外套和一头在塞文河中捕获的鲸。

圣加的古玩柜藏有鲨鱼的下颌骨、柑橘类水果、钱币、东印度工艺品(鞋子、纺织品和一个篮子),以及来自底比斯的年轻埃及公主史本妮斯(Schepenese)的木乃伊。这具木乃伊的历史据说可追溯到公元前 610 年。1962 年来圣加参观的一位访客注意到,这具有着乌木色肌肤的木乃伊"眉清目秀,牙齿也非常美丽"。

6

"野蛮人没做的事"
梵蒂冈图书馆

到梵蒂冈旅游的体面英国游客,总能看到希腊和罗马的古物:一页莎草纸、一本据传曾属于圣格里高利的祈祷书、一些中国书籍,还有关于英国与罗马教会决裂的珍贵文献,比如亨利八世的《捍卫七圣礼》(*Assertio septem sacramentorum*)手稿和他寄给安妮·博林(Anne Boleyn)的偷情信。梵蒂冈还有许多其他珍藏:装殓过圣塞巴斯蒂安头颅的圣匣;法老内克塔内布一世(Nectanebo I)的花岗岩雕像;波利尼西亚神图乌(Tu)面带微笑的木质雕像;羽蛇神泛红的石头雕像;还有钱币柜或奖章柜,里面是世界上最丰富的教皇硬币和罗马硬币收藏;以及大多从罗马墓穴中发掘出来的象牙、青铜、珐琅、玻璃、陶土和布艺人像。

如今,梵蒂冈图书馆的收藏,尤其是传说中的秘密档案馆和禁书收藏,对爱书人充满诱惑。无数藏家幻想着潜入隐秘收藏之所在。他们深信,这些藏书可追溯到古罗马和教会诞生的年代,包括那些最无与伦比和最令人发指的作品。在爱书人心中,梵蒂冈图书馆收藏着不可企及的奇迹。总的来说,这种设想完全没有事实依据。

梵蒂冈图书馆据信始建于385年前后,最初只是作为罗马教皇达马苏斯一世的私人图书馆。出于"保存和传递教会精神生活证据"的需要,达马苏斯一世和其他早期教皇致力于收藏卷轴和抄本形式的礼拜书。除此之外,他们也搜集一些历史、评论、传记方面的书籍,希腊护教士的著述,以及希腊、罗马经典作品等。

13世纪早期,教皇英诺森三世组织编纂了史上第一份教皇图书馆所藏文献的完整目录。过了不到一个世纪,在卜尼法斯八世治下,教皇图书馆的羊皮纸装饰抄本已经发展为欧洲最重要的抄本收藏之一。不过好景不长,在接下来的一百年中,教皇图书馆经历了一系列劫难。1303年,忠于法兰西国王腓力四世的士兵袭击了卜尼法斯八世位于罗马东南部阿纳尼的宫殿,并洗劫了图书馆。下一任教皇克雷芒五世将六百四十三本珍贵抄本转移到位于阿西西的修道院,但这座城市后来也遭到袭击,致使教皇的藏书遭受了更大的损失。

教皇克雷芒五世的厄运还不止于此。1308年,大火摧毁了天主教世界最重要的圣堂——罗马拉特兰圣约翰大

6 "野蛮人没做的事"

教堂。第二年,"巴比伦之囚"开始,被流放的教皇迁往法国管辖的阿维尼翁居住。教皇的流放迫使图书馆进行了重组。在重组过程中,有一些新书被补充进来。在阿维尼翁,逐渐增多的藏书被存放在教皇宫的天使塔中。

康斯坦茨大公会议修补了教廷的分裂之后,教皇的私人图书馆顺理成章发展为梵蒂冈宗座图书馆。教皇尼古拉五世被誉为梵蒂冈图书馆的真正创始人。他以佛罗伦萨圣马可道明会修道院的美第奇图书馆为蓝本,从博洛尼亚和佛罗伦萨聘请抄写员和绘图师,誊写并绘制抄本。他还派遣使节到东方和西方,寻找有价值的抄本。君士坦丁堡落入土耳其人之手时,他还试图挽救著名的帝国图书馆的藏书(虽然最终无功而返)。尽管担心文艺复兴时期的人文主义会威胁到教会和教义,尼古拉五世仍坚持鼓励对古典作家作品的研究。这项研究后世一直延续下去,成为梵蒂冈图书馆的长期传统。他任命洛伦佐·瓦拉为图书馆的拉丁文专家,委托他将希腊文作品翻译成拉丁文(瓦拉翻译的修昔底德作品后来成为梵蒂冈图书馆的珍品之一)。

凭借语言专长,瓦拉在学术上取得了重大成就,特别是在辨伪方面,比如辨别亚历山大图书馆收藏的伪书。早在1440年,他就证明了,所谓带领帝国皈依基督教的罗马皇帝颁布的《君士坦丁献土》诏书,只是一份精巧的赝品而已。诏书中声称,君士坦丁大帝将包括意大利在内的整个罗马帝国西部各省移交给教会管辖。这份诏书被证伪,灾难性地打击了梵蒂冈的威望。

然而，1450年，时逢禧年，朝圣者仍蜂拥至罗马。来自布施献金的收入使梵蒂冈图书馆得以迅速扩张。尼古拉五世出资购买、誊写和绘制的抄本，其规模之大前所未有。他派遣使节到欧洲各地寻找有价值的书籍。馆长托尔泰利（Tortelli）管理着这座迅速膨胀的图书馆，其收藏的书籍有一千二百多卷，其中八百余卷为拉丁文抄本，约四百卷为希腊文抄本。尼古拉五世的继任者，西班牙宗规专家加里斯都三世继位时，被图书馆的规模震惊了，他惊呼："看看上帝教会的财产都被浪费在什么地方了！"

好在教皇西克斯图斯四世对书籍的态度与加里斯都三世不同。1475年6月15日，他颁布了《昂扬的教会精神之美》（*Ad decorem militantis Ecclesiae*）诏书，正式建立梵蒂冈宗座图书馆，并为其提供空间及资金。其中包括一间建在西斯廷礼拜堂（亦由西克斯图斯四世敕建）旁边、向公众开放的锁链式图书馆。这一选址可谓圣眷极隆。梵蒂冈图书馆宣称，其首要目的是"为勤学、有识之士提供优越便利的读书条件"。人文学者巴尔托洛梅奥·萨基（Bartolomeo Sacchi）——又称普拉蒂纳（Platina）——被任命为馆长。此时，图书馆收藏的抄本已经达到两千五百二十七部，而普拉蒂纳继续致力于使馆藏进一步快速增长。在1481年的图书目录中，收录条目有三千五百项，相较六年前增长了近百分之四十。梵蒂冈图书馆已成为名副其实的西方世界最大藏书地。

1471至1484年间，在西克斯图斯四世治下，梵蒂冈

6 "野蛮人没做的事"

图书馆得到了充足的资金供给。能获准在这里学习和工作是巨大的荣誉；而对于学者来说，能被任命为梵蒂冈图书馆的馆长则是更高的目标。在一幅1478年的壁画中，馆长普拉蒂纳与教皇西克斯图斯四世并肩站在一排诵经台前。诵经台上陈列着大约五十部抄本。每一本都裹着皮革封面，其上镶嵌着钩扣、饰钉、铰链、页角护饰和手工无色凹凸印。普拉蒂纳在任的六年间，每月可领取十个杜卡特的工资，另外还有木材、蜡烛、油、扫帚和可供给他本人、三个助手及一匹马的粮食。助手负责抄写图书和日常杂务。图书馆占据四间宽敞的新屋子，其内部由梅洛佐·达·福尔利（Melozzo da Forlì）、安东尼亚佐·罗马诺（Antoniazzo Romano）、多梅尼科（Domenico）和达维德·基尔兰达约（Davide Ghirlandaio）精心绘涂装饰。还有一间屋子专门供普拉蒂纳、助手和装订匠人使用。用镶嵌工艺装饰的书柜是佛罗伦萨工艺师焦万尼诺·德·多尔奇（Giovannino de' Dolci）的作品，后来被移到西斯廷礼拜堂，固定在前厅的墙壁上。书柜上的镶嵌图案是半开的门，门内露出陈列的书籍。

在接下来的一个世纪，教皇尤利乌斯二世为馆藏不断扩增的梵蒂冈图书馆分配了更多的空间。利奥十世任教皇期间，图书馆的繁荣仍在继续。1527年5月，祸从天降。在哈布斯堡王朝皇帝查理五世的带领下，叛军洗劫罗马。查理五世的军队大部分由强盗、逃兵和不领饷的路德宗步兵组成。当年的一封信件描述了梵蒂冈图书馆惨遭浩劫的景象：抄本的封面和钩扣被扯掉，书籍"被肢解、撕烂、割成碎片，扔在垃圾堆里"。教皇克雷芒七世逃往圣天使堡避难。

1587年左右，西克斯图斯五世委托多梅尼科·丰塔纳（Domenico Fontana）为图书馆设计了一栋新建筑。新图书馆的选址位于景观楼庭院（Cortile del Belvedere）和松果庭院（Cortile della Pigna）之间。其中宽敞的顶楼房间，占地60×15平方米，用来收纳图书馆的书籍和抄本。这间陈列着珍贵抄本的藏书室装饰得十分豪华，设有彩绘天花板、壁画及其他装饰品。西克斯图斯五世还将教皇印刷所也迁到这栋新建筑中。

16世纪90年代，枢机主教安东尼奥·卡拉法（Antonio Carafa）和富尔维奥·奥尔西尼（Fulvio Orsini）的藏书被归入梵蒂冈图书馆。1618年，在保罗五世统治时期，博比奥的二十八部早期抄本被转到梵蒂冈收藏。1623年，巴伐利亚选帝侯和天主教联盟领袖马克西米利安一世向教皇格里高利十五世献上"战利品"——令人叹为观止的海德堡图书馆（Heidelberg Library）。海德堡的藏品被誉为德国图书馆之母。迁至罗马后，虽然仍保留了独立的馆名，即帕拉丁图书馆（Biblioteca Palatina），它的藏品还是被归入了梵蒂冈图书馆。从那以后，凡梵蒂冈获得的重要整批藏品，都会被命名为"某某旧藏"，并保持其独立性。梵蒂冈图书馆1622年之前收入的藏书，被统称为"梵蒂冈旧藏"（Fondo Vaticano）。

6 "野蛮人没做的事"

从文艺复兴时期到现代，有关梵蒂冈图书馆的故事层出不穷，坊间流传着一系列为拯救藏书和灵魂而慷慨献书的精彩故事，引起无数艳羡和嫉妒。1654 至 1759 年间，梵蒂冈图书馆接连收到馈赠，比如包含两千一百二十册拉丁文抄本和一百九十册希腊文抄本的瑞典女王克里斯蒂娜（Queen Christina）旧藏。这还不包括女王从庇护二世图书馆得到的五十五部抄本。"贪玩教皇"庇护二世就是情色小说《两个恋人的故事》(Historia de duobus amantibus)的作者。该书由乌尔里希·策尔于 1467 至 1470 年间在科隆出版，是 15 世纪知名的畅销书。

1658 年，乌尔比诺公爵费德里科·达·蒙泰费尔特罗（Federico da Montefeltro）的私人藏书——尤以文艺复兴时期的抄本见长——归入梵蒂冈图书馆。1746 年，罗马藏书家坎波皮亚诺（Capponiano）的二百八十八卷抄本收归梵蒂冈。1748 年，本笃十四世从枢机主教小彼得罗·奥托博尼（Cardinal Pietro Ottoboni the Younger）后人手中购得蒙特普尔恰诺枢机主教马尔塞洛·切尔维尼（Cardinal Marcello Cervini of Montepulciano）的收藏，包括三千三百九十四部拉丁文抄本和四百七十三部希腊文抄本。这些抄本分别来自阿维尼翁大学和阿陀斯山（Mount Athos）的希腊修道院的旧藏。1902 年，梵蒂冈获得一批极为国际化的收藏，其中包括七百六十八册拉丁文抄本、二百七十六册阿拉伯文抄本、一百七十八册叙利亚文抄本、一百三十六册科普特语抄本、八十八册亚美尼亚文抄本、八册土耳其

图书馆：无尽的奇迹

文抄本、四十一册越南北部抄本、三十七册埃塞俄比亚抄本、三十七册古印度抄本、二十七册希腊文抄本、二十四册波斯文抄本、二十二册伊利里亚抄本、十九册希伯来语抄本、十五册格鲁吉亚抄本、两册暹罗抄本、两册爱尔兰抄本、冰岛抄本和前哥伦布时期的墨西哥地区抄本各一册，以及五百四十三册中文书（多为印刷本）。1885年，伟大的旅行家和鉴赏家费拉拉伯爵莱奥波尔多·奇科尼亚拉（Leopoldo Cicognara）继捐赠四千三百卷书籍之后，再次向教廷捐献大量藏书。同年，枢机主教安杰洛·马伊（Cardinal Angelo Mai）捐赠了一千四百四十五卷珍贵藏书。他是一位耶稣会学者，是安波罗修图书馆的抄写员，曾任梵蒂冈图书馆馆长，也是研究和破译重叠抄本的专家。在利奥十三世任教皇时期，梵蒂冈获得尼奥菲蒂旧藏（Fondo dei Neofiti）、西斯廷礼拜堂旧藏（Fondo della Cappella Sistina）和包括阿维尼翁教皇图书馆抄本在内的鲍格才旧藏（Fondo Borghese）。利奥十三世时期还上演了一出最为成功的图书围剿——收获了枢机主教弗朗切斯科·巴尔贝里尼（Cardinal Francesco Barberini）收藏在其宫殿的一批精美书籍。

建筑师贝尼尼（Berinini）和博罗米尼（Borromini）使用部分罗马斗兽场的石头和万神殿的瓷砖为弗朗切斯科王子建造了宫殿。这一权宜之计引起很多非议和嘲讽，"野蛮人没有做的事，巴尔贝里尼做了"。这位枢机主教收藏了三万六千零四十九本印刷书、一万零四十一部拉丁文抄

6 "野蛮人没做的事"

本、五百九十五部希腊文抄本和一百六十部来自东方的抄本。托蒂（Totti）在 1638 年的罗马指南中说，巴尔贝里尼的图书馆值得参观，"它对公众开放，并配有保管员"。他获取书籍的方式与他夺用古建筑材料的行为一样广受非议，"这位枢机主教在搜集书籍方面同样毫不手软。他没收了格罗塔费拉塔修道院（Abbey Grottaferrata）中他想要的书籍。该修道院几个世纪以来一直是希腊-拜占庭研究的中心"。

20 世纪前几十年，梵蒂冈图书馆的藏书仍在继续增加。1921 年，该馆获得罗马贵族焦万·弗朗切斯科·德·罗西（Giovan Francesco de Rossi）的藏书，其中包括一百九十六部抄本，六千余本印刷书，以及两千五百本 15 世纪印刷的"摇篮本"。1923 年，获得罗马贵族西尼吉斯齐吉家族旧藏（Fondo Chigiano），共三千九百一十六部抄本，其中包括五十四部早期希腊抄本、一部 11 世纪的贺拉斯作品集、皮耶尔·德莱·维涅（Pier delle Vigne）的《摘要》（*Summa Dictaminum*）和乔瓦尼·维拉尼（Giovanni Villani）的《编年史》（*Chronicle*，包括二百二十五幅 14 世纪的微型画）和著名的《六弥撒法典》（*Codice delle sei Messe*）；除此之外，还有西塞罗、维吉尔、撒路斯提乌斯、尤维纳利斯、普林尼、但丁、彼特拉克和薄伽丘的重要作品，以及贝尼尼的绘画原稿、17 世纪音乐和关于战争、狩猎、舞蹈的书籍。1926 年，获得费拉约利旧藏（Fondo Ferrajoli），包含八百八十五部抄本和十万本有作者亲笔签名的书籍。

若望二十三世和保罗六世时期所获切鲁利波斯旧藏（Fondo Cerulli Persiani）和切鲁利埃塞俄比亚旧藏（Fondo Cerulli Etiopici），大大丰富了梵蒂冈的波斯戏剧和埃塞俄比亚抄本馆藏。

所有"旧藏"总计有八万多册古典时代晚期、拜占庭时期、中世纪及文艺复兴时期的抄本。这些抄本使用了从阿拉米语到教会斯拉夫语等数十种语言，许多世界级文献珍品都包含在其中，例如，4世纪的希腊文《圣经》抄本（抄本B），维吉尔《埃涅阿斯纪》的最早版本之一，现存最古老的希伯来语书籍，最古老的毕达哥拉斯定理副本之一，托马斯·阿奎那亲笔签名的作品集，八千册摇篮本，十万幅地图、印刷品、版画、绘画，近两百万册印刷书和七万五千卷参考文献。所有藏品都存放在西克斯图斯五世敕建的楼宇中。图书馆紧邻观景楼庭院，是一个由大厅、办公室、实验室、阅览室和休息室组成的小建筑群。

梵蒂冈秘密档案馆由保罗五世于1612年建立，现在是梵蒂冈图书馆的一部分。档案馆存有三万五千份文档，包括阿维尼翁时期和梵蒂冈收藏的教廷文件。其中有一份来自成吉思汗孙子的威胁信，要求教皇英诺森四世向蒙古人"效忠和致敬"；还有1308年8月在希农（Chinon）举行圣殿骑士团审判的记载，1493年教皇将新大陆分给西班牙和葡萄牙的圣谕，1521年利奥十世将马丁·路德逐出教会的诏书，伊丽莎白一世、伏尔泰、亚伯拉罕·林肯的书信，以及一群信奉基督教的欧吉布威人（Ojibwe）写在易

6 "野蛮人没做的事"

碎的桦树皮上的信（写给"祷告大师，基督化身"利奥十世教皇，邮戳上刻着"水草丰美之地，繁花灿烂之时"）。秘密档案卷大多由乳白色的犊皮纸装订成册，有些册簿厚达一英尺。它们被陈列在风之塔内，风之塔的房间里排列着八十多公里长的深色木架。

1714年，汉弗莱·万利（Humfrey Wanley）建议，新图书馆应该悬挂"可以阻挡闲逛者、偷窥者和喧哗者入内的标识"。在博德利图书馆，这一类标识的配备就很齐全，任何来自国外的"陌生绅士"都要通过申请才可以进入图书馆学习。第一份"博德利准入证"于1603年2月15日颁发给一位法国人。之后，图书馆接待了大量来自欧洲大陆信奉新教的学生。1620年以前，外来读者还包括西班牙人、意大利人和一名埃塞俄比亚人。

安波罗修图书馆被誉为"天主教世界的博德利"。理查德·拉塞尔斯（Richard Lassels）在17世纪访问安波罗修后，评价它是意大利最好的图书馆之一，它"不像其他图书馆一样'犹抱琵琶半遮面'，让人难以见到书籍真容。安波罗修对所有读者敞开大门，让大家随心所欲挑选喜欢的书来读"。拉塞尔斯有幸经手很多珍宝，包括由雕塑家蓬佩奥·莱奥尼（Pompeo Leoni）整理结集的达·芬奇画册。此画册因尺寸庞大而被称为《大西洋抄本》(Codice Atlantico)。还有伽利略赠给枢机主教博罗梅奥（Cardinal Borromeo）的《试金者》(Il Saggiatore) 副本及随书信件。

125

信中写道："（给您寄这本书）并不是因为我认为这本书值得您阅读，而是为我自己的体面，也为这本低劣之作争取一些生命和声誉。希望它能被收藏在最尊贵的主教您的伟大不朽的图书馆中。"安波罗修图书馆还收藏着博比奥修道院的抄本珍品。

1726 年，查理六世宣布，维也纳的霍夫堡宫图书馆将向除"白痴、仆人、闲人、喧哗者和闲逛者"以外的所有人开放。在都柏林圣三一学院，如果学生不珍惜使用图书馆的特别优待，会受到相应处置。比如，如果丢失了一卷书，就会对宿舍和书房进行"严格的搜查"。这种情况在 1793 年就发生过，一名本科生在码头上出售图书馆的书籍时被发现。巴黎的阿森纳尔图书馆（Bibliothèque de l'Arsenal）严禁书籍外借，唯一一次例外就造成了严重的后果：借给卢森堡公爵（Duc de Luxembourg）的一卷服装版画被他的孩子"严重撕毁"。

1692 年之前，法国国家图书馆是不对公众开放的，"即使是像艾萨克·福修斯（Isaac Vossius）这样杰出的学者，也只能通过在宫廷中的影响力来获得进入图书馆的机会"。在一宗不同寻常的馆长任命之后，这个规矩改变了。路易十四统治时期，弗朗索瓦·米歇尔·勒泰利耶（François Michel Le Tellier），即卢瓦侯爵（Marquis de Louvois），长期担任战事大臣。在过世前的几十年中，他一直是国王最得力的大臣。1684 年，卢瓦侯爵为他的第四个儿子捐了王家图书馆馆长一缺，作为给儿子的九岁生日礼物。当时在

6 "野蛮人没做的事"

任的馆长及馆员被毫不客气地解雇了。新任馆长卢瓦神父（Abbé de Louvois）是一位天资聪颖的智者，也是博学且能力卓群的图书管理员。1692年，他开始施行每周两天向公众开放图书馆的政策，还邀请学者在这两天与他共进晚餐，并借机畅谈。

在梵蒂冈图书馆，允许学者查阅藏书的想法最早出现在15世纪中叶，由博物学家和藏书家尼古拉五世在其短暂但充满活力的教皇任期内提出。他希望图书馆所藏的书籍能为广大学人治学所用。尼古拉五世在实现这一愿景之前就去世了。1475年6月，新教皇颁布诏书，向梵蒂冈以外的人开放图书馆，替尼古拉五世实现了这一愿望。"认真治学的学生"被允许接触书籍，甚至可以将书籍借出，像借阅佛罗伦萨美第奇家族的藏书一样。

然而，在自由的高峰过后，进入梵蒂冈图书馆变得越来越困难。17世纪，约翰·伊夫林抱怨，梵蒂冈的书籍"都被关在出版社里……而不是陈列在书架上向阅读者展示"。教皇克雷芒十三世以古板谨慎著称，他甚至下令给梵蒂冈裸体画的隐私部位遮上无花果叶。1765年，他颁布诏书，限制对抄本的借阅，将许多书籍"用两道锁"锁起来。到18世纪末，情况更加糟糕。西班牙牧师胡安·安德烈斯（Juan Andres）谴责说，与其称图书馆是"收藏书籍之所"，不如说它是"埋葬书籍之所"。对秘密档案馆的管理就更加严格了，到了绝对不允许浏览的程度。19世纪，在枢机主教马伊长期担任图书馆馆长期间，大部分藏书依旧禁止阅读。读者既不能查阅索引，也不能查阅图书目录，只能在一个狭小、光线不足的房间里翻看部分书籍。还不止于此，直到 20 世纪 70 年代，女性学者进入图书馆时，肩膀还必须完全遮住。

不过，到了近代，梵蒂冈图书馆神秘禁忌的形象只是一缕迷思而已。19 世纪至 20 世纪初，梵蒂冈有幸迎来一系列杰出的馆长——弗兰茨·埃尔勒神父（Father Franz Ehrle，1895—1913 年在任，后升任枢机主教）、阿希尔·拉蒂主教（Monsignor Achille Ratti，1913—1922 年在任，曾任安波罗修图书馆馆长，后来成为教皇庇护十一世）、乔瓦尼·梅尔卡蒂主教（Monsignor Giovanni Mercati，1922—1936 年在任，后升任枢机主教）和安瑟尔谟·阿尔巴雷达主教（Monselor Anselmo Albareda，1936—1962 年在任，后升任枢机主教）。在他们的带领下，尽管肩膀仍要被遮住，梵蒂冈图书馆已经转变为世界上最进步、最高效的图书馆之一。

梵蒂冈图书馆的古老同样只是一个迷思而已。在罗马沦陷后的一千多年中，教廷的藏书的确在不断增加，但这种增加是杂乱和间断的。藏书多次毁于火灾，因为盗窃、抢劫和养护上的无知造成的损失也同样多。梵蒂冈图书馆现在闻名于世的古代抄本中，没有一册是在 15 世纪之前收藏的。早期教会的集权和教皇的力量远弱于后世。相较于其他天主教堂的藏书，梵蒂冈黯然失色。例如，得益于枢机主教焦尔达诺·奥尔西尼（Cardinal Giordano Orsini）

6 "野蛮人没做的事"

的慷慨捐赠,圣彼得大教堂的牧师会图书馆收藏有更多早期抄本。梵蒂冈目前的藏书很少有在 1600 年之前获得的,许多关键性的旧藏都是之后才有的。虽然梵蒂冈图书馆是宗教和早期教皇宗座的象征,但它实际上是文艺复兴和启蒙运动的产物。

珍馐美馔

嗅觉在书籍收藏研究中占有重要地位。尽管有些气味仍然让学者感到困惑,但通过味道可以发现很多东西。例如,T. E. 劳伦斯的一些藏书中就附有一种独特的香甜烟熏味。这种香气的具体来源尚有争议。它是来自水果味烟叶的香气,还是来自摩托车废气、茶和饼干、腐烂的皮革、墨水、胶水、霉菌、灰烬、甘草,或者骆驼?

约翰·西利·布朗(John Seely Brown)和保罗·杜吉德(Paul Duguid)研究一位 20 世纪的医学史专家,被研究者可以通过嗅闻旧档案中 18 世纪的文献,来确定霍乱蔓延到什么程度。他是通过醋这种消毒剂的气味来做判断的。两个世纪过去了,醋的味道仍附着在文件上。书籍也可以通过其味道来确定年代。众所周知,纸张、皮革和胶水中的挥发性有机化合物会以可预测的速度降解。在降解过程中,它们会释放出一种混合气味,带有香草(来自木

129

质素和香兰素）和杏仁（来自苯甲醛）的味道。其他相关的化合物还包括甲苯、酒精和乙基己醇，每一种都能产生甜味和花香，并能用以区分年代久远和相对较近的书。《书痴的爱情事件》作者尤金·菲尔德曾就这一现象十分动情地写道："比起你的脂粉、化妆品和塞巴（Sabean）香水，我的旧书味道更加香甜。"

幼梅肋尼亚（Melania the Younger），生于385年前后，439年死于伯利恒，曾搜集出一座重要的早期基督教图书馆。她非常喜欢阅读。据说，她"阅读描写圣徒生平的《圣传》（Lives）就像吃甜点一般"。书籍的魅力使得有些人更进一步——霍尔布鲁克·杰克逊在《书痴剖析》中用了两节来讨论吃书现象。

在中世纪的犹太社会，读书习字是要举行仪式庆祝的。阿尔维托·曼古埃尔在《阅读史》中描述：五旬节期间，即将开始学习识字的男孩子要去拜访老师，进行启蒙仪式。老师给孩子看一块刻着希伯来语经文的石板，并高声念给他听。然后，石板被涂满蜂蜜，让孩子舔食。其他形式的"身体同化"也同时被使用：老师将《圣经》经文写在蜂蜜饼和煮熟剥皮的鸡蛋上，大声朗读经文后，孩子吃掉蜂蜜饼和鸡蛋。这些仪式巧妙地呼应了变体论教义，在字面意思和象征意义上吸收了上帝的话。

7

隐秘的历史
图书馆设计中的技巧和宝藏

购书是一项艰巨的任务。1933年6月,贝尔法斯特书商詹姆斯·韦瑟普(James Weatherup)写信给曾协助建立大型私人及公共图书馆的纽约著名书商亚伯拉罕·罗森巴赫:

亲爱的先生们,
　　《海湾圣诗》(*Bay Psalm Book*)。
　　我有一本上述书籍的副本。副本细节已随信附上。如有兴趣,敬请来信。在您回复之前,我将暂时保留此书不卖出。如果有兴趣查看实物并报价,可由我女儿将书转呈给您。她将于7月1日前后赴纽约。

附件对书的描述客观扼要:

图书馆:无尽的奇迹

老摩洛哥革封面,铰链处有磨损和皲裂。扉页缺失。序言缺失若干页。全书未标页码。此副本页数为一百三十五,此外还有一页题为"印刷错漏"的勘误,再加四页序言,共计一百四十页。D字号的四页完全缺失,似乎从未装订入此副本。

亚伯拉罕·罗森巴赫博士回复了电报,请韦瑟普小姐将此书带到美国。书抵达东51街15号后,经罗森巴赫仔细检查确认,他之前的奢望竟然成真了——这是直到此时才现身的北美第一本印刷书的副本。尽管有很多缺损(除扉页外,还逸失至少七页),这仍是一本激动人心、异常珍贵的书。在稀有性方面,全世界已知其原版印刷量约为一千七百册,目前存世仅十一册,且自1855年以来还未发现过新的副本。在价值方面,品相更差、缺失十九页的范·辛德伦(Van Sinderen)副本几年后的估价都高达五万美元。

罗森巴赫用了非常精明的购书策略。他回电告诉韦瑟普:"书已收到。遗憾的是品相过差,无法报价。请以英镑为单位告知您的要价。"韦瑟普要价一百五十英镑,双方立即成交。这是图书交易史上一次著名的"捡漏"。不过,这次收购之后,罗森巴赫以非常不同的方式购买了另一册副本。

1879年3月,在乔治·布林利(George Brinley)的房产拍卖中,科尼利厄斯·范德比尔特(Cornelius Vanderbilt)

7 隐秘的历史

以一千二百美元的价格购买到一册一百四十八页的完整版《海湾圣诗》。科尼利厄斯去世后，这本书相继传给爱丽丝·格温妮·范德比尔特（Alice Gwynne Vanderbilt）和格特鲁德·范德比尔特·惠特尼（Gertrude Vanderbilt Whitney），最后通过遗赠，转给了惠特尼的信托基金。二战后，信托基金受托人决定将此书出售，售书所得将用于资助纽约格伦科夫的北乡社区医院（North Country Community Hospital）。但惠特尼的儿子科内利厄斯，又称桑尼（Sonny），决定争取将这本书的所有权留在范德比尔特家族。

1947年1月28日，帕克-贝尼特画廊（Parke-Bernet）受惠特尼基金会委托，拍卖这本《海湾圣诗》。该副本由弗朗西斯·贝德福德（Francis Bedford）用深褐色摩洛哥革装订，并饰有精美的金色配饰。尽管有两处装订线被修补过（丢失的文字已用墨迹覆盖），其品相仍算得上十分完好。罗森巴赫与耶鲁大学图书馆协会（Yale Library Associates）主席亨利·泰勒（Henry C. Taylor）一起征集认捐和捐款，为耶鲁大学购买这本书。约翰·弗莱明（John Fleming）作为罗森巴赫的代表，携款九万五千美元到帕克-贝尼特画廊订购此书，并达成一项从未明确公开的谅解，即"如果该书价格提高，耶鲁将跟付更多资金"。

由于桑尼·范德比尔特·惠特尼积极竞标，书价从起拍便一路飙升。拍卖很快陷入弗莱明和桑尼轮流飙价的怪圈——弗莱明加一千美元，桑尼就加四千。直到弗莱明将出价提高到十五万一千美元，桑尼才退出竞标。拍卖最终落锤,弗莱明代表的罗森巴赫公司以超过单本图书拍卖纪录百分之五十的价格购得此副本。之前的纪录保持者是亨利·福尔杰(Henry Folger)在1919年拍得的莎士比亚伪版对开本(False Folio)。《海湾圣诗》成交价的巨额程度,令所有人瞠目结舌。1640年,《海湾圣诗》的售价只有二十便士;而现在,它的拍卖价格媲美世界上最抢手的印刷类书籍,比如古登堡的《马扎然圣经》和奥杜邦的精装版《美洲鸟类》。

不过,弗莱明竞标的胜利很快变了味。认捐者震惊于书价之高,纷纷反悔。比如,哈克内斯夫人(Mrs Harkness)生气地撤回了她的三万美元捐款,耶鲁大学也拒绝承认超出认捐总额五万美元以上的报价。作为权宜之计,惊慌失措的罗森巴赫公司放弃了佣金,并开给耶鲁大学一张四万九千五百美元的支票。他们期望学校能争取到更多慈善资金,并在资金到账后,偿还公司的垫款。耶鲁大学的校长及图书馆协会的校友将错就错,只当这是一笔旨在及时解困的赠礼,顺势回复了一封热情洋溢的感谢信。

购书后整整五年,罗森巴赫兄弟之一,也是公司合伙人的菲利普·罗森巴赫,仍在向耶鲁大学"催款"。经过无数轮毫无进展的痛苦谈判,耶鲁大学的律师、辛普森-撒切尔-巴特利特事务所(Simpson, Thacher & Bartlett)的埃德温·韦瑟尔(Edwin L. Weisel)劝他咽下这口气:"大家做生意都吃过亏,没必要因此把自己逼疯。"罗森巴赫公司自己的律师莫里斯·沃尔夫(Morris Wolf)也建议放弃

7 隐秘的历史

了事,"我认为无论在道义上还是法律上,都没办法向耶鲁大学追责:只能伤到罗森巴赫公司的体面。"罗森巴赫就这样不情不愿地成了"最慷慨的捐赠者"。如今,《海湾圣诗》已成为耶鲁大学所有藏书中的基石之卷。

阴错阳差,罗森巴赫公司收购韦瑟普副本时捡漏所得的利润,都填补在了耶鲁大学的副本上。1954年,罗森巴赫将韦瑟普副本作为奠基礼品,赠予罗森巴赫博物馆暨图书馆。这一次赠予倒真的是"自愿捐赠"了。2013年11月26日,《海湾圣诗》十一册副本中的另一本现身纽约苏富比拍卖会,并以1416.5万美元的成交价刷新了印刷书拍卖价格的世界纪录。成功竞标的商人兼慈善家大卫·鲁宾斯坦(David Rubenstein)表示,他将以"全国图书馆巡展"的方式与美国公众分享此书,并会将书长期寄放在其中一家图书馆中供民众参观。

塞缪尔·佩皮斯将他的藏书安放在镀金的箱子里,他的男仆在查阅目录后,可以闭着眼睛找到任何一本书(佩皮斯的书和箱子现收藏于剑桥大学莫德林学院)。年轻的德·萨德侯爵(Marquis de Sade)热衷于同样的小把戏:他对他放荡不羁的叔叔的图书馆——充斥贵族享乐主义的萨德修道院(Abbéde Sade)——了如指掌。十岁时,他便能闭着眼睛找到几乎任何一本藏书。若干年后,被囚禁在巴士底狱的萨德以莎草纸卷轴的形式创作了一部手稿——《索多玛一百二十天》(*120 Days of Sodom*)。杰克·凯鲁亚克创作小说《在路上》时,也采用过卷轴手稿的形式。

闭着眼睛找书只是这位青年侯爵众多超常行为的开始。曾有人写过图书馆中的声响,将"书页的低语"比作"湖波的轻吟,或是晨星、晚星一起歌唱时,羞涩小溪对稚嫩微风的嗔怪"(根据马歇尔·麦克卢汉的说法,在文字出现之前的时代,占主导地位的感知和社交器官是耳朵,毕竟"耳听为实")。不过,一般情况下,图书馆是为视觉而生的。

根据 18 世纪的图书馆设计原则,无论身处图书馆内哪个位置,读者的视线都应该能够直视每一本书。如此一来,图书馆的宏伟规模一望即知。18 世纪的图书馆设计,以愉悦感官,尤其是视觉感官为宗旨。柯尼斯堡银色图书馆(Silver Library of Königsberg)、梅尔克的洛可可风格图书馆及奥地利的阿德蒙特图书馆(Admont library,其藏书用白色皮革重新装订,以配合室内装潢的颜色)都是极好的例子。它们是图书馆界的圣彼得堡琥珀厅和凡尔赛宫镜厅。

视觉需要光线。对光的需要和对火的戒备主导了早期图书馆的设计和管理。蜡烛是禁用的,电力又尚未被驾驭,采用自然光源成了唯一的解决之道。中世纪时专门用于存放书籍的建筑可以通过其狭窄、南向、规律性出现的窗子来辨认。这些窗子被设在诵经台(之后发展为书柜)之间。

窗子设计得狭窄是有原因的。光线会对皮革产生分解作用。阳光直射书籍一段时间后,其损害作用显而易见。

7 隐秘的历史

在牛津大学图书馆、剑桥大学图书馆及大英博物馆，道格拉斯·科克雷尔（Douglas Cockerell）注意到，最靠近光源的书籍，封面皮革"彻底腐烂，稍有摩擦就碎成了灰"；远离光线的书籍，封面皮革则相对完好。没有什么比看到一批藏书的皮革封面被摄去生命更令人伤感了。科克雷尔惊讶地发现，光线对犊皮纸的损伤最为严重。

经过多次实验，图书馆的光照管理已经升华为一门令人肃然起敬的科学。图书馆建造者依据这些来之不易的知识，运用有色玻璃来缓解阳光的不利影响。事实证明，蓝色和紫色的玻璃跟无色玻璃一样糟，但红色、绿色和黄色的玻璃能够对皮革封面起到很好的保护作用。科克雷尔建议，有阳光直射的窗子应使用淡黄色或橄榄绿色玻璃。他特别推崇皮尔金顿公司（Pilkington & Co）生产的"大教堂"玻璃。在这一系列玻璃制品中，712号和812号两种玻璃在两个月的曝晒实验中几乎完美地保护了书籍，并且它们毫不影响图书馆的采光——整间图书馆都沐浴在神圣的光芒中。

1896年，纽约市斯佩里-哈钦森公司（Sperry & Hutchinson）想出一个简单却颇为有利可图的点子——兑换券。商家把邮票大小的兑换券发放给消费过的顾客。顾客积攒足够的兑换券后，可以到兑换中心领取精美的礼品。斯佩里-哈钦森公司的兑换券成为战后消费文化最著名的标志之一。该公司因在《妇女家庭杂志》（Ladies' Home Journal）、《星期六晚邮报》（Saturday Evening Post）和《蒙西杂志》(Munsey's Magazine)上刊登广告而广为人知。

斯佩里-哈钦森公司的元老托马斯·斯佩里(Thomas Sperry)在一次欧洲旅行中因食物中毒而意外身亡,享年四十九岁。斯佩里的两位女婿及他们的兄弟,分别出生于1886年、1887年和1888年的埃德温·拜内克(Edwin Beinecke)、弗雷德里克·拜内克(Frederick Beinecke)和沃尔特·拜内克(Walter Beinecke)将公司经营成为《财富》500强上榜企业。三兄弟也积累了巨额个人财富,并善加利用。埃德温搜集的有关罗伯特·路易斯·史蒂文森的书籍和手稿,是此类资料中最丰富的。他还收藏了一批精美的德国玻璃器皿和粗陶器。弗雷德里克[又称弗里茨(Fritz)]是一位杰出的美国西部史料收藏家。他在其他领域的兴趣也很广泛,包括火车模型、船舶模型、钟表、摄影、游艇和钓鱼。沃尔特是兄弟中擅长运动的那一位。他是体操冠军,并且擅长水球、高尔夫、桥牌和双陆棋。作为世界上最好的桥牌选手之一,他参与编写了桥牌比赛最初的游戏规则,此处他还编写了美国双陆棋的规则。

拜内克三兄弟都是耶鲁大学校友。耶鲁大学英语教授昌西·布鲁斯特·廷克(Chauncey Brewster Tinker)是热诚的图书收藏、保存倡导者。他也是包括拜内克三兄弟在内的很多顶级收藏家的导师,比如保罗·梅隆(Paul Mellon)、弗兰克·阿尔特舒尔(Frank Altschul)、威尔马斯·刘易斯(Wimarth Lewis)。廷克的学生发起并建立了

7 隐秘的历史

耶鲁大学图书馆协会，又称"廷克之子"。埃德温和弗里茨都曾担任该协会的轮值主席。他们也是"及时"感谢罗森巴赫公司捐资购买《海湾圣诗》的精明校友之一。

20世纪中叶，拜内克三兄弟资助耶鲁大学建立了一座新的大型图书馆——拜内克古籍善本图书馆。这座图书馆由斯基德莫尔-奥因斯-梅里尔公司（Skidmore, Owings & Merrill）的戈登·邦沙夫特（Gordon Bunshaft）设计，坐落于休伊特方庭（Hewitt Quadrangle）中。它最令人叹为观止的便是对光的运用。

拜内克图书馆于1963年落成，其核心建筑是一座六层楼高、由玻璃罩住的书架塔。可以说，拜内克图书馆是一座由书籍本身构成的书籍殿堂。玻璃书架塔密不透风，外面隔空围着一个黄金比例（宽和长分别是高的两倍和三倍）的箱型外壳。壳体由三厘米厚的佛蒙特大理石板和伍德伯里花岗岩框架制成。使用半透明大理石的设计灵感源自伊斯坦布尔一座宫殿的雪花石膏圆顶，箱型外壳和框架的形状则类似斯佩里-哈钦森公司的兑换券。白天从外面看，外壳看起来并不透明，但这只是假象。阳光明媚的时候，图书馆内部充溢着蜜色的光线。夜晚时看，整座图书馆都闪耀着琥珀色的光芒。

玻璃塔内能容纳十八万卷书籍，地下藏书室还能再放置六十万卷。所有藏书空间都是恒温恒湿的。得益于贴心和富有创意的设计，有充足的光线被过滤到室内，但又不会损坏馆内的藏书。弗里茨的美国西部史料、埃德温的罗伯特·路易斯·史蒂文森手稿，以及范德比尔特－罗森巴赫的《海湾圣诗》副本，都成了这座图书馆的收藏品。埃德温的玻璃器皿和粗陶器则收藏在纽约康宁玻璃博物馆。

圣加的洛可可风格图书馆隐藏着很多秘密。沿主厅两侧是两排带合页的可开合木柱。打开木柱，才能看到里面精巧的 18 世纪图书编目系统。这种系统用卡片和别针跟踪书籍动向。圣加图书馆还有一道隐藏的楼梯，通往一间专门用来存放稀有抄本的独立藏书室。

威布林根修道院（Wiblingen Abbey）也设有隐藏的楼梯和门廊。更富戏剧性的是，通往高处陈列室的入口还被隐藏在带有雕像的壁龛后面。安杰利卡图书馆（Biblioteca Angelica）的巴洛克式大厅由博罗米尼设计，路易吉·万维泰利（Luigi Vanvitelli）改造。大厅四角设有名人半身像，比如备受争议的枢机主教兼梵蒂冈图书馆馆长亨利·诺里斯（Henry Noris）。半身像的基座上则隐藏着暗道的入口。暗道通往多个房间的衣橱和上层两间陈列室的旋转楼梯。

葡萄牙科英布拉的若昂尼亚图书馆（Biblioteca Joanina）以"消失的梯子"闻名。这些梯子不使用时可以滑到书柜间的凹槽里隐藏起来。奥地利梅尔克修道院（Melk Abbey）大图书馆的书架后面藏有小书房。主厅里每个卡座中间书柜的下部都是铰链式的，装有滚轮。打开时，就会露出里面带有阅读桌和隐蔽窗子的空间。这种设计可能学习了有类似隐秘书房的碉堡式维也纳霍夫堡宫图书馆。建筑史

7 隐秘的历史

学家詹姆斯·坎贝尔（James Campbell）和威尔·普赖斯（Will Pryce）评价霍夫堡宫图书馆的隐秘书房说："打开'密室'的门，得以一窥舞台布景的后面。"这些隐秘之所是图书馆设计中令人着迷的部分之一。18至19世纪的建筑师在图书馆中布下这些"秘密"，如同绘制书口画的匠人一般，充满娱乐精神。

霍夫堡宫图书馆和罗马卡萨纳特图书馆（Biblioteca Casanatense）的设计者巧妙地利用了透视和人对高度感知的错觉。梅尔克修道院图书馆也是如此，其设计者利用固定的书架来修饰视觉对空间距离的感知。越高处的书架，被设计得越窄，以至最高一层根本放不进真正的书。设计师只能用木头做些假书模型放在那里。假书模型上还俏皮地写了名字，比如无名氏著《木头》和伍迪著《空空如也》[1]。

室内设计师阿克塞尔·费福尔特（Axel Vervoordt）位于安特卫普附近的城堡中，有一扇镶着书脊的隐蔽门。书脊是从真书上切下来的。这扇门通向豪华的大理石浴室。奥地利阿德蒙特图书馆也以同样有趣的方式隐藏了一道秘密楼梯的入口——入口的门上覆了书脊，上面还印了假的书名。有些书假得显而易见，它们被做得又短又厚。显然，工匠认为书脊像太妃糖一样，是可以采用任意长短的。在英格兰的查茨沃思庄园（Chatsworth House），德文郡公爵

---

[1] 原文为"*Wood* by Aonymous and *Empty* by Woody"。——编者注

六世（Sixth Duke of Devonshire）订作了一扇类似的门，用来遮蔽一道隐秘楼梯的入口。幽默家兼剧作家托马斯·胡德（Thomas Hood）贡献了很多假书名，比如卡梅隆（D. Cameron）的《苏格兰的薄伽丘》(The Scottish Boccaccio)、兰姆（Lamb）的《关于板油的思考》(Reflections on Suet)、约翰·诺克斯（John Knox）的《死亡之门》(On Death's Door)，以及雪莱的《贝壳学家》(Conchologist)。

在《铬黄》(Crome Yellow) 一书中，阿道司·赫胥黎构想了一间乡间别墅的图书馆，它的特色是一扇经过"巧妙包装"的门，上面有一排排看起来十分逼真的假书。书名非常有博尔赫斯风味，比如《生来伟大之人》(Biography of Men who were Born Great)、《成就伟业之人》(Biography of Men who Achieved Greatness)、《被迫伟大之人》(Biography of Men who had Greatness thrust upon Them)、《从未伟大之人》(Biography of Men who were Never Great at all)、《克诺克斯波特奇的故事》(Tales of Knockespotch)，以及六卷本小说《徒劳无果》(Wild Goose Chase)。门后则堆着旧信件、旧报纸，还有第二代费迪南多爵士（Sir Ferdinando）周游世界时带回来的装敛过埃及女性木乃伊的棺材。

［下面这个关于编造书名的故事来自阿尔维托·曼古埃尔。法国作家保罗·马松（Paul Masson）发现国家图书馆缺少 15 世纪的拉丁文和意大利文著作，为挽回图书馆的颜面，他决定编造一份书目。书目中的书籍名字都是他凭空捏造的。他的朋友科莱特（Colette）问："这些不存在的

7 隐秘的历史

书有什么用?"马松愤愤地回答:"你也不能什么都靠我一个人想啊!"]

大英博物馆的穹顶阅览室也有暗门。为了不打断四周连绵不断摆满书籍的视觉效果,阅览室的柱子和门上都画了假的书脊。在2001年的日本动漫电影《读或死》中,穹顶阅览室是通往大英图书馆"特别行动部"地下总部的秘密入口。这个部门的特工具有打击与书籍相关犯罪及恐怖活动的特殊能力,并且帮助图书馆搜集珍稀书籍。在罗伯特·利特尔(Robert Littell)的《曾经与未来的间谍》(*The Once and Future Spy*)一书中,一个反派角色试图暗杀拜内克图书馆的中央情报局分析师。

安杰利卡图书馆的"隐蔽门"上也画满了书脊,不过它们是一点都不隐蔽的"隐蔽门",非常容易找到,因为画上去的书脊比邻近的真书立得更直,高度和宽度也过于均匀。舒森里德修道院(Schussenried Abbey)为了使书架看上去更齐整,也为了使书籍免受光线的损害,将书全部放进书柜里,然后在柜门上整整齐齐地画了假书脊。在堪萨斯城公共图书馆中央分馆,假书被画在楼外面——外墙上有一块六米高、画有二十二个假书脊的大广告牌。这二十二本书中,有《夏洛的网》《魔戒》《杀死一只知更鸟》《第二十二条军规》《华氏451》等。这块广告牌的实际作用是美化图书馆的多层停车场,使整体建筑看起来更有书卷气。

还有些图书馆摆放大部头的假书,只为了让图书馆看起来规模更宏大一些。这些大部头里面其实是空白的，甚至只是一个空书壳而已。莫里斯·休利特（Maurice Hewlett）就曾因为被假书骗到而非常失望——他从书架上取下一本"像《希腊语-英语词典》一样厚重"的书，结果里面什么都没有，只是一个夹散页纸的铁丝文件夹。类似的书形盒子还曾被用作棋盘的"伪装"。19世纪，在德国卡塞尔附近的瓦伦斯泰因植物学图书馆，就有用木头做的书形盒子。为了制作这种盒子，人们将拍卖行、书店和书摊的早期廉价书籍抢购一空，然后做成各种各样的容器，用来装香烟、雪茄、利口酒、珠宝、巧克力、糖果或便笺纸。霍尔布鲁克·杰克逊称这些人为食尸鬼，而那些怂恿他们的人则像偷尸体的盗墓贼一样差劲。

另一种做假的方法是将书籍封面的廉价皮革处理得像昂贵皮革一样，以次充好。比如，将廉价绵羊皮的纹路炮制成山羊皮的纹路；给普通的光面书脊加装棱带，使其看起来更有品质，也更有古旧和肃穆的气息。棱带这类书籍装饰物的历史古怪而悠久。在中世纪的抄本上，凸起的棱带必不可少，它们其实是固定一组组书页的粗绳索露在外面的部分。到18世纪，书籍装订的创新（例如用有凹槽的支架固定书页）使棱带变得不再必要。然而，英国、法国、意大利和克里特岛的装订师仍然在他们制作的书籍上加装没有实际用途的绳索，做成棱带的样子。

最早安装纯装饰性棱带的书籍出现在德国。1442年，布克斯海姆（Buxheim）的天主教加尔都西会教士在装订书

7 隐秘的历史

籍时使用了装饰性棱带。15世纪下半叶也有很多例子，比如沃尔芬比特尔的赫尔佐克·奥古斯特图书馆（Herzog August Bibliothek）收藏的一本1457年装订的抄本，以及同馆收藏的1473年之前印刷的施特拉斯堡（Strasburg）版本书籍。后者的封面是明矾鞣制的猪皮，书脊上有六道装饰性棱带。此外，还有肯塔基大学收藏的1497年在德国南部印刷的阿尔杜斯版本猪皮封面书籍。

有些装订匠人加装棱带是为了取悦顾客，而有些则是为了欺骗顾客，将廉价书卖出高价。讲究名誉的装订匠人甚至主动澄清，他们不会自降身份去做假棱带。罗杰·佩恩（Roger Payne）装订的《切斯特的罗亚尔河谷》（*The Vale Royall of Chester*）的账单上就特别注明：装订线是精工缝制在六条棱带上的，没有任何一条棱带是镶嵌上去的假货。安装假棱带的工艺一直延续到20世纪。在1986年的广告中，新建的富兰克林图书馆（Franklin Library）就利用了"真正的"书必须装有棱带的传统观念。广告中，双日出版社（Doubleday）的高级顾问编辑轻抚一本书的书脊，满心愉悦地感叹："有棱带的书脊是一种馈赠。这才是高品质的装订啊！"

在托尔金的中土世界图书馆和读写室中，矮人用隐形墨水写字。他们的"月字"是只有在月光照耀下才能看到的符文。一些特殊的月字，还要求月亮的形状和季节与书写那一天相同才能看到。精灵领主埃尔隆德在瑞文戴尔阅读的瑟罗尔地图中的符文,只有在仲夏夜新月的月光下才能看到。地图是矮人之王、索林·橡木盾的祖父瑟罗尔绘制的孤山平面图。月字墨水的配方自然很神秘,但我们可以从古老的拜占庭帝国窥到一点门径——公元前250年,菲伦使用无色单宁酸制造出一种隐形墨水,用这种墨水书写的字迹只有用铁盐涂抹并发生化学反应后才会显形。

书籍也可以像瑟罗尔地图上的月字一样,在图书馆中隐形。它们有时会误落入书架后面或间隙里,有时藏在档案盒或偏远的书架上,有时甚至就藏在众目睽睽的地方。如吕西安·波拉斯特龙(Lucien Polastron)所言:"藏在图书馆中的书,就像藏在森林腹地的树一样。"图书馆的历史中充满了令人惊奇、振奋和尴尬的"内部"发现。在博德利图书馆,重新发现过掉在书架之间的古早小册子。在苏格兰国家图书馆中,发现了诗人休·麦克迪尔米德(Hugh MacDiarmid)失落的巨著。在墨尔本大学贝利厄图书馆(Baillieu Library),发现了从前被忽略的矿物学研究;这一研究的重新发现,开启了巴布亚新几内亚的采矿产业。在利斯莫尔城堡(Lismore Castle),发现了藏在墙壁里的爱尔兰抄本《利斯莫尔之书》(Book of Lismore)。在德国维滕贝格州立图书馆(Württemberg State Library),发现了弗拉德·德古拉(Vlad Dracula)17世纪的肖像。1984年,在福尔杰莎士比亚图书馆,发现了一份异常重要的早期英文手稿。这份手稿被用在16世纪两本关于瘟疫的书的封面内衬里。图书馆通常是经过精心整理规划的,但实际上,

7 隐秘的历史

其中充满偶然和惊喜。

在福尔杰图书馆发现的手稿,是巴勒斯坦恺撒里亚主教尤西比乌斯(Bishop Eusebius of Caesarea)的《教会史》(*Ecclesiastical History*)译本的双页拉丁文节选。它比《凯尔经》早两百年(比福尔杰图书馆收藏的大部分书籍早近一千年),是现存最早的源自英国的手稿。它可能是7世纪上半叶由一位爱尔兰修士在英国修道院里制作的。福尔杰图书馆首席馆员弗兰克·莫瓦里(Frank Mowery)在重新装订那两卷关于瘟疫的书时才注意到它。伯恩哈德·比肖夫(Bernhard Bischoff)教授后来确认,它是已知仅存的两份爱尔兰半安色尔体拉丁文手稿之一。苏富比拍卖行的克里斯托弗·德·哈梅尔(Christopher de Hamel)说:"在任何已知类型的英国文字中,该手稿可能是最早的。"苏富比对这份手稿的估价高达十万美元。不过,珍本商人汉斯·克劳斯(Hans P. Kraus)接受《纽约时报》采访时表示,他认为苏富比的估价过高,"它只是一小块犊皮纸而已,非常小的一块,而且很旧,也不太美观"。他给出的估价仅为苏富比的五分之一。克劳斯错了。1985年,伦敦苏富比以十万五千六百美元的高价为福尔杰图书馆拍卖了这块破烂、发黄、皱巴巴的犊皮纸残片。

在摩根图书馆(Morgan Library),也发现过类似的珍宝,并且同样被当作边角料用于其他书籍封面的内衬。它是圣礼书的一页。这页圣礼书的原始手稿装饰有交错配色的大号段首字母，还有其他几何图形及彩色绘饰。它可能是8世纪下半叶的某个时候在瑞士的库尔抄写绘制的。到9世纪，这卷手稿被转移到圣加，修士们在手稿背面添加了拉丁文。

在没有书籍目录的图书馆里，书籍可以像塞在书脊里的边角料一样轻而易举地隐身。波拉斯特龙在他2007年出版的《浴火之书》(Books on Fire)中写道：阿根廷国家图书馆收藏的两百万册图书从未被编目过，也没有购买保险。因此，火灾和盗窃造成的损失难以估量，更无法统计。

梵蒂冈图书馆的书目是近年才完成的。学者和馆员常常遇到意外之喜。1926年，一封失踪的重要信件被重新发现，而发现的地点竟然是一把椅子下面。信是写给教皇克雷芒七世的，由坎特伯雷大主教及五位主教和二十二位修士于1530年联合签名。写信人抱怨教皇"过分拖延"，没有及时宣布亨利八世与阿拉贡的凯瑟琳的婚姻无效。

梵蒂冈图书馆最引人注目的发现是拜占庭历史学家普洛科皮乌斯在550年左右撰写的一小本希腊文手稿。在《纽约客》杂志上，丹尼尔·门德尔松（Daniel Mendelsohn）活灵活现地描述了这一发现。虽然这份手稿在长达一千年中未露真面目，但一直有迹象表明它是存在的。10世纪的拜占庭百科全书《苏达辞书》中就提到了这份手稿及其部分内容。不过，没有人知道这本书的完整文本在哪里，或者是否还留存在世。1623年，一位在梵蒂冈图书馆工作的档案管理员终于发现了这部普洛科皮乌斯手稿。

7 隐秘的历史

这位档案管理员叫尼科洛·阿拉曼尼（Nicolò Alamanni）。希腊文手稿被发现时，书名是毫不显山露水的"轶闻"（Anekdota）。现代书目中录入的名字则更不起眼：VAT. GR. 1001。VAT. GR. 是 Vaticanus Graecus[1] 的缩写。其实这部作品的拉丁文书名更为世人所知——Historia Arcana，即"秘史"。普洛科皮乌斯在他的另外两部作品中极力为查士丁尼大帝歌功颂德，说他是"罗马最后一位伟大皇帝和欧洲王权的典范"，但《秘史》中却记述了一个全然不同的查士丁尼。《秘史》用令人耳目一新的清新和坦率，描述了查士丁尼和他生活圈子的"贪婪、腐败、不道德和不合基督教义"。阿拉曼尼整理了该书的内容，使其可以印刷出版。但他隐去了查士丁尼的妻子狄奥多拉（Theodora）的很多惊人小八卦，比如这位皇后的"著名"言论："大自然只给了女人三个需要满足的孔窍。"在梵蒂冈收藏的手稿原件页边空白处，仍保留着阿拉曼尼整理此书时留下的批注。该书于1623年出版时，很多人认定它是一本骗人的伪书。

在卡洛斯·鲁依斯·萨丰的小说《风之影》中，达涅尔·森贝雷（Daniel Sempere）将一本书藏在"遗忘书之墓"——巴塞罗那老城中心的大图书馆中。他将这本书安插在胡安·巴莱拉（Juan Valera）的小说和赫罗纳（Gerona）的审判年鉴之间。杰拉尔德·默南（Gerald Murnane）的

---

[1] 即 Code Vaticanus Graecus，意为"梵蒂冈格雷库斯古抄本"。Graecus 意为"希腊的"。——编者注

图书馆:无尽的奇迹

《平原》(The Plains)将图书馆"藏"书提高到了新境界。这本小说像储灵珈梦径一样,拒绝简单明了。《平原》的故事背景设在一位平原富翁边陲豪宅的私人图书馆中。一个书中未多作交代的青年,由富翁资助,在图书馆研究若干文学项目。也许他会整理出一部图书馆的书目,也许他会编撰一本《平原地区志》。富翁的妻子也来图书馆参观。青年与她进行了一次奇妙的对话。对话不是通过语言,而且有一部分是想象的。青年下定决心,要以一种理想的方式来打破他们之间的沉默。他精心制定了计划:写一部短篇作品,也许是一本散文集,在一个不知名的出版社悄悄出版。然后,把这本散文集放在图书馆里,放在那个女人可能找到的地方。最好是她不读这本书,只知道这本书是他写的,而因此注意到他就好了。"总之,她不能读我写的任何一个字,只知道我写了一些她可能会读的东西就够了。"更具体的方案是,先把这本书写出来,出版发行,但不能在市面上流通,只印出几本发给审稿人,再放一本在图书馆里。书一旦编目、上架,青年就把它撤走。不过这也不是万全之策:万一将来有人找出这本书,"那么那个女人还是可能会读到它"。为做到万无一失,他计划将这本书列入"本馆从未收藏,但平原地区其他私人图书馆有收藏的知名书籍清单",并在清单上附注,此书存放于一个不存在地区的假想图书馆中。但之后,他想到另一种更加完美的策略:不写这本书,也不让任何人知道他曾经有过写书的打算。

7 隐秘的历史

除了书籍，图书馆还隐藏了其他东西，比如它们的真实建筑材料和建造年代。巴洛克式和洛可可式图书馆的建造者把石膏和木材做成大理石的样子。19世纪的图书馆把钢材做得看起来像石材。还有的图书馆制造人工假象，比如安装镜子和假窗子（罗马的安杰利卡图书馆就是一例），使藏书看起来更多，或者使缺少书籍的状况不那么醒目。

中世纪伟大的书籍誊写及绘饰传统使近代的修士感到一种压力：他们也得像前辈一样，在修道院中建造图书室，不然怎么证明他们履行了应尽的职责呢？巴伐利亚梅滕修道院（Metten Abbey）的修士建造了一座规模虽小，但极尽奢华的单层图书馆。其奢华的装饰，使人们忽略了它实际上缺乏实质性内容。这座"华丽得令人难以置信"的图书馆，最显著的特点是支撑其穹顶的人物雕像，就是那种被詹姆斯·坎贝尔讽刺为"扭曲的寓言人物"的雕像。

阿尔滕堡修道院（Altenburg Abbey）的院长和建筑师不满足于仅建一个小型图书室。他们在图书馆侧翼建起了一座巨大的新楼，其中包括一座宽九点五米、长四十七点五米、高十五米的三重穹顶大殿。其宽阔程度到了从入口处看不到大部分侧面墙壁的程度。

> 穹顶之间的圆筒形穹隆空间里，安装了巨大的书箱，使参观者以为所有墙壁上都摆满了书。事实上，除了尽头墙上的一个书箱外，其他书箱都是空的。穹

顶的墙壁布满窗子，一旦进入穹顶之下，参观者自然而然就被特罗格（Paul Troger）恢弘的画作吸引，向上观看，因此注意不到这个巨大的图书馆存有书籍的空间实际上非常少。这正是修士想要的效果。

这个把戏并非完全没有漏洞。这座大厅，看起来更像舞厅而不是图书馆。大厅底层是用来安葬教士的大地窖——"逝者的言语就这样被陈列于逝者的尸骨之上"。

图书馆里的新发现

图书馆员经常在图书馆里发现鲜花、树叶、蝴蝶、头皮屑、牙线、内裤、卫生纸、停车券、香蕉皮、口红、邮票和现金，此外，还有熏肉、煎蛋和煎饼——一份平庸乏味的早餐的所有组成部分。最近，在盐湖城的一家大型公共图书馆里，乔希·哈纳加恩（Josh Hanagarne）发现了一本用白色大内裤包裹的《给男孩的危险之书》（*The Dangerous Book For Boys*），而在另一本《枪炮、病菌与钢铁》中，有一个未使用的避孕套。1953年，在大英博物馆1783年版的格罗斯（Francis Grose）所著《健康、美貌、财富和荣誉指南》（*A Guide to Health, Beauty, Riches, and Honour*）中，发现了一批18世纪的动物膜避孕套，每个避孕套的开

7 隐秘的历史

口端都系着丝带。这批发现被转移到博物馆的"私密"情趣用品收藏中。不过,那个新的避孕套,除了乔希·哈纳加恩之外,就无人知晓其去向了。

乔纳森·斯威夫特说:"我有时候囫囵吞枣般阅读《伊利亚特》,但更多时候,我在《伊利亚特》里发现一个枣。"一位访客曾在福尔杰莎士比亚图书馆的大理石长椅上留下一副假牙。第二天,他返回图书馆找假牙,告诉馆员,之前他忍不住磨牙,所以就把它取了下来,让牙龈休息一下。

理查德·加尼特(Richard Garnett)是1875到1884年间大英博物馆阅览室的负责人。他回忆说,曾有一位女士来找一本食谱。她说,梦中有人告诉她,她将在大英博物馆中找到这本食谱。这位女士提供了一些食谱的细节,比如其中有一份火腿腌制的配方,还有一张讲解各种菜蔬雕刻方法的图表。令人高兴的是,加尼特真的找到了一本与其描述相符的食谱。

8

图书守护者
史上最好和最糟的图书馆员

意大利画家朱塞佩·阿钦博尔多（Giuseppe Arcimboldo）在 1566 年前后创作的《图书馆员》是一幅由书籍组成的拟人化肖像。作为出身于哈布斯堡王朝的神圣罗马帝国皇帝斐迪南一世、马克西米利安二世和鲁道夫二世时期的宫廷艺术家，阿钦博尔多精通"拼贴肖像"，即把物体拼凑组合，构成图像。这幅《图书馆员》不仅仅是一般的肖像，它还有更深层的内容。画中图书馆员由犊皮纸和丝绸拼成的手臂和手指，贪婪地抓着一摞书。画上作为"像素"的书籍，被很有策略地编排在一起，传神地展现出画中人的性格——贪婪、傲慢、注重外表，又有些荒谬可笑。这幅画，似乎透着一种批判。

安东尼·霍布森将这幅画像解读为对当时"博学杂收"风气的讽刺。而图书馆学者 K. C. 埃哈德（K. C.

Elhard）则从这幅画中看出了对"可怜的藏书匠"的抨击——这一类人将书籍当作物品来购买、搜集，但对阅读本身并不感兴趣。瑞典艺术评论家斯文·阿尔方斯（Sven Alfons）首次将这幅画中的人物与现实中的人联系起来。他认为，画中人是博学的奥地利人沃尔夫冈·洛齐乌什（Wolfgang Lazius）。1550至1565年间，洛齐乌什担任哈布斯堡王朝斐迪南一世的宫廷历史学家。据说他为了获取文献记录不择手段，甚至不惜偷盗。还有人说，他喜欢自我吹嘘，并且有学术不端行为。这幅看似云淡风轻的画作，实际上是对洛齐乌什及他的所作所为无情的抨击。

随着图书管理方法的发展和巩固，各图书馆之间的差异越发显著。博德利图书馆的章程要求，图书馆员必须是大学毕业生，"是语言学家，并且不能有婚姻关系"，因为"婚姻意味着过多分散精力的家庭琐事"。1600至1620年间担任牛津大学博德利图书馆馆长的托马斯·詹姆斯威胁说，如果不放宽对婚姻状态的要求，他就辞职。博德利图书馆万分不情愿地做了让步。在塞维利亚的哥伦布图书馆，馆员必须是萨拉曼卡大学的毕业生。他们的房间里只有基本的必需品——简易床、床单、毯子、扶手椅、长椅和书柜各一。每月都会有"学识渊博的人"来拜访，对馆员进行督查；如果不接受督查，将被罚款。不过，哥伦布图书馆的馆员有一项很大的福利：每隔六年，他们会被派往意大利各地搜购书籍。

在大英博物馆，詹姆斯·盖茨（James Cates）是第一

8 图书守护者

位阅览室管理员。据说盖茨看起来像一位非常端庄的老派牧师,不过他年轻时曾是一名拳击冠军。博物馆阅览室管理员的职位设立于 1857 年,其理想候选人应该拥有高度的意志力,并集绅士、学者和警察之技能于一身。管理员还要自律、尽责。比如他们会遇到这样的状况:一次,一位资深学者请一位阅览室副管理员"离开"阅览室。副管理员问起原因,学者回答:"因为我要在你的眼睛上狠狠砸上一拳,来表达我对阅览室混乱管理的愤怒。"

有些图书馆员的工作环境更加糟糕。文艺复兴期间,梵蒂冈图书馆的助理们半裸着身体在寒冷的环境中工作。尽管如此,他们仍致力于图书编目事业,并取得了辉煌的成就。17 世纪,阿德里安·巴耶(Adrien Baillet)是地方法官、巴黎议会法律总顾问兼图书收藏家弗朗索瓦·克雷蒂安·德·拉穆瓦尼翁(François Chrétien de Lamoignon)的图书管理员。据霍尔布鲁克·杰克逊说,巴耶在书籍之外毫无个人生活。他每晚睡眠时间不超过五个小时,每天只吃一顿饭,并且不饮酒。由于饱受溃疡和"丹毒"的困扰,他的外貌变得很丑陋。巴耶五十七岁便过世了。他是公认无比勤奋和睿智的图书馆员。

15 世纪,乌尔比诺公爵蒙泰费尔特罗的弗雷德里克(Frederick of Montefeltro)总结出一条完美图书馆员的守则,即"内里博学、外表端庄、性情善良"。并非所有图书馆员都遵循公爵的教诲。18 世纪德国的图书馆员就恶名昭彰。据德国旅行家和藏书家扎哈里亚斯·康拉德·冯·

乌芬巴赫（Zacharias Conrad von Uffenbach）18 世纪初的记录，德国公共图书馆的工作人员"无知、无礼、善妒、懒惰"。约一百年后，情况并未改善。作家和历史学家弗里德里希·赫尔兴（Friedrich Hirsching）就贡献了许多 18 世纪末期在各图书馆游历的见闻。他称一些图书馆的负责人是"视自己职位为肥差的自以为是的厌世之人"。管理不善的图书馆是一个国际性难题。大英博物馆的弗雷德里克·马登爵士（Sir Frederick Madden）在给托马斯·菲利普斯爵士（Sir Thomas Phillipps）的信中，描述了 1855 年的埃尔埃斯科里亚尔图书馆："图书馆距离马德里四十英里……图书馆负责人是一个无知的修士。"马登本人是出名的老顽固。蒂姆·芒比称他是"抄本部最能干也最讨人嫌的馆员"。

并非所有图书馆员都是愚蠢或厌世的。1575 年 7 月，荷兰加尔文宗的胡戈·布洛茨（Hugo Blotz）受命负责著名的皇家图书馆——维也纳霍夫堡宫图书馆。他被图书馆的状况震惊了——这座中世纪的图书馆，"疏于照管，满目荒凉"。

> 书籍发霉、腐烂，飞蛾、蛀虫啃食过的碎屑和厚厚的蜘蛛网随处可见……窗子好几个月没有打开过。没有一丝阳光透进来照亮那些日渐憔悴的悲惨书籍。推开窗子，一团污浊的空气喷涌而出！

8 图书守护者

图书馆位于一座方济会男修道院的底楼。这个位置本来就不适合用作图书馆，因为四面外墙中有三面没有窗户，空气无法流通。此建筑物又位于修道院水井的正上方，湿气无孔不入，渗入地板和墙壁。图书馆内部布局也很糟糕。访客得穿过一座谷仓和修士的居所才能到达图书馆。但即使有勇气十足的访客最终到达了图书馆，里面也没有空间供他们查阅书籍。

就连申请查阅书籍也几乎不可能。藏书"如此杂乱无章，现有的索引毫无用处"。布洛茨不得不出手。他动员了所有能动员的人，帮忙恢复图书馆的秩序。断续前来帮忙的有他的朋友居特（Guett）、普德勒（Pudler）、坦纳（Tanner），他的儿子，还有坦纳儿子的老师。在这些人的帮助下，布洛茨着手整理出七千三百七十九卷书，并编写了目录。到1576年4月，一份书目摘要已成形。布洛茨自己保留一份，将另一份寄给布拉格的马克西米利安二世皇帝。在皇帝的支持下，布洛茨改变了图书馆的政策和配置：他开始外借图书，并通过采购和遗赠增加了图书馆的藏书规模。"以这些成败未卜的改革为开端，图书馆逐渐发展进步，获得了很多珍稀的书籍，也收获了良好的声誉。"布洛茨留下若干宝贵的遗产，其中之一是促成建设了一座新的图书馆大楼，以取代他当初接手的"兔子洞"。另外，他还对一位法国图书馆员产生了很大的积极影响。

在17世纪，加布里埃尔·诺代是图书馆员的理想人选。诺代为法国国王的首席大臣、枢机主教马扎然建立了一座图书馆。他自己将其称为世界第八大奇迹。诺代认为，图书馆的本质在于收集"古今所有主要作家的作品"，然后对其分类和编目。没有分类和编目的图书集合不能叫作图书馆，就好比随随便便集合在一起的一批人不能称作军队一样。在图书收集方面，诺代力求无遗漏。他曾为马扎然买下一位书商的全部存货。还有一次，他"像龙卷风卷树叶一样，将路过的小镇买得片纸不留"。诺代还建议派富商去国外的书店搜罗奇珍异品。

1642 至 1651 年间，由于诺代的不懈努力，马扎然图书馆取得了惊人的成就：四万卷令人赞叹的藏书，都用山羊皮精美装订，并饰以镀金的马扎然纹章。所藏书籍有新有旧，有稀有的，有常见的，有正统的，也有异端。然而，1652 年初，悲剧发生了。在一场内战中，数千册藏书被盗走烧毁。"像父亲珍爱独子一样爱惜那些亲手搜集来的书籍"的诺代，激愤得痛哭流涕。在找回许多失落的书籍后，诺代于 1653 年去世。

作为图书编目思考者，诺代的影响是巨大的。在塞缪尔·佩皮斯完美得无可指摘的藏书中，有一部约翰·伊夫林 1665 年翻译的诺代论文题献本。这篇论文作于 1627 年，题为《关于兴建图书馆的倡议》(*Avis pour dresser une bibliothèque*)。文中，诺代"提出建立一个包罗万象的综合图书馆，其中囊括所有知识门类的所有书籍，并且要既有原始语言版本，也有译本"。

布洛茨和诺代还影响了欧洲启蒙运动中的一位领袖人

8 图书守护者

物——戈特弗里德·威廉·莱布尼茨。在《图书馆科学分类规划》(*Plan for a Public Library that is to be Ordered According to the Classification of the Sciences*)和《图书馆分类规划易行版》(*More Limited Plan for an Ordered Library*)两本著作中,莱布尼茨制定了优秀的图书馆管理准则。克里斯蒂安·托马修斯(Christian Thomasius)称莱布尼茨为"活图书馆"。莱布尼茨资助过约翰·伯恩哈德·菲舍尔·冯·埃拉赫(Johann Bernhard Fischer von Erlach)。埃拉赫正是以宏伟大厅著称、史上最大的洛可可式图书馆——霍夫堡宫图书馆的建筑师。莱布尼茨曾任不伦瑞克公爵的图书管理员,并将这位公爵非凡的沃尔芬比特尔图书馆转移到一座带有玻璃屋顶,但没有供热系统的建筑中。莱布尼茨还曾被提名为梵蒂冈图书馆馆长,但因为拒绝皈依罗马天主教教义,未能获得任命。

下萨克森州立暨哥廷根大学图书馆的首任馆长继承了诺代和莱布尼茨的思想遗产,接受了他们关于研究型图书馆的先进理念。作为哥根廷大学的一部分,下萨克森州立暨哥根廷大学图书馆创立于1734年。它的创建者和首任馆长是格拉赫·阿道夫·弗赖赫尔·冯·明希豪森(Gerlach Adolph Freiherr von Münchhausen)。他是希罗尼穆斯·冯·明希豪森(Hieronymus "Baron" von Münchhausen)的表亲。格拉赫由英国国王、汉诺威选帝侯乔治二世任命。作为一位堪称典范的图书馆馆长,他聘请杰出的学者,向本地及外国书商采购书籍,并向大学教授们咨询采购的优先次序;

他巧妙地筹集资金,募得大量遗赠;他对每一个主要的知识领域都给予应有的重视;他支持学术出版物,并在各个方面实践了诺代和莱布尼茨的图书馆学原则。

在明希豪森和新人文主义语言学家克里斯蒂安·格特洛布·海恩（Christian Gottlob Heyne）的领导下,图书馆的藏书由六万册猛增至二十多万册,并且都进行了科学的编目。其中主要的藏书来自约阿希姆·海因里希·冯·布洛伯爵（Count Joachim Heinrich von Bülow,两千幅地图及八千九百五十二卷图书,其中四十卷为抄本）、汉诺威王家图书馆（二千一百五十四卷图书）和哥廷根预科学校图书馆（Gymnasium Library of Göttingen,七百零八卷图书）。这座图书馆为歌德、赫德、海涅、洪堡和叔本华提供了思想养料,是西欧最重要和最有影响力的图书馆之一,也是"现代研究型图书馆理念的第一次实践"。

诺代、莱布尼茨和明希豪森引领了启蒙运动中的一股关键潮流,即采用科学的方法搜集和管理图书。他们是现代图书馆员的典范,是"图书馆员中的拿破仑",是大英博物馆"第二创始人"安东尼·帕尼齐爵士（Sir Anthony Panizzi）一流的人物。帕尼齐强化了当代图书馆管理的每个重要方面——存取政策、入馆政策、编目、资金,尤其是建筑风格。他打破了作为图书馆建筑主流的"画廊大厅"风格,创造了利于摆放和阅读书籍的独立空间。他亲自规划了大英博物馆的具有标志性的阅览室。1857年,该阅览室在一场香槟早餐会后正式开放。阅览室与万神殿相差无几的穹顶,为图书馆及所有公共空间的设计树立了新的国际标杆。

虐书者

有些人应该永远被剥夺接近书籍的权利。巴勃罗·曼古埃尔除收藏有一批优质的皮革封面书籍之外,还拥有一些平装书。这些书被扔在庭院中的藤编桌上,任其发黄枯槁。他的儿子阿尔维托常像救助流浪猫一样将它们收起来带回室内。出版商和书商尼古拉斯·巴克(Nicolas Barker)在伦敦西区的家中收藏有一批平装书,大多是企鹅集团出版的。他将这些书放在盥洗室里。

爱德华·伯恩-琼斯爵士(Sir Edward Burne-Jones)认为,除了在模特摆高难度造型时垫脚之外,书籍对画家没有任何用处。蒂奥菲尔·戈蒂埃(Théophile Gautier)把对开本《柏拉图》当镇纸,压住有褶皱的版画。他还用这本书当坐垫,让孩子们坐在桌边时能够到桌子。考文垂·帕特摩尔(Coventry Patmore)小时候,也曾从书架上抽出一本厚厚的旧《圣经》放在餐椅上当"增高垫"。被父亲看到后,他遭到了令他印象深刻的严厉批评。

蒂姆·芒比收藏了一批质量尚好但有瑕疵的书,他称之为"跛脚书"。其中包括莎士比亚的第二对开本、缺页或失掉原始装订的首版小说，以及其他类似残缺书籍。残书能给人带来很多乐趣，并且它们比品相完好的原版书和热门书更加实用。"你可以把残书借给朋友，也可以揣在兜里带去河边。即使书掉在水里浸湿了，也没什么大不了。"

热衷折纸船的诗人雪莱，忍不住把书中的空白页，连同信件、报纸、支票一起，都折成小船。

在《书痴剖析》中，霍尔布鲁克·杰克逊点名批评了三位有"虐书癖"的书痴，他们分别是：爱德华·菲茨杰拉德，他常从书中裁掉令他不快的部分，只保留符合他口味的章节；伏尔泰，他爱好删减名著，凭个人好恶将长达几卷的作品删得只剩一册；还有一位巴黎藏书家，他撕去所有惹他不快的书页，以至于他的藏书中只有一本是不缺页的，其他都是"华丽装订在一起的残书败页"。

在霍尔布鲁克·杰克逊《不爱护书籍指北》(*How Not to Care for Books*) 一文中，神经学先驱休林斯·杰克逊（Hughlings Jackson）博士尤其令人瞩目。这位医生拥有一个独特的残卷图书馆。在撕书方面，他从不犹豫。他经常把撕下来的书页寄给可能会对其内容感兴趣的朋友。每次在火车站附近的书摊上买了小说，他都立刻去撕去封面，将书劈成两半，分别装在衣服的两个口袋里。售书人看到他这样骇人的行为，目瞪口呆。杰克逊说："小伙子，你以为我是疯子吗？那些不这样做的人才是疯子哩。"

查尔斯·达尔文对书籍采用同样实用但无情的态度。

8 图书守护者

书本由于粗暴使用而散落后,他就用金属夹子把书页夹在一起。为了使笨重的书便于阅读,他也将它们劈成两半。他还为了节省空间而撕去部分书页,只保留他感兴趣的部分。达尔文在书中做了大量注释和笔记,让我们现代人也可以体会与他一起阅读的乐趣。

贝基·夏普(Becky Sharp)和拿破仑·波拿巴也是臭名昭著的虐书者。他们都以将书从疾驰的马车车窗抛出而闻名。1949年秋天,美国最稀有、最珍贵的书籍之一,韦瑟普-罗森巴赫的《海湾圣诗》副本,被人从静止的窗子抛了出去。这本1640年的书在加州大学洛杉矶分校图书馆借展时,被一名学生从陈列柜中掳走。据说这是兄弟会入会恶作剧的一部分。这名学生随后携书从二楼窗子跳下。好在书没有损伤。不过那名学生就没有那么幸运了。

1962年,西尔维娅·普拉斯(Sylvia Plath)和泰德·休斯(Ted Hughes)带着他们两个年幼的孩子,在一栋带有茅草屋顶的房子里同居。休斯明目张胆地出轨。出轨对象也许是阿西亚·韦维尔(Assia Wevill),也有一点可能是莫伊拉·杜兰(Moira Doolan)。出于愤怒,普拉斯在后院燃起一堆篝火,烧掉了休斯的一千多页手稿、信件和其他珍贵文件——其中包括他的所有往来信函、手头的工作、草稿、笔记。据阿尔·阿尔瓦雷斯(Al Alvarez)讲,普拉斯将休斯的手稿与他的头皮屑和剪下的指甲屑混在一起,扔进火里。普拉斯还肢解了休斯收藏的典藏版莎士比亚文集——"只有坚硬的书脊和端板经受住了冲击,文本几乎被撕成碎屑"。休斯设法抢救了一些自己的手稿，用透明胶带将它们重新拼到一起。

9

放荡的精髓
希伯、拜伦和巴里

近代英国第一次图书拍卖,是 1676 年为牧师拉扎勒斯·西曼(Lazarus Seaman)的私人藏书举行的。在此之前,欧洲大陆就有过拍卖会,其中著名的多在法国和荷兰举行。长期以来,图书馆员和收藏家一直很珍视这些拍卖会的目录。它们是获取私人藏书信息的公开渠道,也是追踪书籍在藏家之间流动的有效途径。把握住拍卖目录,就把握住了书籍聚集和流散的脉搏。这一脉搏是藏书家最热衷于了解和追随的。

没有人比艾萨克·戈塞特"切脉"手段更高超了。戈塞特是书目学家、神学博士、皇家学会会员。乔治三世统治时期是书籍爱好者的黄金时代。在这三十多年中,戈塞特是伦敦拍卖场的常客。他经常坐在拍卖师的右边,对每件拍品品评一番。他的口头禅——"漂亮的副本",让很多人忍俊不禁。他将拍卖目录装订保存，最终累积了至少三百本。戈塞特的穿戴总是老派得像他上一代的人，典型例子就是他头上的三角帽。一次，他无意中得罪了一位印刷品销售商。这位印刷品销售商便委托制作了一幅滑稽版画来讽刺他的穿着。戈塞特无奈换了一顶帽子，但版画里的戈塞特随即也跟着换了新打扮。

戈塞特身材十分矮小。《新月刊》(*New Monthly Magazine*)杂志的编辑给他取绰号叫"矮墩儿"。马奇蒙特伯爵（Earl of Marchmont）说他神似亚历山大·蒲柏。这位大诗人因脊椎病而驼背，身材异常矮小。作为牧师，戈塞特布道时脚下得垫两层跪垫。除拍卖目录外，戈塞特还收藏了很多希腊文和拉丁文经典著作。他发表了许多关于社会问题、政治问题，以及图书编目方面的看法。他对图书收藏界的内幕和八卦消息十分灵通。据说他知道所有行业秘密，比如伦敦书商记录收购价格用的十字母密码。密码看起来是这样的：kingalfred（夸里奇古旧珍品书店）、bethankful（亨利·乔治·波恩书店）、mygodhelps（弗朗西斯·爱德华兹书店）。

〔这些密码中，每一个非重复的字母对应一个数字。字母和数字对照表通常只有书店的员工才知道。爱丁堡光头书店（R. & J. Balding，该书店因所有合伙人都秃顶或正在秃顶的路上而得名）的暗号恰好是一句脏话，"motherfuck"。前合伙人斯派克·休斯（Spike Hughes）写道，某天，另一位合伙人约翰·普赖斯（John Price）于万般无奈之下，不

9 放荡的精髓

得不向公司和善但讲究规矩的秘书解释这个暗号:"我们都逃走了,只剩普赖斯一个人,让他跟你说吧!秘书后来没有对我们任何人提过这件事,我们也没问普赖斯到底是怎么传达的。"]

在1785年的佳士得拍卖会上,塞缪尔·约翰逊饱受蹂躏、烟尘满面的藏书被拍卖。戈塞特与霍勒斯·沃波尔(Horace Walpole)竞标,拍下了沃波尔本人所著、1759年版《皇家和贵族作者目录》(*Catalogue of Royal and Noble Authors*)的副本,以及一本法文版《圣经》(1678年在阿姆斯特丹印刷)、一些新近出版的古典作品精选和威廉·赫顿(William Hutton)的《伯明翰史》(*An History of Birmingham*)。这部《伯明翰史》因埃德蒙·马隆(Edmond Malone)1783年3月参观约翰逊故居的逸事而令人难忘。

> 我看到他坐在扶手椅里读书,旁边的壁炉中烤着几个苹果。我问他在读什么。他说是《伯明翰史》。我说我通常觉得地方志稍嫌乏味。他说:"的确是那样。不过这一本对我来说有特别的意义。我早年在伯明翰住过,并且在那儿与我妻子结的婚。"我问烤苹果是不是做药用。"啊,不是的,先生。我只是找点事来做罢了。这是一个人无聊时的消遣。我在家里闷了一个星期,所以你看,已经无聊到边看《伯明翰史》边烤苹果了。"

当戈塞特缠绵病榻时,只要看一眼犊皮纸的《康普鲁顿合参本圣经》(Complutensian Polyglot Bible)，就能奇迹般地恢复健康。至少托马斯·弗罗格纳尔·迪布丁在1809年出版的《书痴》(Bibliomania)中是这么说的。书中，他用一个叫莱皮杜斯（Lepidus）的书痴角色影射戈塞特。迪布丁的主人公跳下马车，急匆匆上楼"进入拍卖室"。

时钟敲了十二下，再过半小时，拍卖就要开始了……我轻声说：朋友们，看见那边那位敏锐活跃的先生了吗？那就是莱皮杜斯。他是位马利亚贝基式的人物，不讲究吃穿用度，只在意他的藏书是否丰富。他对书籍的欲求是没有止境的。

同迪布丁一样，戈塞特也自命为书目品味的裁判员，在图书交易界广受尊重和爱戴。1812年他去世时，受到了人们深切的悼念。斯蒂芬·韦斯顿（Stephen Weston）为他写了一首诗——《书商的眼泪》(The Tears of the Booksellers')，刊登在《绅士杂志》(Gentleman's Magazine)上。还有人创作了一首拉丁文悼诗，收录在威廉·鲍耶（William Bowyer）的《关于〈新约〉的批判性猜想》(Critical Conjectures on the New Testament)第四版中。拍卖商利和苏富比在1813年6月7日至7月2日间，将戈塞特的藏书分为五千七百四十份拍售，共拍得三万一千四百一十七英镑六便士。

博德利图书馆竞拍到了一部分书籍，但大部分戈塞特

9 放荡的精髓

的藏书都被理查德·希伯（Richard Heber）拍走了。希伯从小师从戈塞特。对他来说，这些藏书在情感上有特别的意义。

理查德·希伯出生于 1774 年，是富有的牧师兼地主雷金纳德·希伯（Reginald Heber）之子。理查德的母亲在他出生后不久便去世了。或许正是因为丧母，他从小便将感情寄托在书籍上，对购买书籍十分痴狂。据霍尔布鲁克·杰克逊讲，少年希伯在遇见亨利·皮查姆（Henry Peacham）1638 年出版的《百变谷》（*The Valley of Varietie*）之前一直很"正常"。

> 希伯给宾德利（Bindley）看了这本书。宾德利说这书很不错。至于为何偏偏是这本书令他走上可怕的书痴之路，我们不得而知。可以肯定的是，从那一刻起，他对其他一切视而不见，眼里只剩下了书。

八岁时，希伯就编写了一份详细的书目；十岁时，就开始以异乎寻常的热情追逐购买书籍，并能精确地区分版本、装帧和版式；十二岁时，他父亲开始抱怨小理查德"在书商乔利夫（Joliffe）那里花费太大"。希伯涉猎的书籍范围很广，从希腊文和拉丁文经典、库克船长航海史、印刷大师代表作，到莎士比亚和约翰逊的多卷本作品，无所不包。

希伯的同伴注意到，这个男孩有着"非同寻常的定力"。在图书拍卖会上,他全神贯注地坐在戈塞特身旁,一字不漏地听取老师的实时品评。在戈塞特的指导下,希伯在1789年的皮内利图书馆藏书拍卖会上大显身手,积极竞拍,"在首都文化圈引起强烈反响"。

希伯的父亲极为担忧。他给儿子写了一封措辞严厉的劝诫信:"亲爱的理查德,一味收集图书,既无止境,又无用处。对购书的偏执,可以将人引向毁灭性的奢侈深渊。不要再对这种偏执放任自流了,得将它扼杀在萌芽中。""如果你保证不让书商寄来更多账单(你知道我已经付了太多这类账单,有充足的理由抱怨),我会给你五基尼[1],用于你提到的拍卖会的花销,但除此之外,多一先令也不能够了。"老父亲的规劝无济于事,购书账单仍源源不断。迫于无奈,希伯的父亲禁止书商在没有得到他本人或其代理的明确同意前寄送货物。他不能理解,为什么儿子不去威斯敏斯特教堂或其他图书馆读书,那里明明可以找到全部经典著作和几乎所有用得到的书!希伯的购书活动于是转入地下,在没有父亲支持的情况下继续秘密进行。

希伯的保密工作并不完善。1791年,在间接收到另一张购书账单后,他的父亲再次抱怨这种"已被禁止的奢侈行为"。到二十一岁时,希伯已经成为公认的藏书大家。1804年,他从饱受困扰的老父亲手里继承了约克郡和什罗普郡的产业。毫不令人意外,他用新到手的财富建起一座宏伟的图书馆,一座在伊丽莎白一世及詹姆斯一世时代诗

---

[1] 一基尼价同二十一先令。——译者注

9 放荡的精髓

歌和戏剧方面独树一帜的图书馆。同样独树一帜的，还有希伯作为最热忱、最执着的藏书家的威名。

西摩·德·里奇（Seymour de Ricci），威廉·罗伯茨（William Roberts）及托马斯·弗罗格纳尔·迪布丁都评价过成为成熟藏书家之后的希伯："最狂的爱书狂"；"爱书成痴到必须取'痴'的贬义"；"未被捉现行的酒鬼，未到无可救药之地的鸦片吸食者，自控力薄弱之人"；"他耗尽毕生激情与热忱，累积了一座前无古人的图书馆"。霍尔布鲁克·杰克逊也说：书籍是希伯的痴心所系——看到一本书，他就会渴望它；渴望它，他就必须拥有它。

希伯运用他的知识、学问、成就、财富，将建造一座完美的图书馆作为毕生追求。他对完美的定义着重于广度——他的藏书无所不包，他不分时间、场合、方法地购书。他也看重收藏多个副本，"对于一本书，任何绅士都应购买三套副本：一本留作收藏，一本拿来阅读，一本用于外借。"希伯积累了超过十万册图书（其中三万册是一次性购买的），装满了八座房子。迪布丁曾参观过其中一座。他记载道：从未见过如此景象，"房间、柜橱、通道及走廊，全部塞满了书，让人喘不过气"。堆积如山的书籍"从地面延伸到天花板……地板上堆满了书"。与其他藏书家不同的是，希伯不喜欢大开本的纸质书，因为太占空间，而这些空间本可以用来放别的书。

希伯是著名的藏书家协会罗克斯伯俱乐部的背后推手。1812年，著名的罗克斯伯公爵私人藏书进行拍卖时，他同友人共同创立了这个俱乐部。可以说，希伯是过度偏执于藏书，以致形成病态心理的书痴典型。不过，对于一连串的个人丑闻，他却能优雅理智地泰然处之。例如，他曾被公开指控与一名叫查尔斯·亨利·哈茨霍恩（Charles Henry Hartshorne）的青年有不当关系。

到了晚年，希伯生活很幸福，他用更多时间来阅读和讨论书籍。他偏爱"二流老派拉丁诗人"，比如卢坎、克劳狄安、西利乌斯·伊塔利库斯。他与挚友德鲁里（Drury）、哈斯尔伍德（Haslewood）、威尔布里厄姆（Wilbraham）、博斯韦尔（Boswell）父子一起，"辨析希腊诗的韵律"，"争论词源和派生词"，"长篇大套引用约翰逊传记中的段落"，"就《罗宾汉故事集》的内容天马行空地讨论"。1833年10月，皮姆利科（Pimlico），希伯在书籍的簇拥中去世。去世时所在的房间，正是他降生时那一个。希伯的遗嘱藏在书架中，找了三个月都没被发现。至于拍卖他的所藏，用时就更久了。在伦敦、巴黎和根特，希伯的藏书拍卖持续了二百一十六天。这场拍卖，也标志着不列颠藏书风潮高峰时代的终结。

遣散藏书之前，希伯的遗嘱执行人在书架中寻找遗嘱时，发现并销毁了一些含有同性色情内容的书籍，其中就包括罗切斯特伯爵（Earl of Rochester）充斥丑闻的闹剧《索多玛，或放荡的精髓》（*Sodom, or the Quintessence of Debauchery*）。它写于17世纪70年代，1676年前后首次

9 放荡的精髓

以手抄本形式流传，直到1684年才付印发行。这版薄薄的印刷本，标注的出版地为安特卫普，作者署名"E. of R."，即罗切斯特伯爵的缩写。此书被评价为"污秽不堪"、"书中贱民"、"邪恶的幽默"、"不雅的滑稽"、"粗俗得令人发指"。该版本几乎所有副本都被销毁了，只剩罗伯特·哈利（Robert Harley）以手抄形式保存下来的文本和两册留存到19世纪的副本。其中之一就是希伯的遗嘱执行人销毁的这一册。尽管罗切斯特伯爵同时代的人谴责这本书（其实作者是否为罗切斯特也有争议），但它的确是有受众的。据说，该剧曾在查理二世的宫廷中演出过一次。18世纪时，此书至少印制了三个法文版。

除了《索多玛》，希伯的遗嘱执行人还销毁了其他几种淫秽书籍。好在他们对"淫秽"的定义比较狭窄，所以清除得并不彻底。比如一本大有意趣的诗集就逃过一劫。这本诗集的发行可追溯到1680年罗切斯特伯爵去世后几个月，书名为《E. of R. 阁下在若干场合发表的诗歌》。此书据称在安特卫普出版，但实际上是在伦敦发行的。另外，逃过清洗的还有一本罗切斯特伯爵名下"品味低劣"的改编剧——《瓦伦提尼安：一部悲剧》（Valentinian: a Tragedy）。此剧改编自莎士比亚的合作者博蒙特（Beaumont）和弗莱彻（Fletcher）撰写的悲剧《瓦伦提尼安》（Valentinian），"由已故的罗切斯特伯爵改编，并曾在皇家剧院上演。伯爵的一位朋友为此书作序，介绍了伯爵生平及创作"。这位朋友指的是罗伯特·沃尔斯利（Robert Wolseley）。这两本逃过遗嘱执行人黑手的书,与罗切斯特伯爵的其他作品一起,出现在了1834年希伯藏书的拍卖会上。

　　罗切斯特伯爵身后印刷的《索多玛》招来了对淫秽行为的起诉[比如约瑟夫·斯特雷特(Joseph Streater)和本杰明·克雷尔(Benjamin Crayle)就曾在1689年被罚款]。少数幸存下来的《索多玛》副本中,包括一册18世纪早期的八开本,名为《索多玛,或受教之士,一出喜剧》(*Sodom, or the Gentleman Instructed, A Comedy*)。此副本直到最近才因为"一批欧洲私人藏书"的面世而为世人所知。苏富比为其估价两万五千到三万五千英镑,但实际拍卖价格高达四万五千六百英镑(包含佣金)。拍卖目录称其为"有记录以来最罕见的早期英国色情作品"。约翰·文森特(John Vincent)在《独立报》撰文称其为"典型"英国色情文学的最后幸存副本。

　　俄国大诗人亚历山大·普希金的私人藏书,在他过世后似乎也被"清洗"过。据安德鲁·卡恩(Andrew Kahn)说,普希金图书馆现存的馆藏图书中"几乎没有任何形式的色情文学作品"。不过,普希金图书馆中"耽溺于爱"的藏书仍是非常丰富的,包括巴屈拉尔·达尔诺(Baculard d'Arnaud)的《情感试炼》(*Épreuves du sentiment*),以及"逸闻艳史选集和关于手淫的医学研究著作"。普希金读过狄德罗、拉克洛、小克雷比永的作品和德·萨德侯爵的《贾斯坦》(*Justine*),这是广为人知的。他认为《贾斯坦》是法国文学中最优秀的堕落幻想作品,并承认读这本书令

9 放荡的精髓

他情欲激荡,"不得不做些纾解"。

在希伯遗嘱执行人销毁《索多玛》前十年,发生过另一桩被称作"史上最恶劣文学罪行"的事件,那就是放荡不羁的大诗人拜伦勋爵的私人回忆录被焚毁。1824年拜伦去世后不久,出版商约翰·默里(John Murray)、诗人托马斯·摩尔(Thomas Moore)和拜伦的长期伙伴约翰·卡姆·霍布豪斯(John Cam Hobhouse)着手处理拜伦的回忆录手稿。会同拜伦同父异母的姐姐奥古斯塔·利(Augusta Leigh)和遗孀安妮·伊莎贝拉(Anne Isabella),这些人一致认为手稿中有太多丑闻,必将对拜伦的名声造成损害。他们在默里的客厅中撕碎并焚毁了这部手稿。

拜伦身后要掩盖的丑闻太多了,其中就包括他与姐姐奥古斯塔的私情。哈里埃特·比彻·斯托(Harriet Beecher Stowe)称,拜伦是奥古斯塔的女儿梅多拉(Medora)的亲生父亲。这种说法在拜伦夫妇的通信中也得到了证实。彼得·科克伦(Peter Cochran)最近提出新见解,认为除了"保护"拜伦的名声,这三位遗嘱执行人还各自存有其他不太高尚的动机。霍布豪斯刚刚开启政治生涯,默里担心竞争对手获得出版发行此回忆录的权利,并且两人都有因受到背叛而复仇的欲望。至于摩尔,似乎是糊里糊涂卷入这场行动的。科林·思罗斯比(Corin Throsby)认为,摩尔被虚张声势的仪式、复杂的版权及付款问题和霍布豪斯自以为是的霸道行径冲昏了头脑。

图书馆：无尽的奇迹

另一桩处理藏书家身后事的尴尬事件，结局要圆满很多。雷蒙德·巴里（Redmond Barry）于1839年移居澳大利亚墨尔本。与大多数移民一样，他试图将旧世界的价值观和制度带到新世界。他最伟大的成就是在墨尔本大学和墨尔本公共图书馆（Melbourne Public Library）的创建中起到了关键作用。这两所机构助力墨尔本成为19世纪最伟大的城市之一。墨尔本大学和公共图书馆同时于1854年7月3日奠基。巴里去世前一直担任大学校长和图书馆理事。

巴里深受国际公共图书馆运动的影响。他致力于让传播知识的书籍成为可以惠及所有人的社会福利。早在墨尔本公共图书馆建成之前，他就将自己的私人图书馆向所有访客开放。新图书馆建成后，他确保了其管理制度遵循自由开放的原则。外国游客对图书馆没有任何明显入馆限制赞叹不已。巴里的自由开放理念还延伸到他本人对图书馆运作的参与中。他乐于为书架除尘，积极为临时有事的搬运工做替补，甚至在图书馆留到深夜，只为帮助工作人员将晚间送返的书籍摆回书架。[1]

巴里参与制定的图书馆规章制度中，明确禁止损毁、涂抹书籍，但对于自己的藏书，巴里则乐于做大量的批注。他的私藏现在大部分已收归公共图书馆所有。比如，墨尔本大学圣玛丽学院图书馆就收藏了四十四本。这些书的突出特点是留有大量巴里的亲笔批注，包括下划线、文

---

[1] 巴里终生未婚。——译者注

9 放荡的精髓

字评论和交互参照、引用的莎士比亚著作及《圣经》段落。在这些批注中，巴里通常是对作者的观点提出异议。有些批注是铅笔字迹，但大部分是显眼的墨水书写的。

1852年1月，巴里被任命为维多利亚州最高法院法官。他主持了对绿林豪客内德·凯利（Ned Kelly）的审判，并判处其死刑。1880年，凯利被处决十二天后，巴里也去世了。

墨尔本公共图书馆跻身世界最伟大的市民图书馆之列，如今它已改名为维多利亚州立图书馆。20世纪初，约翰·莫纳什（John Monash）仿照万神殿和大英博物馆的穹顶结构，为其设计了雷蒙德·巴里阅览室。莫纳什后来成为第一次世界大战中盟军的重要将领。当时，巴里阅览室的穹顶是世界上最大的钢筋混凝土结构建筑。万神殿穹顶虽是古代最伟大的混凝土建筑，但并未使用钢筋；大英博物馆的穹顶则不是混凝土结构的，其建筑材料是铸铁和纸浆。

维多利亚州立图书馆无可置疑是一座体面的公共机构，但它馆藏的一些核心文件却大有意趣。图书馆收藏着巴里的私人日记，其中按时间顺序坦率地记录了日记主人惊人的"不伦性行为"。巴里不厌其烦地如实记下他与妓女、情妇、已婚妇女的风流韵事和幽欢佳会：

> 9月22日，星期日，教会，S夫人四次……9月25日，S夫人三次……10月8日，携S夫人游帕拉马塔，S夫人十次。

撰写巴里传记的作家安·加尔巴利（Ann Galbally）将这种记录比作板球比赛的记分牌。尽管内容令人咋舌，但其价值之高是无可争议的。如果这些记录被销毁，巴里的部分品性便被掩盖了，他对后世的影响也被篡改了。

作家们的图书馆

如果图书馆有光环，那么作家们的图书馆无疑将是最显眼的。奥斯卡·王尔德庞大的图书馆里收藏有渔猎书籍、哥特式浪漫小说、奢侈的典藏版、期刊、精装希腊文和拉丁文经典、通俗文学、一百多部法国小说、他本人作品的特别版，还有多个版本的莎士比亚作品。王尔德热爱莎翁作品，"就像世人耽溺于所有事物一样，没道理，但就是喜欢得不得了"。以猥亵罪被审判期间，王尔德的私人藏书被惩罚性地胡乱遣散了。在他悲剧性的一生中，这件事令王尔德最为痛苦。监狱服刑期间，书籍是王尔德最先索要的东西。在巴黎一家廉价旅馆去世时，他周围堆满了书。那是他为重建私人图书馆做出的新尝试。

列夫·托尔斯泰对莎士比亚也怀有强烈的感情，但这种感情得用"排斥、乏味、迷惑、邪恶"之类的词语来描绘。狄更斯才是托尔斯泰的最爱。在这位俄国作家的书房兼工作室里，狄更斯占据着崇高的位置。美国外交官

9 放荡的精髓

兼历史学家乔治·凯南（George Kennan）于1886年参观了托尔斯泰的书房。他形容说，"它比普通卧室大不了多少"，墙壁上一排排书架，摆满了书，其中大部分是平装本。

> 地板光秃秃的。家具样式也很老旧。有两三把普通椅子；一张坐深很深的沙发，或者说它是高背靠椅也行，上面覆着磨损了的绿色摩洛哥革垫子；还有一张廉价小桌，上面连桌布都没铺……靠椅后面的壁龛里有一尊大理石半身像。房间中只有两幅挂画，分别是狄更斯和叔本华的雕版肖像。这间书房简朴得不能再简朴了。很多东西伯利亚地区的普通农舍都比这奢华。

拉尔夫·沃尔多·爱默生的书房也只比托尔斯泰的稍稍讲究一点，"一个方形的大房间，陈设简朴，但因为有装饰画和充沛的阳光，显得很舒适"。倚墙的"家常式样书架"上摆满了书。一位参观者注意到，这些书籍没有奢华的封面和装帧，每一本似乎"都是因为经常翻看而逐渐变旧了的"。

并非所有作家的藏书都有幸被温柔以待。1763年，詹姆斯·博斯韦尔（James Boswell）参观了塞缪尔·约翰逊的阁楼藏书室。约翰逊的房子坐落于高夫广场（Gough Square）。藏书室位于四层楼梯之上的阁楼里，透过窗子能看到圣保罗大教堂。博斯韦尔在藏书室中发现了"一些好书，但上面蒙着厚厚的灰尘，摆放也很混乱"。"地板上散落着一些手稿，看字迹是约翰逊本人的。对这些手稿，我心怀崇敬，猜测它们可能包含《漫步者》(The Rambler)或《拉塞拉斯》(Rasselas)的部分内容。"1776年4月的另一次拜访中，博斯韦尔发现约翰逊正在清理他的书房，"藏书大部分是老书，上面积了大量灰尘，他周身尘土飞扬"。约翰逊戴着一副修篱笆或通下水道时才会用到的那种大手套，抓着他的对开本和八开本，"一通撞击敲打，弄得烟尘缭绕"。

> 一番猛烈折腾之后，我们的好博士[1]将被撞得遍体鳞伤的书籍放回到书架上。当然，过不了多久，它们就又将积满灰尘。

凯顿-克里默（R. W. Ketton-Cremer）说，约翰逊收藏的16世纪版本《伊利亚特》是"一册非常好的对开本，但像大多数惨遭约翰逊之手敲打除尘过的书籍一样，这册书的封面既肮脏又破旧不堪"。据博斯韦尔讲，约翰逊吃晚餐时，会将一本书裹在桌布里，放在腿上：

> 他做一件事时，手边必须有件别的消遣随时待命。用个粗俗的比喻，就好比一条狗，吃别人扔给它的吃食时，爪儿里还得按着另一根骨头。

---

[1] 塞缪尔·约翰逊通常被称作"约翰逊博士"。——译者注

10

火神的诅咒
毁于战争和火灾的图书馆

公元前612年,尼尼微沦陷,由阿卡德帝国的开国之君萨尔贡一世建立的泥版书图书馆葬身火海。其他著名的古典时代烧书事件还包括公元80年摧毁罗马帕拉丁图书馆的大火、476年拜占庭大火,以及可能终结了亚历山大图书馆命运的一场大火。到中世纪,图书馆焚毁事件仍屡见不鲜。一位中世纪编年史家记述过某座教堂图书馆被焚毁的惨状:"无数书籍被火焰吞噬,只剩下被剥夺了精神武器的我们。"

一次,英国诗人兼外交官马修·普赖尔(Matthew Prior)在橡木梁架结构的温伯恩明斯特图书馆(Wimborne Minster Library)读书,瞌睡时,用来照明的蜡烛烧到他正在阅读的沃尔特·雷利的《世界史》。事后,一位技艺精湛的抄经师费尽心思修补好这本书,将烧掉的文字重新写了上去。

为防止此类事件再次发生,加布里埃尔·诺代禁止人们在他的图书馆里使用蜡烛。不过,他允许放一个小火炉,目的是除湿气。本·琼森(Ben Jonson)写过一首题为《送火神》(An Execration upon Vulcan)的诗,记述某个醉酒的夜晚,他秉烛到塞满纸制品的书房去,不慎烧毁了藏书。约翰·斯图尔特·米尔(John Stuart Mill)的女仆意外烧掉了托马斯·卡莱尔正在撰写的《法国大革命》的一整卷手稿。卡莱尔不得不重写这一卷。丁尼生问他感受如何,他说:"我觉得,就像是在没水的泳池里游泳。"

1666年的伦敦大火,除了烧毁众多图书馆之外,还吞噬了大量没来得及出售的书籍。比如,1663年版莎士比亚第三对开本的存世量比第一对开本少很多,正是因为好些书商的第三对开本存货被大火烧掉了。1671年,西班牙埃尔埃斯科里亚尔图书馆,一场大火在一万八千多册图书和抄本中间燃起。当时,修士们都在教堂。他们英勇地击退火势,将书卷从不安全的地方扔到中庭。不过之后,事态急转直下。一面作为战利品缴获的土耳其旗帜被点燃,布料掉下来,到处都是火。图书馆三分之一的藏书被烧毁,其中一些是绝版。即使经过后来的修复,主馆的墙面镶板上仍留有烧灼的痕迹。

1731年2月3日夜,布鲁塞尔王宫发生火灾。保存在塔楼的王室图书馆藏书被匆忙扔出窗口。据说,一本厚重的对开本令一名看热闹的围观者丧命。

10 火神的诅咒

1536 到 1539 年间，英格兰的修道院教团及其附属机构都被消灭了。约翰·威利斯·克拉克（John Willis Clark）在 1906 年出版的《书籍的养护》(The Care of Books) 中写道：

> 多达八百多座修道院被查禁，八百多所规模不等的图书馆也因此被迫关闭。其中包括藏书两千多卷的坎特伯雷基督堂图书馆，也包括只收藏些礼拜仪式必备书的小图书室。到 1540 年，全英格兰只有牛津、剑桥两所大学及英国国教会所属的世俗化大教堂的图书馆硕果仅存。更可恶的是，王室专员对图书馆里收藏的满坑满谷的书籍未做任何挽救的尝试……建筑物被拆毁，建筑材料被转卖，镶板被熔掉。至于书籍，要么被焚毁，要么以最残酷的方式作为废纸处理掉了。

处理的方式包括撕下来包装食物、擦拭烛台、抛光靴子。新教徒约翰·贝尔（John Bale）曾对这可怕的破坏发出哀叹：书籍被毫不在意地散发到杂货商和书商手中，有些还装船运往外国。这种对图书馆"肆无忌惮"毁坏的行为，是国家之耻，是耸人听闻、难以抹除的国家之耻！

德国的修道院和宗教机构解体后，几个世纪以来倾注心血收藏的书籍被当作"教皇文学"随意处理或销毁了。许多教会图书馆，例如位于赖恩哈茨布鲁思（Reinhardsbrunn）的图书馆，遭到了彻底的毁坏。

18 世纪末，印刷商、作家、慈善家、景观建筑师兼国会议员托马斯·琼斯（Thomas Johnes）将威尔士哈福德庄园（Hafod Estate）开发为如画的景观典范。这是他一生中最著名的成就。庄园的图书馆坐落在一座宽敞的八角形建筑中，里面收藏了许多珍品书籍。其中包括威尔士语、法语和拉丁语抄本，罕见的博物志书籍，中世纪后期法国编年史的稀有版本，以及从佩萨罗侯爵（Marquis de Pesaro）私人图书馆购得的珍贵书卷。

琼斯的妻子是他的堂姐简·琼斯（Jane Johnes）。简委托托马斯·班克斯（Thomas Banks）为图书馆创作了一座雕塑，表现的是阿喀琉斯的母亲忒提斯将还是婴儿的阿喀琉斯浸入冥河的情景。阿喀琉斯的模样是以琼斯夫妇的小女儿玛丽亚姆内（Mariamne）为原型创作的。1807年3月13日，大宅发生了火灾。图书馆中所有藏品不幸化为灰烬。不幸中的万幸，简和玛丽亚姆内幸免于难。托马斯人在伦敦，听到这个消息时，他正在出席议会。

1904年，都灵大学图书馆的一场大火烧毁了十万多册书籍和抄本，约占总藏书量的三分之一，其中包括二十一本来自博比奥的抄本，以及一批重要的东方抄本。大火烧毁了图书馆的五个大厅，起火原因是电路故障。幸运的是，一部分来自博比奥的抄本之前做过拍照记录。1907年，卡洛·奇波拉（Carlo Cipolla）将这些照片结集出版，题为《博比奥抄本》（*Codici Bobbiesi*），限量发行一百七十五册。

另一场由于电路故障引起的火灾，造成的损失同样惨重。2004年9月，位于魏玛的安娜·阿玛利娅公爵夫人图

10 火神的诅咒

书馆（library of Duchess Anna Amalia）被焚毁。这座图书馆始建于18世纪，风格为洛可可式。约翰·沃尔夫冈·冯·歌德曾出任过该图书馆馆长。大火烧毁了五万多卷藏书。后来，该图书馆得到了修复。

1731年，位于威斯敏斯特小迪恩庭院（Little Dean's Yard）的阿什伯纳姆别墅（Ashburnham House）发生火灾，烧毁了罗伯特·科顿爵士（Sir Robert Cotton）的部分图书旧藏。三十年前，这批藏书由科顿爵士的孙子捐归国有，之后一直暂存于阿什伯纳姆别墅，由国王的图书管理员本特利博士（Dr Bentley）照管。大英图书馆的 C. J. 怀特（C. J. Wright）曾评论说，其中文学、教会、法律和宪政相关的抄本"可谓是英国有史以来最重要的私人抄本收藏"。科顿旧藏中有几部不列颠王国最瑰丽的图书宝藏，如《林迪斯法恩福音书》（其中有抄经师埃德弗里斯刻意留下的小瑕疵），传说中科顿爵士在裁缝店发现的《大宪章》原件，以及编号 Cotton Vitellius A. XV 的《贝奥武甫》手稿。

许多人来帮忙救火，包括议长翁斯洛（Onslow）先生。他们冲进大楼，将数百卷抄本从窗子扔到草坪上，Cotton Vitellius A. XV 就是其中之一。

大火焚毁了约四分之一的藏书。所有印刷书几乎被烧光。抄本损失了约十分之一，十三卷抄本的全本和几卷抄本的一部分被烧掉了。一些"幸存"抄本其实被烤成了脂肪块或焦黑的碎片，因此实际损失比统计的数字更惨重。《贝奥武甫》抄本的边缘被烧焦了，好在内部依然完整。

议会委员会对大火进行了调查。一些关于火灾的小道消息也成为八卦谈资。比如，有人说图书管理员本特利博士就是纵火元凶。不过，霍尔布鲁克·杰克逊认为，鉴于本特利在救火时的表现，这是不太可能的。

威斯敏斯特的校长快步跑去救火时，看见一个身影从失火的房子里跑出来，"他穿着睡袍，头上飘着假发，胳膊下夹着一册巨大的书卷"——是本特利在抢救《新约》亚历山大抄本。

这卷 5 世纪的亚历山大正典抄本，是《圣经》最早的三份抄本之一。烧毁的抄本中，还有一些珍贵的希腊文抄本。这一事实让关于本特利放火的指控更加不可信。因为本特利为写作希腊文《圣经》相关著述，长期以来致力于搜集希腊文资料。

火灾之后，大规模的图书修复工作启动。书页被悬挂、烘干、清洁、压平，然后重新装订。可结果大多不甚如意。犊皮纸被烧焦后，有凝固、结块、脂肪化、变脆的情况，根本无法修复（其中一份被损坏的抄本无人问津，看起来像"被灼伤的狁狳"）。有些抄本重新装订时装错了页，导致书页顺序不对，或者混进很多不知哪里来的书页。散乱的书页和碎片，像拼图碎块一样，被塞进抽屉，等待未来有一天被重新组装起来。

10 火神的诅咒

大部分科顿旧藏被从火场中救出。这些幸存的书籍和抄本，现在已成为大英图书馆的核心藏书。从这场大火中，人们学到了很多关于书籍保存和火灾防护的知识。用来灭火的水和火焰一样，能造成了巨大的破坏。现代图书馆竭尽全力解决这种困境。例如，保罗·盖蒂（Paul Getty）位于牛津郡的图书馆，安装了一套配有哈龙气体的"喷淋"系统，不用水就能灭火。耶鲁大学拜内克图书馆也安装了无水灭火系统：一旦烟雾探测器发出警报，由哈龙和惰性气体组成的混合物就会充溢玻璃封闭的书库。

阿什伯纳姆火灾八十年后，另一场惹起争议的大火在都柏林附近的克朗塔夫（Clontarf）燃起。弗雷德里克·卡文迪什（Frederick Cavendish）在此拥有一栋豪宅。豪宅中有一批令人赞叹的图书收藏，其中包括大量装帧奢华的稀有版本。1812年，在妻子去世后，卡文迪什举家迁往都柏林，并为克朗塔夫的宅邸寻找租户。准房客来访前，卡文迪什在房间里笼了几堆火，为空气除湿，以防藏书受潮。蒂姆·芒比和玛丽·波拉德（Mary Pollard）在为《藏书家》(*The Book Collector*)撰写的文章中，描述了卡文迪什如何将一些书卷摊开放在地板上和大沙发上，"这样书籍才能最大限度地接触到炉火散发的热气"。

晚上七点半左右，正在屋前草坪踱步的卡文迪什惊恐地发现，图书室的窗子冒出浓烟。他立刻发出警报。邻居们和附近收割庄稼的临时佣工闻讯赶来。

大火最终被扑灭,图书室一片狼藉。据说,两百本最珍贵的书籍被焚毁。真的是这样吗?卡文迪什真的曾经拥有过这些书吗?或者是他利用图书销售目录等资料,编造了私人藏书目录?

卡文迪什的赔偿要求被保险公司拒绝,双方还因此闹上法庭。卡文迪什声称,大火烧毁了所有藏书目录上缺失的书籍,包括其装帧等附件。然而,法庭搜集的证据显示,火势"相对较小",不足以烧毁大量的整本书籍。作为旁证,房屋内饰的毁坏也有限。有一些书籍烧得只剩下残片,但可疑的是,这些书籍只是一些旧杂志和工具书。与据称被烧毁的卡克斯顿和阿尔丁(Aldine)出版的书籍相比,其价值不值一提。

同样令人起疑的是,卡文迪什的部分藏书清单似乎摘录自一份日期不远的拍卖目录。法官允许陪审团在未听取卡文迪什方司法摘要及律师最后发言的情况下做出裁决。陪审团采信了对卡文迪什不利的证据,这场不甚严谨的审判裁定保险公司一方胜诉。卡文迪什有充分的理由认为判决不公。例如,摘录拍卖目录并不能构成罪证。卡文迪什有几本书的确是从那次拍卖中购得,摘录拍卖记录是正当合理的。他提出了上诉,但新的陪审团仍做出了有利于保险公司的裁决。

10 火神的诅咒

正如安德鲁·马登（Andrew Madden）、乔·帕利米（Joe Palimi）、贾里德·布赖森（Jared Bryson）2006年关于文化史的论文中所讲，焚书已经成为野蛮主义的象征，即使是例行销毁，也令人们感到不快。1992年，蒂姆·卡伦（Tim Cullen）被任命为位于肯特的自然资源研究所的图书管理员。

到任几星期后，他雇用几辆垃圾车，运输淘汰掉的书籍和文件。提起此事引起的强烈抗议时，蒂姆·卡伦仍觉沮丧。一些批评者认为，被扔掉的文件可以追溯到几十年前，是研究所悠久传统的一部分。卡伦回应说，那些文件已经几十年没人看过了，他想赠送都没人接受。他得腾出空间来安放那些有人看的文本。

对于批评者而言，已发表的文字，无论多么卑微、无聊、肤浅，仍具有不被侵犯的权利。如亨利·彼得罗斯基（Henry Petroski）所说，它们是人类文明的基本数据。

焚书，作为一种承载了巨大文化、情感牵绊的行为，成了文学作品中的固定套路。在《堂吉诃德》《歌门鬼城·泰忒斯诞生》(*Titus Groan*)、《绿山墙的安妮》、《华氏451》、伊恩·皮尔斯（Iain Pears）的《西庇阿之梦》(*The Dream of Scipio*)，以及曼努埃尔·巴斯克斯·蒙塔尔班（Manuel Vázquez Montalbán）的佩佩·卡瓦略（Pepe Carvalho）系列侦探小说中都有焚书的情节。在保罗·奥斯特1987年的末世小说《末世之城》中，主人公在国家图书馆避难。图书馆中的书大多是些情感小说、政治演讲集和过时教材，已经毫无价值。"它们所属的世界已走到尽头。"在寒冬中，它们被当作燃料，"所有的书都进了火炉，随烟而逝"。

奥威尔《一九八四》的主人公温斯顿·史密斯生活在一个书籍经常被追查销毁的世界。在大洋国境内，1960年之前出版的书籍已不复存在。史密斯的任务是"因时制宜"地更新档案。书籍不断被不着痕迹地重写，之前的旧版本仿佛从来没有存在过。在史密斯的世界里，历史是"一张可以反复刮去字痕重新书写的羊皮纸"。

卡洛斯·鲁依斯·萨丰的小说《风之影》探讨了销毁和保护图书的话题。故事以"遗忘之书墓园"为中心展开，丹尼尔·森佩雷（Daniel Sempere）必须从墓园中选一本书，并誓死守护它。在描绘书库时，萨丰借助或真实或虚构的先例获取灵感：镜厅、楼中楼、弗朗西斯·爱德华兹（Francis Edwards）的多层书店、威尔弗里德·沃伊尼克（Wilfrid Voynich）占据多个房间的书店（据说，沃伊尼克刻意将书挤挤挨挨地塞在狭小空间里，以增加寻宝般的戏剧性）、翁贝托·埃科《玫瑰的名字》中雄伟的修道院图书馆，以及法国大革命时期如史诗般具有悲剧性的临时书库。

战争和革命除了导致难以承受的生命、财产损失外，

10 火神的诅咒

对文化遗产也造成了巨大的破坏。如威廉·尤尔特·格拉德斯通（William Ewart Gladstone）所言，与其他文艺作品一样，书籍是"人类的纽带和铆钉"——若要摧毁一种文化，没有比摧毁书籍更有效的手段了。纵观图书收藏的历史，对书籍的大规模销毁和劫掠已成为令人震惊的常态。

例如，公元前168年，马其顿王室图书馆被罗马执政官埃米利乌斯·保卢斯洗劫一空。罗马图书馆被阿拉里克（Alaric）国王率领的哥特人抢劫［据波爱修斯（Boethius）说，410年，担任哥特指挥官的弗格斯二世（Fergus II），在洗劫罗马的战役中掳走大批抄本。他将这批抄本送给了艾奥纳修道院］。或者，丹麦人和维京人因为装饰抄本饰有黄金而将其掳走。他们洗劫了撒克逊英格兰的若干座修道院，其中就包括9世纪的林迪斯法恩（Lindisfarne）。1232年蒙古人入侵朝鲜半岛时，大藏经图书馆的佛教经文印版被烧毁（再之后，葡萄牙基督徒对锡兰的佛教图书馆进行了大肆破坏）。

1298年，英国国王爱德华一世击败苏格兰骑士威廉·华莱士爵士（Sir William Wallace）。华莱士是苏格兰独立战争期间反抗英王的叛军领袖。爱德华一世竭其所能消灭苏格兰。他烧毁了苏格兰档案馆和伟大的雷滕诺斯图书馆（Restennoth Library）。该图书馆收藏有弗格斯二世从罗马掠夺回来的书籍。1305年8月，华莱士在格拉斯哥附近被俘。他被移交给爱德华一世，并以叛国罪被判处吊剖分尸。

图书馆：无尽的奇迹

书籍掠夺的记录似乎无穷无尽。在1356年9月19日的普瓦捷会战中，一本彩绘法语《圣经》从法国国王的帐篷中失窃。1424到1425年，贝德福德公爵（Duke of Bedford）从卢浮宫取走八百四十三册抄本。1526年，土耳其人几乎摧毁了布达（Buda）城堡中漂亮的马加什一世的图书馆。1632年，古斯塔夫二世·阿道夫国王的瑞典军队抢劫了位于慕尼黑的巴伐利亚图书馆，将古物馆底层阿尔布雷希特收藏室里的画册掳走。

在前哥伦布时代的美洲，征服者烧毁了玛雅人的书籍。如今，只有三本真正的玛雅抄本幸存下来。阿兹特克人的抄本也只剩下十四本，其余的都被宗教裁判所销毁了。再往北，1814年8月，美国国会大厦及新国会图书馆的三千册图书被入侵的英国人放火烧毁，其中包括七百四十册不久前刚从伦敦购买的书籍。19世纪，美国国会图书馆还经历了另外两次火灾，分别发生于1825和1851年。

1789年7月14日，暴动的民众从巴士底狱涌向巴黎阿森纳尔图书馆。他们的目标很明确：洗劫阿尔图瓦伯爵的宅邸。这位伯爵是路易十六国王不受欢迎的弟弟。阿森纳尔图书馆收藏了约十万本精心挑选的书籍，大部分是法国作家，特别是诗人的作品。曾经做过书商的克劳德·马兰·索格兰（Claude Marin Saugrain）是该馆馆长。索格兰让一位搬运工换上国王的衣服，"使民众相信他们找错了地址"。幸亏索格兰的敏捷机智，这座超级图书馆才得以保存。

法国王家图书馆的遭遇就远没有这样圆满了。在大革命的第一波热潮中，王家图书馆最后一位王室馆长阿内－路易－弗朗索瓦·德·波勒·勒菲弗·德·奥梅松·德·努瓦索（Anne-Louis-François de Paule Lefèvre d'Ormesson de Noyseau）及他的继任者让-路易·卡拉（Jean-Louis Carra）和塞巴斯蒂安·尚福（Sébastien Chamfort）相继被捕。1793和1794年，卡拉和德·奥梅松先后死在断头台上。尚福在肮脏的监狱里被囚禁一段时间后，试图自杀，几个月后因伤口处理不当而死。

恐怖政权为制书业提供了可怕的新材料。据说，被处决的囚犯的皮被用来做书籍封面，美其名曰"贵族皮"［哈佛大学霍顿图书馆收藏的一卷阿尔塞纳·乌赛（Arsène Houssaye）的《灵魂之命运》（Des destinées de l'ame），就是用一位18世纪"精神病人"的皮装订的］。这类书籍的收藏及鉴赏家还有更多令人作呕的藏品。它们的封面上镶嵌着各种人体零件。

法国王家图书馆的藏书和它们的馆长一样，命悬一线。在革命者心中，既然图书馆冠名"王家"，那么其中的藏书已经被污染了。很多人热情高涨地要求焚烧全部藏书。一个稍微缓和些的提议甚至被起草为法令：

> 巴黎各公共图书馆及各部门所藏图书，凡烙有奴役印记的，坚决禁止其继续毒害共和党人视听。所有此类书籍，必须立即去除可耻印记。印记包括，书籍封面及其他任何部分的百合花饰和王家纹章，以及所

有写给国王和贵族的序言和献词。

两位书商和一位印刷商利用报纸发起运动,将此动议扼杀。然而,还是有许多书籍,只因为装帧精美,就连同它们的主人一起受到了迫害。

据作家兼诗人安德鲁·朗记载,偏爱装帧精美的书籍在当时是很危险的行为,会被认为是同情贵族:

如果孔多塞(Condorcet)把那本王室出版的贺拉斯作品集直接扔掉,也许能逃过一死。这本精致的小册子出卖了他,揭露出他并非真正的共和党人,而且受过良好教育。曾经珍藏于贵族城堡里的书籍,如今散落在小书摊上。它们印有镀金纹章和盾徽的封皮,被纯血的自由之子撕扯下来。一位革命作家宣称,封面装帧艺术是阅读的最大敌人。也许他的看法不算离谱。当研究一本要批判的书时,他总是先将书皮撕去。在这悲惨的年月,书籍装帧艺术流亡到英国,由汤普森[1]、罗杰·佩恩(Roger Payne)等稳健远多于优雅的艺术家维系住了生命。在这不幸的年代,装帧匠人不得不将贵族纹章从书皮上割下,再把弗里吉亚自由帽粘上去,把书弄成一名牛津普通藏书爱好者手里的一本廉价收藏的样子。

---

1 指亨利·汤普森(Henry Thompson, 1773—1843),英国画家。——编者注

10 火神的诅咒

巴士底狱陷落后的二十年中,法国几乎所有书籍都几经易手。法定呈缴令被废止,后又重新确立。在巴黎,数以百万计的图书从移民、教会、囚犯和其他"国家公敌"手中被没收。没收来的图书被集中在八个巨大的临时书库中。第戎、里昂等其他法国城市也设立了书籍仓库。在这些仓库里,法国图书馆的瑰宝在有害的灰尘和潮气中霉烂。

法国当局安排了图书销售,以便清空仓库。在巴黎的一次拍卖会上,书商兼出版商雅克-西蒙·梅兰(Jacques-Simon Merlin)购书数量如此之多,把他用来储书的两座五层楼房都塞满了。这些书籍中有很多珍本和稀有版本,但都是按重量卖的,与当年安东尼奥·萨尔马齐亚在科孚岛购买希腊抄本一样。不过即使是这样的低价,大多数法国爱书人也买不起。来自英国和德国的买家资金相对充裕,收获颇丰。有幸没遭到毁坏,也没被卖到国外的书籍,后来分散到了法国各个公共图书馆中。不过,这些图书馆的条件也好不到哪里去。阿尔维托·曼古埃尔在《阅读史》中记载:

> 在整个19世纪上半叶,公共图书馆开放的时间都是有限制的,并且对读者着装也有强制规定。珍贵的书籍再一次被遗忘在书架上,积满灰尘,无人翻阅。

1936年,西班牙内战爆发。在马德里,埃尔埃斯科里亚尔王家图书馆时任馆长胡利安·萨尔科·奎瓦斯神父(P. Julián Zarco Cuevas)和前任馆长梅尔乔·马丁内斯·安图尼亚神父（P. Melchor Martínez Antuña），以及在图书馆避难的修士们被处死。作为第二次世界大战的前奏，西班牙内战所造成的全国性文化破坏，预示着惨烈的文化浩劫即将扩展到全世界。

这里仅举几个"二战"中图书遭到毁坏的例子：伦敦荷兰屋（Holland House）连同其中精美的藏书被燃烧弹炸毁；一架满载炸弹的"掠夺者"轰炸机，在苏塞克斯郡阿什伯纳姆庄园（Ashburnham Place）附近坠毁，庄园也遭到破坏；米兰的安波罗修图书馆在盟军的一次空袭中遭到严重破坏（作为预防措施，抄本和摇篮本被事先移走，逃过一劫。不过，五万册其他图书及枢机主教费德里戈原本的藏书室被毁）；巴伐利亚州立图书馆四次遭到轰炸，损失了五十万卷图书，其中许多是《圣经》；1943年，莱比锡大学图书馆及藏书被毁；1944年，斯洛文尼亚多座图书馆遭到德军轰炸；维罗纳牧师会图书馆被一架"解放者"轰炸机彻底摧毁（1948年图书馆重新开放时，坚韧的馆长图里尼说新馆比旧馆更加宽敞漂亮）；日军在轰炸巴布亚新几内亚的拉包尔后，又地面入侵摧毁了当地的图书馆。《拉包尔时报》(*Rabaul Times*)编辑戈登·托马斯（Gordon Thomas）"曾经亲眼见证图书馆全部藏书被扔入篝火，火焰持续燃烧多日的悲惨景象"。

印刷商斯坦利·莫里森（Stanley Morison）设计过许多著名的字体，其中就包括泰晤士罗马体（Times Roman）。1941年12月，他在伦敦《泰晤士报》办公室写信给美国书

10 火神的诅咒

商丹尼尔·伯克利·厄普代克（Daniel Berkeley Updike），讲述了 1941 年 5 月 10 日晚上发生的事。那一夜，莫里森损失了很多珍贵的书籍，其中包括卡布罗尔（Cabrol）和勒克莱尔（Leclercq）的《辞典》（Dictionnaire）。大英博物馆也被炸弹击中，礼仪书籍首先遭到破坏。清点损失后，莫里森绝望地写道，这简直是灾难，"其中一些书，我根本不知道再去哪儿找副本"。

纳粹德国与奥地利第一共和国合并后，阿德蒙特修道院图书馆的修士被当作国家公敌驱逐，他们的个人财产被帝国没收。图书馆收藏的抄本和摇篮本被送往格拉茨。三千本医学和植物学著作则被送往达豪集中营。这一举动被安东尼·霍布森称为纳粹统治下最古怪、最险恶的异象。

在某些方面，古代哥特人比现代人更文明。267 年，哥特人渡过爱琴海，洗劫了雅典。但是，如雷蒙德·欧文（Raymond Irwin）在《图书馆学百科全书》（Encyclopaedia of Librarianship）中指出的，哥特入侵者将一类建筑视为禁区——"他们认为好的学者是差劲的战士，因此没有纵火焚毁图书馆"。哥特入侵者可能对图书馆心存敬畏，因此"不想染指那些因神秘而神圣的东西"。

并非所有哥特人都这样文明。天主教会在追讨其被盗书籍方面有着悠久的历史。1461 至 1463 年间，教皇使节马里诺·德·弗雷杰诺（Marino de Fregeno）穿越斯堪的纳维亚半岛，索要 510 年哥特人洗劫罗马期间掳走的书籍。

图书馆：无尽的奇迹

1527年5月，帝国军队中叛乱的路德宗雇佣兵也洗劫了罗马。九十五年后，一支天主教军队攻入普法尔茨，"以惩处加尔文宗选帝侯"。教皇希望接收著名的海德堡公共图书馆藏书的消息由科隆的修女会传遍全德国。这座图书馆以富藏洛尔施修道院的古代抄本闻名。攻破城池五天之内，巴伐利亚的马克西米利安（Maximilian of Bavaria）就满足了教皇的愿望。图书馆的书架被分割开，连同其中的书籍包装成箱。三千多部抄本和五千多册书籍被送往罗马，剩余的书被巴伐利亚士兵挑拣后带走。

两个世纪后，教廷仍在为这次掠夺"良心不安"。1815至1816年间，教皇庇护七世返还给巴登大公国八百四十二卷德文抄本和四十二部拉丁文抄本。

拿破仑时期，西欧几所最伟大的图书馆的藏书，作为"文化战利品"从被征服的土地移入法国国家图书馆。四十年后，汇入国家图书馆的大部分藏书仍未被整理编目，多数也未被归还。直到1874年利奥波德·德利斯勒（Léopold Delisle）接任馆长，才开始安置积压的藏书。拿破仑曾下令将梵蒂冈的教皇秘密档案搬到巴黎。滑铁卢事件后，除一些关键文件外，档案被归还。

巴伐利亚州立图书馆不遗余力地归还来源不当的馆藏。例如，2015年4月，中世纪抄本《普沃茨克仪典书》（Plock Pontifical）被归还给波兰。这卷抄本是1940年纳粹从普沃茨克主教区盗走的，之后转藏于柯尼斯堡大学图书馆（1973年，在慕尼黑的一次拍卖会上，此抄本被巴伐利亚州立图书馆以六千二百德国马克的价格买下）。除此之外，图书馆还确认了其他五百本书籍亦为"非法所得"。已返还的图书中还包括归还给苏黎世托马斯·曼档案馆（Thomas Mann Archive）的七十八册书籍。这些书原本就是托马斯·曼的旧藏。二战结束后，被驱逐的本笃会修士返回阿德蒙特修道院。到 1955 年，阿德蒙特的藏书基本上恢复了。

1990 年，教宗若望·保禄二世访问墨西哥教区期间，赠送给墨西哥教众一份礼物——早期拉丁文版本的《西印度群岛草药书》（Libellus de Medicinalibus Indorum Herbis）。16 世纪，教廷在新西班牙获得了这本罕见的医学手稿。它由阿兹特克医生马丁·德拉克鲁兹（Martín de la Cruz）在新殖民地编撰。原始手稿使用的是阿兹特克语。梵蒂冈图书馆馆长莱昂纳德·博伊尔（Leonard Boyle）对教廷藏书过于维护，反对教宗用这本书做礼品，并试图阻止该提议通过。他辩驳说，梵蒂冈图书馆是教廷的图书馆，而不属于某一位教宗。他的反对并未奏效。不久，博伊尔爆出筹款丑闻。丹尼尔·门德尔松在《纽约客》的报道中转述梵蒂冈的流言，说博伊尔"发现自己在教廷中失去了关键的支持"。

圣加图书馆有一份遗憾清单——《圣加逸失抄本名录》（Codices dispersi Sangallenses），收录了从前收藏于圣加，但眼下散落在别处的抄本。完整的逸失清单还包括无比珍贵的早期地图和稀有印刷品。1996 年，就归还 1712

年吐根堡战争期间从圣加夺走的抄本和其他珍品相关事宜，圣加、苏黎世等几方展开了漫长的谈判。谈判进行得十分艰难。很多关于战争中失窃文化遗产的国际公约，如1907年关于陆战法规和惯例的《海牙公约》、1954年关于在武装冲突中保护文化财产的公约，并不适用于维尔梅根（Vilmegen）的教派战争。苏黎世中央图书馆（Central Library）、苏黎世州、苏黎世市、圣加州及圣加州天主教管理部门未能达成协议。直到瑞士联邦委员会介入，协议才达成（《瑞士宪法》授权联邦"支持符合国家利益的文化活动"）。

主张将被掳走的藏品归还圣加的理由是，这些藏品是一套完整收藏的一部分。根据和解协议，对战争结束至今藏于苏黎世国家博物馆和中央图书馆的所有文物，圣加方面承认其所有权属于苏黎世；苏黎世方面，承认中央图书馆现收藏的约一百卷圣加抄本及国家博物馆收藏的圣加文物是圣加文化不可或缺的一部分。更为重要的是，苏黎世须归还一部分文物。2006年9月，苏黎世归还了四十件由圣加修士创作的珍贵模范作品。从形式上看，这些作品是无限期"借出"的，且不收租金和利息。

苏黎世还同意将原版的"宇宙地球仪"借给圣加，进行为期四个月的展览，并委托圣加制作一件精确、昂贵的复制品，由苏黎世支付费用后捐赠给圣加。地球仪复制品于2009年8月运抵圣加修道院图书馆，而原件继续保存在瑞士国家博物馆。借贷协议只有在三十八年后，"经双方最

10 火神的诅咒

高行政长官联合请求"才能修改或终止。协议的另一项条款还规定，圣加州须对所借抄本进行数字化保存，并在互联网上共享。双方的顽固派都对该协议不满：苏黎世方面否认宇宙地球仪是掠夺来的；圣加方面则不满足于一个仿真赝品，认为原件始终是圣加的所有物，圣加修道院才是它的最佳归宿——为何苏黎世人不能理解"完整收藏"的意义呢？

不过，争端到底是了结了。作为纪念，2006年4月，苏黎世州政府将圣加的第一本传记——《圣加传》(*Vita vetustissima sancti Galli*)，赠予圣加修道院图书馆。该传记写于一个世纪前的680年，已在苏黎世国家档案馆保存多年，是来自圣加的最古老抄本。它是以碎片的形式保存下来的。

尽管历经沧桑，圣加图书馆仍保存着丰富的草药书、祈祷书、福音书、唱和歌集、诗篇歌集、弥撒书、弥撒圣歌、赞美诗、游行圣歌、教皇诏书、法令、诏书、讽刺诗、寓言、史诗、纪念文集、日历和词典，用金、银、象牙装饰的书卷，代表中世纪和文艺复兴时期制书工艺和学术研究顶峰的书籍。作为联合国教科文组织认证的世界文化遗产，圣加图书馆收藏着四百多卷一千年前的抄本，是世界上最大的早期抄本收藏地之一。

圣加成功保存到现在的珍宝有：最古老的德文书籍；可称之为抄本艺术典范的精美中世纪抄本；植物学、纹章学、制图学、医学（其中一本建议将洋甘菊倒入耳朵治疗牙痛）方面的书籍；珍贵的音乐抄本，包括《尼伯龙根之歌》的羊皮纸副本和约翰内斯·希尔（Johannes Heer）的《歌曲集》（该书可追溯到15世纪末希尔的学生时代，是一本淫秽歌曲和色情两行诗集子）；以及一本连环画式的插图版《圣经》，半文盲和文盲读者都能借之了解《圣经》故事。

  圣加图书馆的抄本收藏仍驰名世界，如贺拉斯、卢坎、撒路斯提乌斯、奥维德和西塞罗的作品，以及现存的十一页加八个残片的《维吉尔作品集》(Vergilius Sangallensis)。该残本是5世纪的一卷抄本。原书由普布利乌斯·维吉留斯·马罗[1]在公元前1世纪写就，其中包括《埃涅阿斯纪》、《农事诗》和《牧歌》。圣加还因为索姆（Thumb）、洛瑟和吉格尔（Giggel）设计建造的洛可可大厅而闻名。参观者必须穿上特制的鞋套拖鞋，以保护吱吱作响的漂亮松木地板。木乃伊史本妮斯和她美丽的牙齿也是圣加的亮点之一。

图书馆动物志

  在传播温带臭虫（Cimex lectularius）方面，公共图书馆和廉价旅馆一样高效。美国疾病控制与预防中心认证臭

---

1 即维吉尔。——编者注

10 火神的诅咒

虫是危害公共卫生的物种。民政部门雇用专门嗅探臭虫的工作犬来检查图书馆是否被侵扰。

许多动物和真菌对书籍有害。从图书馆最早出现开始，就面对虫子带来的问题了。在古老的美索不达米亚，泥版书晒干或烤干之前，蚯蚓可以钻到里面，在柔软的黏土中留下孔道。即使写字板干燥变硬后，蚯蚓仍可以啃食表面的楔形文字，使笔画变得模糊。

千百年来，白蚁、泥蜂、蛇、臭鼬、狐狸、蟑螂和蠹鱼都入籍了"毁书"王国。孩子和宠物对私人图书馆造成的破坏也是罄竹难书。老鼠会啃食书脊，目的是吃藏在书脊里面的胶水。啮齿类动物还喜欢啃食犊皮纸抄本的封皮和因为翻阅变得油腻的书页。1773年比利时耶稣会解散时，布鲁塞尔耶稣会教堂的书籍要转移到该市的王家图书馆。可王家图书馆没有空间接纳新馆藏，所以这些书籍就被暂时留在耶稣会教堂。这座教堂老鼠成患。经过一番讨论，文学协会的秘书采用了一个新颖的解决办法：将"有用的"书籍——主要是科学和历史书籍——摆放在教堂中殿中央的书架上，而其余的书则被堆在地上。他们希望通过这种方式，牺牲外围的书来挽救中间的书。

自古以来，书虫就是图书馆的一大祸患。亚里士多德的《动物志》曾提及它们。帕罗斯（Paros）的诗人兼语法学家埃文努斯（Evenus）写了一篇关于"黑肉"书虫的短诗。他称这种虫子为"缪斯的害虫，书页的吞噬者"。埃文努斯哀叹道："你为作恶而生吗？为何你扭动着丑陋的身躯，孜孜不倦地作恶？"

13世纪，一部名为《书虫防治方法》(*Remedium Contra Vermes Librorum*)的抄本广为流传。17世纪，克里斯蒂安努斯·曼采留斯（Christianus Mentzelius）声称听到书虫"像公鸡一样冲他的伴侣啼叫"。罗伯特·虎克（Robert Hooke）在1665年出版的《显微照片》(*Micrographia*)一书中第一次科学地描述了书虫的形态：

> 我发现这种体型较小、白色、有银色光泽的虫子或蛾子多生活在书籍和报纸集中的地方。书页和封面上的孔洞应该就是它们啃食的。这种虫子的头大而钝，身体从头到尾逐渐变细，形状类似胡萝卜。

通常情况下，真正的"书虫"是鞘翅目昆虫，即有鞘翅的甲虫。其中破坏力最大的一种有个可怕的名字：药材甲（*Sitodrepa panicea*[1]）。要准确地识别破坏书籍的罪魁祸首是很困难的。甲虫种类繁多，占所有生物物种的五分之一，"嫌犯"范围实在太大了。

甲虫的生命周期分四个阶段：卵、幼虫、蛹和成虫。对书籍危害最大的是可持续数年的幼虫阶段。在一次著名的虫害事件中，一条幼虫将挨在一起的二十七本书蛀出一道连通的直洞。有些种类的虫子专吃犊皮纸，还有一些专

---

[1] 即 *Stegobium paniceum*。——编者注

10 火神的诅咒

吃纸张、麻、胶水或亚麻。某些甲虫能蛀穿塑料甚至铅缆。约翰·弗朗西斯·泽维尔·奥康纳（John Francis Xavier O'Conor）在他 1898 年出版的著作《书虫纪实》（Facts about Bookworms）中记载了火腿皮蠹（larder beetle）的幼虫："周身覆刚毛……像微型刺猬，蜷缩起来，刚毛便会炸起，起到防身的作用。"

安静不被打扰的环境，有利于书虫的生长繁殖。有外界干扰时，幼虫会将身子蜷起来。虫害活跃的迹象是死甲虫和"蛀屑"（幼虫的排泄物）。甲虫通常从蛀孔中爬出来交配，但有时在书内也可进行。禁止在图书馆内进食和饮水，除避免书籍被浸湿和弄脏外，主要目的其实是预防虫害和鼠害。

大英博物馆的跳蚤臭名昭著。它们滋生于通风不良的旧阅览室。1848 年，一位读者评论说："阅览室里滋生的跳蚤……比其他任何地方的都要大。只有济贫院接待室的跳蚤能与之媲美。"

在 16 世纪的中国，图书馆使用草药来控制虫害。例如在天一阁，书架上会放置很多驱虫草药袋。古代中国造纸时，会添加黄檗，作为驱虫成分。中国的图书馆建造师还将石膏粉撒在柜子和书架下面，用来防潮。

在 10 世纪的巴格达，白蚁是个大麻烦。993 年，萨布尔·伊本·阿尔德希尔（Sabur ibn Ardashir）图书馆的馆员使用化学药剂控制虫害。早期的杀虫剂和驱虫剂包括明矾、柏木、涂抹黏土、丁香油、雪松油、桉树油、麝香和红没药。据说，在澳大利亚和巴布亚新几内亚的热带地区，硼酸和甲基化酒精的混合物对书籍有很好的保护作用。据朱尔斯·卡曾（Jules Cousin）介绍，用松节油、樟脑、烟草和胡椒面制成的精油可以防控书虫。获得专利的基廷昆虫粉（Keating's Insect Powder）是胡椒粉的替代物。将有蛀虫的书冷冻起来也是一种除虫方法。耶鲁大学拜内克图书馆感染了意大利的蠹鱼时，是通过将被感染书籍在 $-36℃$ 的低温环境中冷冻三天的方法控制虫害的。

葡萄牙的图书馆长期以来一直依赖生物方法防治书虫。18世纪，科英布拉（Coimbra）和马夫拉（Mafra）的图书馆是小蝙蝠的聚集地。蝙蝠夏季栖息在室外，冬季则住在书柜后面。它们每晚吃书虫抵消"房租"。到了早上，图书馆员清理蝙蝠粪便赚工资。葡萄牙的小蝙蝠于图书馆有益，但大蝙蝠就另当别论了。16至17世纪，大蝙蝠，加上鸽子和潮气，对达勒姆大教堂疏于照管的抄本造成了很大损害。

博罗卢拉（Borroloola）是澳大利亚热带海湾地区一个偏远的小定居点，坐落在麦克阿瑟河畔。19世纪90年代，作为边境小镇的博罗卢拉声誉并不好，是远近闻名的杀人犯和酗酒者聚集地。到20世纪30年代，小镇几乎荒弃。不过，这里曾经拥有澳大利亚乡村地区最好的图书馆之一。

19世纪末，博罗卢拉警察局长哥尼流·鲍尔（Cornelius Power），一个与英雄同名的爱尔兰人[1]，决定为该镇建立一

---

1 百夫长哥尼流是《新约圣经》中的英雄人物。——译者注

座图书馆。他从伦敦的穆迪精选图书馆（Mudie's Select Library）订购了一些书籍。这些书后来成为馆藏的核心。图书馆的名字与创建者的名字同样恢宏：麦克阿瑟河研究所。在鲍尔打下的基础上，图书馆迅速发展。到1920年，馆藏图书已达三千多册。除初创时期鲍尔的采购外，后续资金和书籍来源并无明确记录。维多利亚州政府、澳大利亚政府、澳大利亚国家图书馆、卡内基基金会、卡内基公司、卡内基信托基金等机构都可能资助过该图书馆。

谣言和迷思围绕着博罗卢拉图书馆，就像神秘计划和项目围绕着穆南的大平原图书馆一样。麦克阿瑟河研究所吸引来的读者包括越野旅行者、牧民、土匪和隐士。这些人都利用图书馆对自己进行再教育，甚至救赎。放牧人查尔斯·约瑟夫·斯克鲁顿（Charles Joseph Scrutton）声称他已经把整个图书馆的藏书读了三遍。据说罗杰·何塞（Roger Jose）从昆士兰州的昆那穆拉（Cunnamulla）步行到博罗卢拉，住在镇中心的一间棚屋里。后来棚屋被飓风夷为平地，何塞不得不置办新的住处。据《悉尼先驱晨报》（Sydney Morning Herald）报道：

> 之后，他把一个废弃的一千加仑储油罐从旅馆滚到诊所对面的山顶上，和他的原住民伴侣住在里面，直到1963年去世。他是个充分利用了博罗卢拉图书馆资源的古怪人。据说他熟知维吉尔《埃涅阿斯纪》拉丁文版本的大部分内容，对莎士比亚也颇有研究。

图书馆：无尽的奇迹

博罗卢拉的游客说："晚间偶然走进丛林居民的聚居地，发现有人在诵读希腊古典文学作品，还有人正在辩论政治话题，其间引用在图书馆借阅的《国会议事录》（*Hansard*）内容作为佐证，那语气不容置疑。麦克阿瑟河研究所如今已不复存在。它所在的热带河口地区，气候类似亚历山大图书馆所在的尼罗河三角洲。这种环境对书籍极具毁坏性。图书馆的藏书或者被盗，或者被潮气、霉菌、蛀虫吞噬，尤其是蠹鱼、蟑螂，以及古代巴格达图书馆曾面临过的白蚁。但是，在澳大利亚北领地的传说中，博罗卢拉图书馆始终还在。"

11

窃书伯爵
书盗与书贼

19世纪,阿什伯纳姆四世伯爵(Forth Earl of Ashburnham)在他苏塞克斯郡的庄园里建立了一个可与理查德·希伯和斯宾塞勋爵的收藏相媲美的私人图书馆。伯爵的收藏中有大量早期印刷书籍,其中包括两本《古登堡圣经》。作为热忱的抄本收藏者,他搜集了大量早期抄本。伯爵是个孤高自傲的人,被人们称为"阿什伯纳姆的老孟加拉虎"。学者们很难接触到他的藏书。至于觊觎藏书的买家,他就更不屑一顾了。伯爵曾购买过一批重要的爱尔兰抄本。都柏林圣三一学院的图书馆馆长詹姆斯·亨瑟恩·托德博士(Dr James Henthorn Todd)写信询问,这批抄本是否可以转让。伯爵的答复冷若冰霜:"如果您能将贵馆最宝贵的收藏——比如《凯尔经》——让给我,再来商量是否能用爱尔兰抄本交换吧。"托德博士坦率地回复:《凯尔经》不是他的个人财产。它是厄舍尔大主教图书馆（Library of Archbishop Ussher）收藏的一部分，查理二世复辟时被赠予都柏林大学。若无议会法案，大学领导无权对它做出处置，而这样的法案是无论如何也不会通过的。"尽管如此"，托德博士说，"还是谢谢您。"

受19世纪社会思潮影响，英格兰贵族大多向平易近人方向转变，但阿什伯纳姆伯爵丝毫不为所动。据埃利斯（F. S. Ellis）说，比起受人爱戴，伯爵更乐于打造一个令人生畏的形象。他的庄园中曾流传出一则热门八卦：樵夫不小心砍错了树，为了得到伯爵原谅，他跪地求饶。甚至连他的儿子，后来的阿什伯纳姆五世伯爵，都不喜欢他的父亲，也不支持父亲的书痴行为。

古列尔莫·布鲁图斯·伊奇利奥·蒂莫隆（Guglielmo Bruto Icilio Timoleone），即利布里-卡鲁奇·德拉·索莫尼亚伯爵（Conte Libri-Carucci dalla Sommaia），1803年生于佛罗伦萨一个古老的托斯卡纳家族。他在比萨大学学习法律和数学，很早就在自然科学方面展现出才华。获得博士学位后，他发表了一篇关于数论的论文，得到英国发明家和计算机先驱查尔斯·巴贝奇（Charles Babbage）的青睐。古列尔莫毕业后，获得数学物理学教授的教职——这仅仅是他许多高级职位和荣誉中的第一个，其他还有法兰西科学院院士、巴黎大学科学教授、法国荣誉军团勋章，以及1841年被委任的图书馆委员会委员。该委员会负责监督审

11 窃书伯爵

查全法范围内所有公共图书馆收藏的所有手稿及藏书。

古列尔莫很早就热衷图书收藏。到1840年，他已经积累了大量的个人藏书——四万本印刷书籍和一千八百多部抄本——且其中不乏亮点。他也开始从事抄本和稀有印刷书的交易。他自称"利布里伯爵"，为自己营造了一个伟大书商的人设。

1845年末，利布里决定出售他的抄本。第二年，大英博物馆抄本部负责人弗雷德里克·马登爵士（Sir Frederic Madden）和他的助手约翰·霍姆斯（John Holmes）来到巴黎，对抄本进行鉴定评估。在利布里位于索邦大学的公寓里，两位英国人见到了利布里伯爵。他是一个"相当肥胖"的家伙，马登回忆说，似乎"从来没有用过肥皂、水或刷子"。

> 房间……不超过十六英尺宽。堆满抄本的书架一直顶到天花板。窗扇是双层的，壁炉里燃着煤和焦炭。热气裹着犊皮纸的味道扑面而来，令人难以忍受。我喘不过气。利布里先生见到如此的状况，便推开一扇窗子。不过显然，他不喜欢新鲜空气。他的耳朵里塞着棉花，仿佛是为了尽量减少与空气的接触。

虽然品相脏乱不堪，但马登断定这批藏书很值得购买，其价值在八千到九千英镑之间。图书馆的委托人向国库申请九千英镑购书款，但被财政局拒绝了。利布里只好转寻其他买家。他起先尝试在都灵求售，却又迎来了英国买主。阿什伯纳姆伯爵派书商托马斯·罗德（Thomas Rodd）来巴黎考察这批藏书。罗德给出了十分积极的评价，并且带回两本样品：7世纪的《摩西五经》和豪华版《洛伦佐时祷书》（Hours of Lorenzo）。阿什伯纳姆伯爵出价八千英镑，交易很快达成。1847年4月，十六箱抄本运抵达阿什伯纳姆庄园。

除利布里旧藏外，阿什伯纳姆伯爵还购买了许多零散抄本和另外两宗整批旧藏：白金汉公爵收藏的斯托抄本，其中包括早期爱尔兰抄本和盎格鲁-撒克逊宪章，以及1849年从里尔的约瑟夫·巴鲁斯（Joseph Barrois）处购得的巴鲁斯抄本。

利布里在图书馆委员会的职务赋予了他特别的权力——可以在任何时间、任何地点造访和查阅法国任何图书馆的藏书。利布里带着证件，穿着巨大的斗篷，像一个西西里强盗（各个方面都像）一样检阅各地藏书。他的专业知识，使他能够在每一个图书馆的收藏中砾中取珍。可以说，利布里在猎书方面的能力媲美他的托斯卡纳同胞吉安·弗朗切斯科·波焦·布拉乔利尼。不过，他们的相似之处也仅限于此。

波焦窃书的目的似乎始终是护书——他善待书籍，为它们在佛罗伦萨及其他图书馆寻找归宿；他认真履行缮写士的职责，经他发现并重抄的书籍有数卷流传至今；波焦发明的优雅的人文主义字体（在加洛林字体的基础上），经过一代人打磨，成为罗马字体的原型。相较之下，利布里则是一个破坏者，一个书籍屠夫。在他可敬的外表之下，潜伏着有史以来最残酷、最大胆、最恶毒的偷书贼。

自从第一本书问世，窃书行为便自然而然随之产生。财产侵占罪在图书馆的发展史上留下各式各样的痕迹，甚至可以追溯到图书起源之时。第一批书籍——古代美索不达米亚和埃及的写字板——之所以被制作出来，就是为了防止财产欺诈。它们记录财物的所有权，使其归属不易发生混淆；也记录交易，使买卖双方难以反悔。现存的绝大多数写字板都是物品清单和付款记录：此物归谁所有；谁支付了多少钱给谁。

在写字板诞生后的一千年里，由书籍而生的每一种可以想见的争议都真实发生过。我们对中世纪及现代早期的书籍及其作者身份的了解，绝大部分是因为它们由于法律诉讼和纠纷被记载了下来。正如伯内特·斯特里特（Burnett Streeter）1931年对链式图书馆的调查中指出的，"中世纪缺乏书籍，也缺乏诚信"。最早的关于巴黎书商的确凿记录可追溯到12世纪——该记录斥责这位书商是个恶棍，欺骗了布卢瓦的彼得（Peter of Blois）。虽有自我开脱之嫌，但著名的书商克劳斯（H. P. Kraus）十分精辟地指出，"每一卷伟大的抄本都至少被盗过一次。"

曾与乔纳森·斯威夫特一起住在主教宅邸的牧师弗朗西斯·威尔逊（Francis Wilson）博士，被怀疑偷窃书籍并恐吓这位"越来越无助的老人"。斯威夫特的朋友们把威尔逊赶出了宅邸。图书盗窃曾使很多图书馆化为乌有。格洛斯特公爵汉弗莱（Humfrey, Duke of Gloucester）的私人藏书，以及牛津方济会修道院的收藏，都被偷盗殆尽。这两座图书馆是牛津郡偷书贼恶行的明证。同一时期，在不远的沃里克郡，偷书贼将斯通利修道院（Stoneleigh Priory）图书馆的藏书偷得一本不剩。

图书馆曾经使用过各种各样的装置来防盗。比如，在烟囱上安横杆，防止小偷顺烟道而下。还有些图书馆将书锁在玻璃、金属架、金属屏风等后面，比如米兰安波罗修图书馆就使用了宽幅铁丝网。1612年建成的博德利图书馆艺术区，其通往楼上画廊的楼梯被牢牢地挡在木栅后面。

1581年，蒙田参观梵蒂冈图书馆时，看到书籍都用锁链拴在桌子上。剑桥大学彼得豪斯学院和圣约翰学院的图书馆到16世纪末或17世纪才放弃使用锁链。我们习惯于认为链式图书馆是中世纪的事物，进入现代之前，早就消失不见了。然而，如伯内特·斯特里特（Burnett Streeter）在调查中发现的，各大学的图书馆直到18世纪仍在使用锁链。

1742年，曼彻斯特切萨姆学院（Chetham College）购买了新的锁链；1751年，博德利图书馆购买了新的锁链。牛津大学王后学院直到1780年才停止使用锁链；墨顿学院则在1792停止使用。莫德林学院直到1799年才取缔锁链，是牛津众学院中最晚的一个。

11 窃书伯爵

这些晚期的锁链图书馆建于启蒙运动时期，而不是黑暗的中世纪或文艺复兴时代。直到1715年，赫里福德（Hereford）还建造过一座链式图书馆。

图书馆盗窃的现代历史充满了令人遗憾的往事，但也偶有快乐的重聚。1956年，福尔杰莎士比亚图书馆将一本1867年报失的书籍归还给波士顿图书馆。1992年，福尔杰图书馆也遭了贼——一位教授承认盗窃图书馆藏书。这位教授名叫斯图尔特·阿德尔曼（Stuart Adelman），时年五十四岁。地方法院对其提出"州际间转移盗窃财产"的指控，他当庭认罪。被转移的是有牛顿和伏尔泰签名的珍贵信件。阿德尔曼被判处一年监禁。他还倒卖过许多其他盗来的信件和文档，但都被追回并归还给了图书馆。另一位来自俄亥俄州立大学的教授从梵蒂冈图书馆偷走了一部14世纪抄本中的几页。这部抄本曾经被意大利著名诗人和学者，被称为"人文主义之父"的彼特拉克收藏过。一位巴洛克音乐专家从牛津大学基督堂学院偷走了维萨里1552年的著作《人体构造》。这位书贼是交流咨询会的常客，还曾作为音乐专家出现在英国广播公司的节目中。在经过若干收藏者和经销商转手后，这本书在日本一所牙科学院的图书馆重见天日。牛津大学将书索还。这位音乐专家在监狱服刑两年，并利用这段时间提高了拉丁文水平。

1998年对国会图书馆的审计揭开灾难性的发现：至少三十万册图书失窃。此外，19世纪有关旅行和植物学的书籍中约有两万七千幅插图消失了。

现代主义风格的耶鲁大学拜内克图书馆由透明玻璃、半透明石料造成，处处是开阔空间和复式夹层楼。在这座图书馆里偷偷摸摸做任何事情几乎都是不可能的，但爱德华·福布斯·史迈利三世（Edward Forbes Smiley Ⅲ）做到了——至少在一段时间内做到了。史迈利是著名的古董和稀有地图商人。他用美工刀将地图从图书馆的藏书中割下盗走。2005年，他的不法行为终于被发现——他把刀片掉在了阅览室，身上还带着刚刚割下的地图，当场人赃俱获。史迈利承认，除拜内克图书馆，他还曾在耶鲁大学斯特林纪念图书馆（Sterling Memorial Library）、哈佛大学霍顿图书馆（Houghton Library）、芝加哥的纽伯里图书馆（Newberry Library）、波士顿公共图书馆、纽约公共图书馆和大英图书馆行窃过。他至少盗窃了九十七幅珍稀地图和文档，总价值超过三百万美元。史迈利被判处三年半监禁，并被勒令支付二百三十万美元赔偿金。拜内克图书馆则加强了安保措施。

根据英国内政部警察研究小组1992年公布的一项盗窃和损失调查显示，英国公共图书馆被盗最多的主题领域依次为：性、心灵感应、外语、神秘魔法、音乐和艺术。这一次序因地而异——性在大城市的小偷中更受欢迎，神秘魔法在小地方更受欢迎。

20世纪90年代末，约翰·查尔斯·吉尔基（John Charles

11 窃书伯爵

Gilkey）通过盗窃支票和信用卡号来偷书。他是洛杉矶遗产书店（Heritage Book Shop）的常客。这家书店位于一座改建的陵墓中，有拱形天花板和彩色玻璃窗。店内摆放着来自英国的书橱和《乱世佳人》中的椅子，非常时尚。受夏洛克·福尔摩斯电影中描绘的旧图书馆的启发，再加上遗产书店环境的熏陶，吉尔基梦想着建立一个属于自己的巨型图书馆——在图书馆里，他在旁边摆放着地球仪的桌子上阅读和写作。除了偷书，吉尔基还搜集鼻烟壶、乐器、棒球卡、水晶、硬币和签名。他有斯蒂芬·金、安妮·佩里（Anne Perry）、戴安娜王妃和罗纳德·里根的签名。遗产书店于 2007 年倒闭，原因之一是存货遗失。

作家艾莉森·胡佛·巴特利特（Allison Hoover Bartlett）在吉尔基服刑期间采访过他。在《太爱书的人》（The Man Who Loved Books Too Much）中，她描述了一段克拉丽丝·史达琳[1]式的经历。到达监狱后，她非常担心——吉尔基会不会有敌意？和他说话安全吗？安保措施很严格。巴特利特注意到等候区的标志："不要穿李维斯""不要穿无袖上衣""不要穿凉鞋""不要穿带钢圈的文胸"。她顶着烈日跑回停车场，爬进车里，费力脱下文胸——"还好没穿白色衬衫"。她返回等候区，半小时后，被叫到名字。通过金属探测器和两套沉重的门之后，她见到了吉尔基。吉尔基穿着橙色的监狱制服，坐在有机玻璃窗后。他三十七

---

[1] 托马斯·哈里斯小说《沉默的羔羊》的女主人公。——编者注

岁，身高一米七五，眼睛灰褐色，头发黑色，发顶已现稀疏。巴特利特尽力表现得这好像只是一次例行探访，但实际上，她紧张得直出汗。采访前做的种种防范措施和心理准备并未派上用场，吉尔基是个温和而有风度的家伙，绝对不是吃人的汉尼拔。他显然很享受巴特利特的采访，口若悬河地描述他如何利用"现代图书馆百佳小说"目录来了解要偷什么书，以及偷书如何令他沉浸于自己是福尔摩斯的幻想中。

从19世纪20年代到40年代惊人的时间跨度里，利布里伯爵在意大利和法国多次引起人们的怀疑。例如，在佛罗伦萨乔治费里学院（Accademia dei Georgofili），利布里担任图书馆馆长一年后辞职。他的继任者检查馆藏时发现，有三百本书籍遗失，并且明显是监守自盗。不过，各处官僚机构的失职和任人唯亲使利布里屡屡逃脱指控。在佛罗伦萨参与的一个拙劣阴谋被识破后，他被逐出意大利，迁至法国定居，取得法国国籍，并当选法国科学院院士。1838至1841年间，他一直维持着令人尊敬的教授形象，出版了四卷本的数学史著作。与此同时，对他的指控仍在继续。警方收到匿名举报；媒体接到骇人听闻的爆料——利布里威胁要与《国民报》（*Le National*）的编辑决斗。检察官费利克斯·布克利（Félix Boucly）就相关事宜进行了调查，并在一份官方报告中汇报了他的调查结果。但利布里的朋友，部长会议主席吉佐（M. Guizot）将这一

11 窃书伯爵

丑闻压了下去。

在此期间，利布里继续偷书并拿去贩卖。他以从同行书商处合法购来的书籍作掩护，组织拍卖会销赃。拍卖会目录充斥着误导性信息［在较晚的一次拍卖会上——此次拍卖会以拍出伽利略和开普勒手稿赝品而闻名，著名英国收藏家托马斯·菲利普斯爵士（Sir Thomas Phillipps）是一位大买家，拍得十九份西塞罗手稿及其他共计一百多件拍品。事后，菲利普斯发现所购之物与目录描述不符。他要求调整价格。利布里拿出销售条款，指出所有手稿都是"不计瑕疵"售出的，不可能降价］。

利布里盗书的方式既巧妙又无耻。因为他在业内的人脉、任职、学识和头衔，大多数图书馆负责人毫无保留地为他大开方便之门（勃艮第欧塞尔图书馆机警的馆员是个例外）。他随身携带一柄短剑，兼具防身——据说一个叫烧炭党的秘密组织悬赏他的头颅——和敛财的效用。他先将整卷书偷出来，再用短剑将其中值钱的部分割下。

里昂、奥尔良和图尔的图书馆受利布里荼毒最深。他根据每座图书馆的实际情况，灵活变通地调整偷书手法。里昂市立图书馆收藏了十三部 5 至 8 世纪安色尔体和半安色尔体抄本。安东尼·霍布森称其为"除维罗纳市之外，同类抄本中最重要的一组收藏"。抄本的装订大部分摇摇欲坠，"只要割断装订线，就能抽去一沓"。利布里窃取了六部手稿中的部分内容。在 7 世纪的《摩西五经》中，他盗走了《利未记》和《民数记》。

图尔市图书馆的管理也很混乱,许多抄本都没有编目。利布里毫不留情地利用这些漏洞。"整部抄本被偷走。它们在书架上留下的空隙用价值较低的未编目抄本填满。"利布里从图尔的图书馆偷走了二十四部抄本,其中包括另一部7世纪的《摩西五经》。这部书中有十九幅大型插画,是后来被带到阿什伯纳姆伯爵处的出售样品之一。在奥尔良,利布里结合在里昂和图尔的手法,既割取部分书页,也偷窃整卷的书。他从奥尔良总共盗取二十六部或完整或部分的抄本。这种骇人听闻的盗窃模式在其他图书馆不断上演。马扎然图书馆——那座由加布里埃尔·诺代建成的奇妙藏书馆——收藏有一本1494年左右阿尔杜斯印制的《猫鼠大战》(Galeomyomachia)副本。这是一部拜占庭时期对《伊利亚特》的戏仿作品。这一副本神秘地从书架上消失了,而其位置正靠近利布里常坐的地方。香槟-阿登大区小镇特鲁瓦(Troyes)的一位议员说:"在利布里先生到访之后,我市图书馆有趣书籍的数量大大减少了。"

一旦将书籍盗窃到手,利布里就不厌其烦地为它们编造虚假出处——添加索书号和书架编号,篡改书眉和题词等标识,更换封面。利布里有一套文艺复兴风格的装订工具,用来修复和"改进"书籍的装订。他还将一些法国抄本送到佛罗伦萨,用意大利式的木板封面加皮革书脊模式重装。他给法国抄本编造假的意大利产地。例如,付钱给专门造假的工匠,将Floriacensis改成Florentinae,从而把抄本产地从弗勒里(Fleury)变成佛罗伦萨(Florence)。造假工匠

11 窃书伯爵

还帮他抹去图章和印鉴，清理掉广为学者们所知的书缘批注（这些批注很可能暴露书的真实身份），根据其他书籍中的所有权铭文伪造新铭文。利布里卑鄙的盗书产业链十分完善。

1848年革命后，费利克斯·布克利的报告被重新发现。新政府注意到了利布里的勾当。一位官员将这一信息透露给利布里的死对头《国民报》的记者泰伦（Terrien）。泰伦第二天在法兰西科学院的讲座上见到利布里——他身着三色帽徽，与熟人们握手微笑。泰伦递给利布里一张措辞大胆的字条，将事情推向高潮。

> 先生，你肯定不知道，外交部发现了一份司法报告，事关您任职图书馆委员会委员期间的一些作为。相信我，您最好避免激起新社会民众的厌恶。不要再出现在科学院了。

利布里匆忙赶回公寓，狂乱地收拾书籍、烧毁文件，带着妻子（曾为他压下丑闻的部长会议主席吉佐的女儿）和十八箱价值两万五千万法郎的书籍，用朋友的护照越过海峡来到英国。利布里冒称政治难民，受到了帕尼齐（Panizzi）和吉佐等真正的流亡者的欢迎。

法国的专家小组公布了一份令人震惊的正式起诉书。1850年6月，利布里被缺席审判，判处十年监禁并剥夺公民权利。尽管如此，利布里仍不乏追随者。普洛斯珀·梅里美（Prosper Mérimee）发表文章为其大声疾呼，后来还接到法院传唤，被指控蔑视法庭。利布里本人也发表小册子，反驳法国法院的判决。但明眼人都能看出，他的罪行越发确凿。阿什伯纳姆伯爵早就怀疑他购买的利布里抄本的真实来源是伪造的。三十年中，法国和意大利政府锲而不舍地追寻被盗抄本。蒂姆·芒比在1968年哈佛大学的讲座《伯爵与盗贼》(The Earl and the Thief)及1969年发表在《哈佛图书馆公报》(Harvard Library Bulletin)上的后续作品《德利斯勒的胜利》(The Triumph of Delisle)中描述了整个传奇故事。凭着阿什伯纳姆伯爵的性格，他自然无所不用其极地阻挠他手中的藏书被追回。

　　法国大使提出退还阿什伯纳姆伯爵的购书费用，换取抄本回归法国，被拒绝。对伯爵来说，很不幸的是，利布里抄本并不是他手中唯一的"贼赃"。巴鲁斯抄本中有六十四部也是从法国王家图书馆盗出来的。利奥波德·德利斯勒1847年成为王家图书馆的抄本管理员，又于1874年被任命为馆长。在研究了阿什伯纳姆藏书目录后，德利斯勒发表文章，阐明巴鲁斯抄本中的一部分肯定是王家图书馆的被盗收藏，而利布里抄本也值得认真审视。他慷慨地表示，虽然对法国失去这些珍品书籍感到惋惜，但倍感欣慰的是，这些书籍"落在一位杰出的藏书家手中，其真正的价值得以被欣赏。法国学界多曾受益于这位收藏家"。德利斯勒以追回这批抄本为己任。

　　1878年，阿什伯纳姆伯爵去世。这使得被盗抄本返还

11 窃书伯爵

协议达成的可能性大大提高。新一代阿什伯纳姆伯爵同意将藏书分为几部分归还：大英博物馆以四万五千英镑收购了斯托抄本；意大利支付两万三千英镑购走了利布里抄本中源自意大利的部分；通过施特拉斯堡书商卡尔·特鲁伯纳（Karl Trübner）牵线，法国政府购得一百六十六部来自法国的利布里和巴鲁斯抄本。

意大利政府购回的抄本，直到 20 世纪 20 年代还被锁链拴在米开朗琪罗厅（Michelangelo's Sala）的书桌上展示。此后，连同锁链一起，它们被束之高阁。锁链偶尔发出吱嘎声，提醒人们这些书籍产生于文艺复兴时代，同时也给阅览室增添了一丝鬼魅的色彩。在法国，《利未记》和《民数记》被修复为里昂版《摩西五经》。其余抄本被保存在法国国家图书馆。德利斯勒拒绝归还原本从地方图书馆丢失的书籍，因为地方图书馆对追讨遗失书籍没做出任何贡献。阿什伯纳姆五世伯爵从来没有真正喜欢过他父亲的藏书。他将售书所得用于商业投资，用他侄子的话形容，"勉强算作有趣"。

1868 年，年老体衰的利布里回到佛罗伦萨，受到热烈欢迎。之后不久，他就去世了。近年来，意大利最古老的图书馆之一，建于 16 世纪的美丽的那不勒斯吉罗拉米尼图书馆（Girolamini Library），惨遭现代版利布里式盗书贼毒手。

吉罗拉米尼图书馆十六万卷珍贵藏书中，包含伽利略 1610 年版的《星际信使》、开普勒的《新天文学》和托马斯·莫尔 1518 年版的《乌托邦》。图书馆董事马里诺·马西莫·德卡罗（Marino Massimo de Caro）和馆长桑德罗·马尔萨诺（Sandro Marsano）胆大妄为，大肆监守自盗。这些珍贵的书籍，都成了他们的战利品。

这两人得到三个阿根廷人和一个乌克兰人的协助和教唆。像利布里一样，为了掩盖书籍的来源，他们去除书上的印鉴和编号，有时甚至撕去整个封面。同时，他们还销毁了图书馆书目。单是一次五百本的销赃，就令这伙人在德国的一家拍卖行获得一百万欧元预付款。除参与盗窃约一千五百本贵重书籍和抄本外，德卡罗还授意他人伪造并传播赝品。例如，在阿根廷，他委托造假工匠制作《星际信使》的副本，并将其中之一卖给那不勒斯国家图书馆。

德卡罗是图书贸易界的头面人物，曾担任俄罗斯能源大亨的顾问，在意大利政界也颇有人脉。像利布里一样，他利用这些关系掩护自己的所作所为。他的罪行是偶然曝光的。2012年春天，艺术史教授托马索·蒙塔纳里（Tomaso Montanari）偶然在闭馆后到访图书馆，惊讶地发现馆内一派繁忙混乱的景象：书籍堆积如山；地板上散落着垃圾；流浪狗四处乱窜；还有一位身着运动服的金发流浪女郎，手提美容袋往洗手间走。蒙塔纳里立刻报了警。2013年3月，德卡罗被判处七年监禁。因为积极配合调查，判决随后被改为居家软禁。

在国际古旧书商联盟（International League of Antiquarian Booksellers）的鼎力支持下，意大利当局追回了几乎所有被盗图书。2015年10月，作为"星期天读书日"（Domenica di Carta）的活动之一，吉罗拉米尼图书馆重新开放。这次，图书馆加强了安保措施。

图书馆中的器械

在《格列佛游记》中，里梅尔·格列佛描述了大人国国王格鲁姆达克利奇（Glum-dalclitch）的图书馆——一千二百英尺长的厅堂里，只容纳了约一千册图书。小小的格列佛为了能够阅读国王的藏书：

> 王后的细木匠设计制造了一个二十五英尺高的木质器械，形状像立式梯子，每级台阶有五十英尺长。这简直是一部移动楼梯。将其底端距离墙壁十英尺放置。再把想读的某书倚墙放好。爬至最高一级台阶，面冲书页从第一行开始阅读。随每一行字的长短，可在台阶上横跨八步或十步。读到低得看不见的位置时，向下爬一级台阶，继续读，直至回到地面。

其他著名的图书馆器械还包括：安东尼奥·皮亚吉奥（Antonio Piaggio）神父用来揭开已碳化的赫库兰尼姆卷轴的工具；康格里夫（Congreave）的带金属爪子的抓书器，这个器械让梅尔维尔·杜威（Melvil Dewey）联想到采摘

图书馆：无尽的奇迹

苹果的工具；杜威图书馆制造的旋转书架和旋转书柜；圣哲罗姆的餐桌转盘式旋转小书架；拉梅利（Ramelli）的16世纪明轮式书轮，它可以协助行动不便的老年人阅读沃尔芬比特尔图书馆的大型对开本；查尔斯·科利（Charles Coley）的弹簧式"图书弹射器"（美国专利号：4050754）；奥维尔·欧文（Orville Owen）的"命运之轮"，这是莎士比亚作品中的一件臆想之物，上面旋转拼贴着弗朗西斯·培根及同时代文人的作品；斯宾塞勋爵的轮式"攻城机"，它能帮他轻松取到奥尔索普图书馆书架高处的书；欣曼校对器[1]，用于对比不同版本的莎士比亚作品的差异；企鹅贩卖机，用于自动贩售企鹅出版社的平装书；还有18世纪的"斗鸡椅"。约翰逊博士在他的图书室中放了一套化学实验仪器。自古以来最吸引人的图书馆器械当属轮式"安提基齐拉装置"（Antikythera Mechanism），有如一部机械教科书。

---

[1] Hinman collator，莎士比亚学者查尔顿·欣曼（Chalton Hinman，1911—1977）发明的光学校对器。—编者注

12

"图书馆内请低声"
皮尔庞特·摩根图书馆

位于塞维利亚的费尔南多·哥伦布 16 世纪图书馆是诸多重要图书收藏地中第一个由美国资金资助的图书馆。其中最重要的藏书是 19 世纪末、20 世纪初在纽约搜罗的。

约翰·皮尔庞特·摩根（John Pierpont Morgan）1837 年 4 月 17 日出生于康涅狄格州的哈特福德（Hartford）。十七岁时，他移居伦敦。他富有而强势的金融家父亲朱尼乌斯·斯潘塞·摩根（Junius Spencer Morgan）是伦敦乔治·皮博迪投资公司的（George Peabody & Co）当家人之一。摩根在瑞士一所寄宿学校短暂停留后，进入哥廷根大学读书。格拉赫·阿道夫·弗赖赫尔·冯·明希豪森是哥廷根大学图书馆的首位馆长；雅各布·格里姆（Jacob Grimm）和威廉·格里姆（Wilhelm Grimm）兄弟曾是这里的馆员；协助创建波士顿公共图书馆的美国作家及西班牙语言学者乔治·蒂克诺（George Ticknor）也曾就读该校。

蒂克诺是哈佛大学第一位现代语言及文学教授。他后来成为波士顿公共图书馆董事会主席，并捐赠了资金和数千册图书。其中包括作为遗赠的大量西班牙语、葡萄牙语和加泰罗尼亚语文学作品。他曾想将这批藏书捐给哈佛大学图书馆，但被毫不委婉地拒绝了。

1857年，摩根回到纽约，在父亲和查尔斯·达布尼（Charles Dabney）、安东尼·德雷克塞尔（Anthony Drexel）等资深顾问的监督下开始了他的商业生涯。摩根的父亲认为他浮躁，同僚和商业伙伴形容他粗鲁和突兀。不过，摩根仍然交到不少朋友，其中就有乔纳森·斯特奇斯（Jonathan Sturges）和他的钢琴家妻子玛丽。斯特奇斯一家有点波西米亚风。他们住在一栋时尚的联排别墅里。这栋别墅是肯塞特（J. F. Kensett）等艺术家和戈特沙克（L. M. Gottschalk）等音乐家的聚会之所。在这种氛围之中，摩根爱上了斯特奇斯夫妇"高尚""高雅""受过良好教育""长相甜美"的女儿阿米莉亚（Amelia），大家都叫她梅米（Memie）。他们的恋情从一开始就蒙上了阴影。

相爱初期，阿米莉亚的痨病并没显现出症状。但到了1861年春天，她的致命病症全面爆发。摩根仍将他们订婚的消息通知亲友，表示这个婚一定要结。他寄望于出国后，梅米的病症也许会出现转圜。无论他的计划如何，斯特奇斯夫妇是反对这桩婚事的——摩根怎么能娶一个很可能只剩几个月寿命的女孩呢？

12 "图书馆内请低声"

1862年10月7日，这场悲情的婚礼在斯特奇斯家如期举行。摩根的家人拒绝出席。新郎不得不把新娘抱到楼下。简短的婚礼仪式就在后院举行，由廷（Tyng）医生主持。梅米无法和客人们共进婚礼早餐。仪式结束后，这对新人就去了英国，然后又去了阿尔及尔和尼斯。在尼斯，新婚四个月的梅米去世了。

摩根回到纽约后，出席了卫生委员会的一场展览会，并购买了他的第一幅油画收藏——乔治·贝克（George F. Baker）的一幅肖像。画中人是一位"年轻而精致的女子"，是对梅米的纪念。这幅画在摩根家的壁炉上方悬挂了很多年。梅米过世三年后，摩根与纽约一位律师的女儿弗朗西丝·路易莎·特蕾西（Frances Louisa Tracy）喜结连理。他们有四个子女：露易莎、朱丽叶、安妮和小约翰·皮尔庞特（大家都叫他杰克）。

在他的第五和第六个十年中，摩根逐渐摆脱了事业上的监护人。1879年，查尔斯·达布尼去世。1890年4月，摩根的父亲到里维埃拉（Riviera）度假，在蒙特卡洛（Monte Carlo）别墅附近，一列路过的火车惊了他乘坐的马车。朱尼乌斯·斯潘塞·摩根——这位将儿子送到寄宿学校，之后又送到德国的人，也是拒绝参加儿子第一次婚礼的人——被甩到路边的石头上，不久后撒手人寰。第三位监督人安东尼·德雷克塞尔，也于1893年去世。之后，摩根将纽约的生意从德雷克塞尔－摩根公司更名为J. P. 摩根公司。他长达三十年的试用期结束了。摩根成了独当一面的当家人，也成为世界上最有权势的银行家和金融家之一。

从此以后，他每年到伦敦和欧洲大陆的访问不再是如履薄冰的述职之旅，而是可以任意挥洒、满足爱好的自由行。他的爱好，后来被传记作家乔治·惠勒（George Wheeler）描述为"日益增长的收集伟大艺术品的乐趣"。摩根的商业活动引来了调查人员和参议院小组委员会的审查。但贵族式的摩根对"代议制政府的要求"懒得敷衍。这位银行家心目中的优先次序显而易见。1896年，面对待定的国会传唤，他的心思却全在一册神妙的《古登堡圣经》上。这本《圣经》曾由枢机主教马扎然所有，后来又被加布里埃尔·诺代主持的图书馆收藏。对委员会小组的传唤，摩根"贵族老爷式回应"明确暴露了他的想法：

> 5月26日，在从伦敦发给委员会小组主席、田纳西州参议员伊瑟姆·哈里斯（Isham Harris）的电报中，摩根说："公司已向我转达贵方通知。归国时间抱憾推迟。下星期三乘"条顿号"（Teutonic）返程。届时再供贵委员会差遣。"

摩根试图在纽约建立一个英国或欧洲大陆式的"绅士图书馆"。他的购书品味是迪布丁式的，偏好中世纪和文艺复兴时期的抄本、早期印刷书（最好是犊皮纸）、精装书、历代手迹、古画、莎士比亚作品，以及现代文学大家的手稿，比如霍桑的笔记、梭罗的日记、济慈的《恩底弥翁》、狄更斯的《圣诞颂歌》和左拉的《娜娜》（左拉夫人后来试图购回）。摩根的图书馆非常成功，已经远远超越了他当初作为目标去效仿的那些图书馆。

除了拥有全美最丰富的图书收藏，摩根还致力于搜集艺术品：埃及墓葬雕塑、中国青铜器，以及拉斐尔、维米尔和弗拉戈纳尔的画作。据报道，摩根曾说："一件优美得无可置疑又流传有序的藏品，是无价的。"这句话带着意想不到的刺痛。1890年代的某天，摩根向艺术品商人约瑟夫·乔尔·杜维恩（Joseph Joel Duveen）展示了他收藏的五个中国瓷杯。这位访客的眼光跟查特文类似，看什么都像赝品。为瓷杯掌眼后，他举起手杖，当场砸碎了其中两个。

为了壮大图书馆的收藏，摩根既购买单册书籍——比如1459年的《美因茨诗篇》——也购买整批藏书。例如，他购买了詹姆斯·图维（James Toovey）、西奥多·欧文（Theodore Irwin）和理查德·本内特（Richard Bennett）的旧藏。本内特是一个古怪的曼彻斯特人。他像希伯一样喜欢小开本的书，甚至更进一步，他不肯收藏大型对开本。本内特的藏书包括一百部装饰抄本和三十二册卡克斯顿出品的印刷书。

摩根"耍酒疯"式突袭收书曾被形容为"上岸休假的水手"，"手握无限信用卡在第五大道扫货的醉醺醺的孀居贵妇"，以及"美第奇亲王，甚至法老王"。摩根买艺术品的劲头跟搜集藏书一样霸道。他以极快的速度购入埃及文物，以至于有一次被基奇纳勋爵（Lord Kitchener）骂了一顿。

图书馆：无尽的奇迹

1880年，摩根搬到了麦迪逊大道和第三十六街交汇处的赤褐色砂石大楼中。为了容纳不断增加的图书和艺术品收藏，他计划在住房东边建造一栋独立的大厦。他买下了从自家到麦迪逊大道拐角处的第三十六街街区的每一块房产，还买下了建筑师卡斯·坎菲尔德（Cass Canfield）在公园大道拐角处的房子。之后，他将旧有建筑全部拆除，并聘请麦金-米德-怀特公司的查尔斯·麦金（Charles F. McKim）担任图书馆的首席建筑师。

工程于1906年竣工。虽然建筑风格有混乱之嫌，但成品是一座美丽的大厦。其材料使用粉白色田纳西大理石，融合了伯罗奔尼撒、意大利、伊丽莎白和爱德华时代的元素。大厦正面借鉴了巴尔托洛梅奥·阿马纳蒂（Bartolomeo Ammannati）设计的朱利亚别墅（Villa Giulia）花园凉廊和安尼巴莱·利皮（Annibale Lippi）设计的美第奇别墅（Villa Medici），采用了多立克式壁柱、爱奥尼式圆柱和拱形门廊。

麦金认为图书馆的内部设计应该是"低声细语而非大喊大叫"。不过，大厦内部丰富的色彩和华美的装饰还是给人一丝喧闹的感觉。三个房间环绕着一个巨大的拱形门厅，即"圆形大厅"。麦金将最大的房间"东厅"设计成存放和展示书籍的空间。"西厅"是摩根的私人书房。"北厅"是图书馆员的办公室。在圆形大厅中，墙面上装饰着斯基罗斯岛大理石壁柱，门廊两边是西波利诺大理石的圆柱。大理石地板是仿照梵蒂冈花园中的皮亚别墅（Villa Pia）铺设的。受平托里乔（Pinturicchio）和拉斐尔的启发，艺术

12 "图书馆内请低声"

家西登斯·莫布雷（H. Siddons Mowbray）用文艺复兴风格的壁画和灰泥装饰了圆形大厅和东厅。

东厅的墙壁高达十米，从地板到天花板是三层镶嵌有切尔克斯胡桃木（Circassian walnut）的书柜。隐藏的螺旋楼梯可通往画廊。壁炉上方的墙壁上，悬挂着16世纪彼得·考克·范·阿斯特（Pieter Coecke van Aelst）的巨幅挂毯。这幅挂毯是摩根1906年购买的，上面的图案"贪婪的胜利"栩栩如生。精美的天花板壁画具有古典意象，绘制了欧洲伟大艺术家和思想家的画像，如但丁、波提切利、米开朗琪罗、苏格拉底、希罗多德、伽利略、哥伦布和卡克斯顿。天花板上还绘制了黄道十二宫图，并且依次对应着摩根的生日、第二次结婚纪念日、摩根在十二宫俱乐部的星座，以及梅米的忌日。

西厅的天花板是摩根在佛罗伦萨购买的。这个房间展示了他收藏的瓷器、雕塑、绘画和其他艺术品。弗朗西斯·亨利·泰勒（Francis Henry Taylor）通感诺代，称摩根图书馆为"爱德华时代世界七大奇迹"之一。图书馆的竣工恰逢1907年股市大恐慌，及时为摩根提供了一个"有别于当下氛围的宏伟的世外之所在"。情势紧张的几个星期，摩根将图书馆作为夜间指挥所，在此召开了一系列通宵会议。

1905年，摩根任命贝尔·达·科斯塔·格林（Belle da Costa Greene）为图书馆员兼"总助手"。"达·科斯塔"是模拟葡萄牙语虚构的姓氏，"格林"也是假名。贝尔的真名叫贝尔·玛丽安·格林纳（Belle Marian Greener）。她从公立学校毕业后直接进入普林斯顿大学图书馆工作。摩根的侄子朱尼乌斯（Junius）是一位学者。他很可能是在普林斯顿结识了贝尔，并将她介绍给摩根。洋溢着异国情调的格林，比斯特奇斯一家更波西米亚风。她放浪形骸，有一长串的情人名单，其中文艺复兴专家伯纳德·贝伦森（Bernard Berenson）居首。她曾被问到是否做过摩根的情妇。格林坦率地答道："我们倒是试过！"她还热衷于名牌服饰，"不能因为我的职业是图书馆员，就必须得穿成图书馆员的样儿啊。"

格林的目标是将摩根图书馆打造成一个以古典文学、装帧和抄本著称的图书馆。从1908年开始，她定期前往欧洲，住在丽兹或其他豪华酒店，与当时的顶级书商结交。作为书籍收购者，她效率惊人。在一次成果丰硕的伦敦购书之旅中，她在拍卖前夜通过"私下谈判"就内定了阿默斯特勋爵（Lord Amherst）的十七册卡克斯顿印刷书。

1913年3月13日，在这个兆头不佳的日子，摩根在罗马去世。他身后留下1.28亿美元的丰厚遗产，其中一半是书籍和艺术品收藏。这笔遗产绝大部分传给了他的独子杰克。得到遗赠的人中，也包括贝尔·格林。摩根赠给她五万美元。杰克·摩根出售了一些艺术品，以支付税款和改善现金流，但总的来说，他丰富了父亲的收藏，没有让这些书籍和艺术品流散。1915年，格林写信给伦敦书商夸里奇（Quaritch）："很高兴地告诉你，（杰克）对图书馆兴趣很大。他承诺战争结束后，我可以继续收购书籍和抄本。"杰克为图书馆添加了二百零六卷装饰抄本和一些重要的摇篮本，其中包括一张古登堡印制的赎罪券。杰克使摩根图书馆摇篮本的收藏总数达到了近两千册。

1924年，杰克将私人图书收藏对公众开放，成立了皮尔庞特·摩根图书馆（Pierpont Morgan Library），并将其交由基金会管理，同时捐赠一百五十万美元。他希望这些藏书永久地服务于美国公众，让人们可以从书中获得知识和享受。贝尔·格林留任图书馆，成为第一任馆长。

摩根图书馆众多令人瞩目的图书中，有一本曾在中世纪的一个丑闻事件中扮演重要角色。雅克马尔·德·埃斯丹（Jacquemart de Hesdin）是德·贝里公爵（Duc de Berry）的绘图师。1398年，埃斯丹指控竞争对手窃取他的颜料和图案簿。在姐夫让·珀蒂（Jean Petit）的帮助下，埃斯丹谋杀了竞争对手。凶手受到了审判，但被赦免。事件中的图案簿，就收藏在摩根图书馆。

图书馆藏品中的另一亮点是一组引人入胜的抄本。他们的出处出人意料。1910年春天，村民在埃及法尤姆（Fayyum）绿洲被毁的大天使长米迦勒修道院遗址挖掘肥料。在一个古老的石头蓄水池里，村民们发现了六十部科普特抄本。第二年，摩根购得了其中的五十四部。这些抄本用沙希地语（Sahidic，科普特方言）书写，年代从823年到914年不等。它们是最古老、最大宗，也是最重要的一批早期科普特抄本，且来源单一。显然，10世纪初修道院永久关闭前不久，修士们将所有藏书都埋在了蓄水池中保存。

抄本的内容是对神圣家族简单粗略的描绘。摩根一度怀疑它们是赝品（换作是查特文和杜维恩，肯定直接认定它们是假的了），但抄本的发现有据可查，且经过认证。抄本曾被卡勒比迪安（J. Kalebdian）和法国钱币收藏家及商人亚瑟·桑本（Arthur Sambon）先后收藏过。法裔美国科普特学家、犹太学家、东方学家亨利·欧仁·格扎维埃·路易·伊韦尔纳（Henri Eugène Xavier Louis Hyvernat）对抄本进行了研究和拍照。几乎所有抄本都保留着原始装订，这进一步增加了其真实性。大约二十部抄本的标题页有装饰画或图案，大多是交错图案装饰的大十字架。其中一部抄本，约翰·屈梭多模的《无身四兽颂》（*Encomium on the Four Bodiless Beasts*），由伊萨克（Isak）神父绘制，可追溯到892至893年。该抄本中的圣母哺育基督图是现存最古老的此类绘画之一。

摩根还从欧洲搜集了许多抄本，包括圣加和附近林道修道院的一些旧藏。他的第一件中世纪重要藏品是1901年购得的9世纪林道福音书，这也是他最为精品的藏书之一。该书的装帧富丽堂皇，封面饰以宝石的鎏金、银和珐琅，是现存最好的中世纪珠宝装帧范例之一，也是摩根图书馆中为数不多的此类藏品中的一件。封面内衬是来自拜占庭和中东地区珍贵的带有图案的丝绸。这本书在圣加制作，其特色是拥有十二幅图文并茂的正典表。四部福音书均以精妙的跨页展开，呈现出开篇文字。这本书至少由七位抄经师共同完成。其中的福尔查特（Folchart）修士是圣加最杰出的艺术家之一。他似乎负责了这本书的彩页绘制。

摩根另一件与圣加相关的藏品于1905年购入，是880年圣加制作的圣周六用彩绘使徒书信选和弥撒经本。该书由九十二页犊皮纸构成，绘有彩色首字母——包括三个带交错图案的大字母和一百四十四个小字母。摩根还收购了一些重要的印刷书，包括印在犊皮纸上的《古登堡圣经》，第一本英语祈祷书（这也是第一本印在犊皮纸上的英语书），现存最早的在意大利印制的书籍及全部四本莎士比亚对开本。

1976年到访摩根图书馆的海伦·汉夫（Helene Hanff）对其印象不佳："进门是一间昏暗、憋闷的大厅，安装着沉重的红木门。"红褐的色调和桃心木的材质使西厅显得尤其"令人窒息"。整间大厅像一座"压抑的陵墓"，令汉夫毛骨悚然。隔壁不远是匹兹堡焦炭和钢铁工业大亨亨利·克莱·弗里克（Henry Clay Frick）的豪宅。弗里克也富有收藏。他的展馆与摩根图书馆形成鲜明对比："白色石头外墙，白色大理石和石头内装……从摩根图书馆的阴沉晦暗中走到这里，精神为之一振。弗里克这边充满阳光和清新的空气。"

灾难来临时

1999年上映的电影《木乃伊》中,有个场景设在开罗图书馆:一位运气不佳的图书管理员意外碰翻一列书架。倒掉的书架引起连锁反应,所有书架接连翻倒,架上的书也掉了出来。

类似的事件曾经真实地发生在西北大学图书馆。一列独立摆放的沉重空书架倾倒在摆满书的邻近书架上。据约翰·坎普(John Camp)和卡尔·埃克曼(Carl Eckelman)关于图书馆书籍陈列的技术论文中描述:"空书架的倾倒引起多米诺骨牌效应。共有二十七列书架随之翻覆,导致二十六万四千册图书散落而出。一把实心橡木椅被砸碎,一个钢制脚踏被压扁。很多书裂成了两半。受损书籍超过八千册。"

好在并无人员伤亡。不过,1983年发生在新泽西州尤因镇档案存储中心(Records Storage Center of Ewing Township)的书架倒塌事故就没有如此幸运了——一名员工在事件中丧生。

同年,在加利福尼亚州科勒林加区图书馆(Coalinga District Library),一场地震造成书架倾倒。据坎普和埃克曼的论文记载:"卡片目录柜翻倒,壁架坍塌,部分书架扭曲变形。馆藏六万册图书中,近三分之二散落到地上。"为防止类似情况发生,圣马力诺的亨廷顿图书馆

12 "图书馆内请低声"

（Huntington Library）用蹦极绳绷住了书架。

1726年，葡萄牙国王若昂五世购买了桑德兰伯爵三世（Third Earl of Sunderland）查尔斯·斯宾塞（Charles Spencer）的抄本收藏。1755年里斯本大地震中，许多珍贵的抄本被损毁，其中就包括桑德兰伯爵1720年在威尼斯购买的精品抄本。最为不幸的是，其中还包括吉安·弗朗切斯科·波焦·布拉乔利尼亲手抄写的圣加版昆体良著作。这卷抄本是桑德兰1712年从海牙的尼古拉斯·托马斯·范·德·马克（Nicolaas Thomas van der Marck）图书馆购得的。

梯子在图书馆历史中出现较晚。毕竟，只有当书籍的数量达到一定水平后，才会出现高的书架。梯子出现之前，克里斯托弗·雷恩（Christopher Wren）使用的是四脚跨开的稳固脚踏。钩式梯子是19世纪的新发明。梅尔维尔·杜威曾描述过他见到的两个实例——一个在伯明翰；一个在费城图书馆洛克斯特街分馆（Locust Street branch of the Philadelphia Library），该馆于1880年安装了钩式梯子。梯子悬挂在沿着管道运行的铜钩上，"每当使用时，便会发出恼人的金属摩擦声"。

自从图书馆员开始使用梯子，坠落事件就频频发生。在高丽大藏经图书馆，必须顺着梯子爬上一个悬空的狭窄木板，才能够到更高的书架。在一座18世纪的德国图书馆，书架上的书实在太多，以至于图书馆员需要像"走钢丝的杂技人或专门在房顶作业的工人"那样敏捷才能够到。据蒂姆·芒比记载：在剑桥的某图书馆，一卷《国会议事录》被放置在入口上方的书架上。取这本书时，门一开就把梯子撞飞了——"学院研究员们对登山运动如此热衷，不是没有道理的"。

1834年，原沃尔芬比特尔图书馆馆长弗里德里希·阿道夫·埃伯特（Friedrich Adolph Ebert）返回老家德累斯顿。在那里，他意外从图书馆的梯子上坠落，不幸身亡。

13

荣耀归于莎士比亚
福尔杰莎士比亚图书馆

尤金·沙伊夫根（Eugene Scheifflin）是最早收集莎士比亚作品的美国人之一。他爱莎翁，也爱鸟类。他有一项"宏伟计划"——将莎翁作品中提及的所有鸟类都引入美国。作为计划的第一步，1890年，他在纽约中央公园放飞了从英国引进的六十只椋鸟，1891年，又追加了四十只。沙伊夫根希望这些鸟儿能在美洲大陆茁壮成长、繁衍不息。它们确实做到了——今天，北美的椋鸟数量几乎等同于人口数量。

实力强劲的嗜书人和"莎学家"眼睁睁看着摩根将最精华的莎翁书籍夺走。哈里·埃尔金斯·维德纳（Harry Elkins Widener）便是有力竞争者之一。1907年，维德纳通过亚伯拉罕·罗森巴赫从纽约一位股票经纪人手里买到一册保存完好的第一对开本。五年后，书目学会联合创始人亨利·休斯（Henry Huth）的旧藏在伦敦苏富比拍卖。维德纳参加了此次拍卖会，并拍下弗朗西斯·培根《随笔》的第二版。"我要把这本培根的小书放在口袋里。如果返程遇到船难，它将跟我一起沉入海底。"几天之后，维德纳和《随笔》一起随泰坦尼克号沉了。维德纳的母亲将他的第一对开本捐赠给了哈佛大学图书馆。

摩根的纽约同胞亨利·克莱·福尔杰（Henry Clay Folger）是另一位与他争夺宝藏图书的竞争者。福尔杰的资金没有摩根雄厚，但他的目标范围小，对第一对开本的痴迷更是到了疯狂的程度。福尔杰并不缺钱——作为几乎垄断美国市场的标准石油公司的高管，与他交接往来的高尔夫球友都是洛克菲勒家族量级的人（福尔杰曾发明过一种新型高尔夫推杆，像槌球槌一样使用）。并且，反垄断部门将标准石油拆分为多家公司后，福尔杰反倒受了益——他的年收入从五万美元飙升至六十五万美元。这些收入大部分都用来购买与莎士比亚相关的书籍了，特别是第一对开本。

福尔杰是当之无愧的世界第一莎士比亚收藏家，但仍偶有遗珍。他无缘收藏的珍品之一就是著名的"博德利对开本"。1660年代，博德利因为买入了一本"品相更佳的"第三对开本，将原本馆藏的第一对开本发售。这简直像圣加的修士们有了"更好的"《圣经》就不要《圣加拉丁圣经》一样荒谬。事后看来，这次发售令博德利颜面尽失。"博德利对开本"再次出现在市面上时，品相破坏严重，由

13 荣耀归于莎士比亚

德比郡特贝特（Turbutt）家族所有。牛津大学的新头脑们决心将其收回，并发起了一场公开认捐。八十多位捐款者认捐了三千英镑，"博德利对开本"得以物归原主。除莎翁书籍外，福尔杰还收购了一些伊丽莎白一世和詹姆斯一世时代的乐器及其他艺术品。

1915 年 8 月，德国 U-24 潜艇发射鱼雷，击中了白星航运公司的"阿拉伯号"皇家邮轮。仅九分钟后，邮轮就沉没了，带走了四十四位乘客的生命（另有三百九十人获救）。随之沉没的，还有福尔杰购买的大卫·加里克（David Garrick）的二十五封书信。第二年，标准石油公司启用一艘专门运输原油的轮船向欧洲运送燃料。这艘油轮被公司命名为"SS H. C. 福尔杰号"。在海军护航下，福尔杰号在美国到英法的港口间安全往返了数十次。最惊险的一次航行中，油轮与五十米外的一枚鱼雷擦肩而过。福尔杰本人并没参加"福尔杰号"的下水仪式——他忙着"在百老汇街 26 号的办公室里伏案填写一份两万美元的贷款申请……用来买更多与莎士比亚相关的收藏"。

福尔杰的收藏规模最终达到了斯宾塞勋爵奥尔索普图书馆的两倍。他买了太多书籍、绘画及其他艺术品，连他自己都记不清到底有什么。最后这些藏品被归拢到一起统计时，得出的数目非常庞大：超过一百万件与莎士比亚相关的收藏品，二十五万余册书籍，六万卷抄本，二百幅油画，五万幅其他图片，以及大量的戏剧史料、雕塑、乐器和戏装。

福尔杰对公众的关注有着偏执般的恐惧。他把藏书存在银行的地下金库和保险柜里，藏品的购买和搜集也是秘密进行的。当然，完全密不透风是不可能的。英格兰莎士比亚学会主席西德尼·李（Sidney Lee）试图对现存的莎士比亚第一对开本进行更新普查。李知道福尔杰的多次收购，但这位美国人对所藏的贪得无厌和神秘令他心烦意乱。在李看来，福尔杰简直像霍尔布鲁克·杰克逊笔下的爱尔兰"恶龙"一样可恶——他大手笔买走所有人都想买的书，然后将它们藏起来。对福尔杰藏书的问询不断遭到拒绝。一位年轻的罗德岛学者抱怨说，研究人员写信给福尔杰先生，要求查看珍稀抄本时，得到的回复通常是这样：

抱歉，您提到的抄本，我无法提供。该书多年前购入后，与其他初版书和抄本一起，用牛皮纸包着存放在银行金库里了。这些牛皮纸包裹分散在二十个银行里，我也不记得这本书存在哪一间。恕不能满足您的要求。

李抱怨说：福尔杰"似乎认为第一对开本应该像上好的葡萄酒一样，被存在酒窖中的柜子里"。他哀叹，像福尔杰这样的美国人，"夺走了这个国家珍稀的早期版本的莎士比亚戏剧和诗歌——这些书籍原本是英国的传家宝"。

在福尔杰方面，他对李没事找事的普查工作也很不

13 荣耀归于莎士比亚

满,因为当持有者弄清手中是什么、有何价值时,往往会将其价格哄抬上去。在福尔杰的晚年,他和妻子艾米丽(Emily)计划建造一栋规模适当的图书馆来存放他们的藏品。他们将用标准石油股份的收益来资助这座图书馆。为了准备挂在图书馆里的肖像,福尔杰请来曾为乔治五世和墨索里尼画像的艺术家。肖像中,他将手持一本书端坐。他乘地铁去画家的工作室做模特,手持的书也用报纸(不是牛皮纸了)包着随身携带。这本书就是所谓的"伪对开本",是莎士比亚戏剧的第一个合集,比第一对开本稀有百倍。福尔杰出价十万美元才买下它,使之成为世界上最昂贵的书。

在华盛顿特区,福尔杰买下了东国会大厦街(East Capitol Street)上的一排赤褐色砂石大楼,并将它们全部拆除。这个选址距离国会图书馆仅一个街区。新图书馆的整个规划,福尔杰都咨询和参考了这位"资深"邻居。国会图书馆的重点收藏领域明显是美洲及其他英语国家的文学作品,但在斯拉夫语、西班牙语和亚洲语言文学方面也颇得先机。乔治·赫伯特·普特南(George Herbert Putnam)是图书馆"划时代"的领头人。他的管理方式和运作方法影响了斯堪的纳维亚半岛、罗马教廷、欧洲及北美其他地区的图书馆。普特南和福尔杰建立了诚挚友好的私人关系,并商定两座图书馆在收藏领域和范围上将保持互补。福尔杰新建的图书馆,至少在外观上选择了与国会图书馆相协调的建筑风格。

像米开朗琪罗督建老楞佐图书馆时一样，福尔杰亲力亲为，关注着工程的每一个细节：供暖、制冷及防火系统，每个房间的用途、家具的风格、艺术品的摆放、天花板的高度、镶板所用的木材、雕塑的肌理、卫生间的奢华程度，以及拆除的老楼上砖块的回收。他明确要求，"伊丽莎白花园"中的雕塑将以《仲夏夜之梦》中喜欢恶作剧的小精灵蒲克为主题，环绕以灌木丛。他还在防火问题上煞费苦心。虽然最终还是选择了实木建材，但他发掘出家庭藏书室常用防火石棉板来"模拟古代橡木"的信息，并曾考虑使用。

图书馆的主体工程在1929年华尔街股灾前建成。由于书籍分散存放在全城数十个地点，将它们依次找到并搬运进新图书馆需要大量后勤支持。这个过程耗时六个月。福尔杰没能体验到将他的书拆封并聚拢到一起的快乐——股灾开始后不到一年，图书馆还未完全竣工前，福尔杰在一次本应是很常规的手术中去世了。在股市崩盘的阴影下，他的股份价值减半，图书馆建造的成本却翻了倍。福尔杰的莎士比亚图书馆工程处在崩溃边缘。

不过，福尔杰的夫人艾米丽誓将丈夫的设想实施到底。工程由曾负责纽约熨斗大厦和华盛顿无名战士公墓建设的专家监管。1932年，在奠基两年后，图书馆全部竣工。这座两层楼高的建筑，外观采用白色大理石的装饰艺术风格（Art Deco），看起来就像一台胶木收音机一样简洁现代。其内部则是仿伊丽莎白女王时代风格的深色木质装修。这是

13 荣耀归于莎士比亚

亨利·福尔杰和艾米丽·福尔杰夫妇的设想——将室内装修成第一对开本插图的模样。内装和外观的反差比摩根图书馆和邻居弗里克大厦还大。进入图书馆的人,都会被这种瞬间从高度现代审美过渡到早期现代审美的突兀所震撼。

这座令人回味无穷的莎士比亚图书馆,与温特图尔图书馆(Winterthur Library)一起,并称为世界最好的历史和文献研究中心。图书馆的竣工,是对福尔杰夫妇,特别是亨利·福尔杰的"莎士比亚痴狂"的卓越纪念。华盛顿人,乃至全体美国人,都将这座图书馆视为莎士比亚传奇中的重要一环。它也是美国人对莎士比亚和他的世界宣示主权的有力体现——无论在物质上、政治上,还是最终归属上。毕竟,美国本身也如第一对开本一样,是詹姆斯一世时代的产物。

按传统(非文献记录记载),一般认为4月23日是莎士比亚的诞辰,同时也是逝世周年纪念日。福尔杰图书馆的落成仪式就在1932年4月23日这一天举行。出席仪式的有艾米丽·福尔杰、美国最著名的学者和教育家、赫伯特·胡佛(Herbert Hoover)总统和夫人,以及其他杰出的政治家、官员和大使们。据媒体报道,这次开幕式是华盛顿有史以来最大规模的文化盛会,通过电台向全国广播。主题演讲人是约翰·亚当斯(John Adams)总统和约翰·昆西·亚当斯(John Quincy Adams)总统的后裔、康奈尔大学英国文学教授,也是美洲最热忱的莎士比亚专家小约瑟夫·昆西·亚当斯。他宣布,随着新图书馆的建成,美国首都现在有三座"在规模、威严与美感上都凌驾于同类机构之上的"伟大的纪念馆——华盛顿纪念堂、林肯纪念堂和莎士比亚图书馆。

美国古代乐器学会的音乐家们在开幕式上献艺,演奏了托马斯·莫利(Thomas Morley)的《深爱中的人和他的恋人》(It was a Lover and his Lass)等曲目。这首歌是从福尔杰图书馆收藏的莫利著《第一本艾尔斯之书》(First Book of Ayres)中还原出来的。音乐家们使用的乐器是自制的高音古提琴、低音古提琴、威金琴(16至17世纪在英国流行的一种有弦键盘乐器)和古钢琴。新闻媒体称赞"新落成的福尔杰莎士比亚图书馆"是"莎士比亚遗珍"的高贵庇护所。《华盛顿邮报》发行了《福尔杰莎士比亚纪念图书馆增刊》。《增刊》中附和道:"福尔杰莎士比亚图书馆被建筑评论家们誉为全球最高贵的小型建筑物之一。它线条细腻和谐、比例优美,结构堪比一颗由天工巧匠切割打磨过的宝石。"

艺术评论家们称图书馆为"真正的艺术品",是"万般皆和谐的莎翁神庙",是国会山巅建筑物皇冠上最新最璀璨的宝石,"闪光的白色大理石建筑被打造为时尚的极简风格,镶嵌在绿叶繁花簇拥的广场之中,沁人心脾。"托马斯·卡希尔(Thomas M. Cahill)在《华盛顿邮报》上赞美道:

> 一位大师级诗人的文字珠玑,被迁至一座新棺。诗人有生之年,也许曾梦想过如此堂皇之所在,但从

13 荣耀归于莎士比亚

未变为现实。他的词句珠玉，曾闪耀于草根小店，但今天，被护卫在比最尊贵的时尚君主、"英明女王"贝丝（Good Queen Bess）的宫殿更富丽的宅邸中。

建筑商和工匠们为参与图书馆工程而自豪。"他们就像中世纪的传统手艺人，热爱他们的工作，为付出的努力和得到的结果而自豪。"不过，曾参与建造耶鲁大学拜内克图书馆的一位工人表达过不同看法。在1963年的采访中，他对记者说："整个楼都盖歪了。"

亨利·福尔杰过世六年后，他的夫人艾米丽也去世了。她将全部遗产捐予图书馆，作为日常管理的开销。她还留下遗愿：在图书馆中建造一道秘密楼梯，通向一处壁龛，将他们夫妇二人的骨灰安放其中。壁龛由一块铜匾覆盖，上面刻一句稍显不敬的话："荣耀归于莎士比亚，更高之荣耀归于上帝。"在2015年出版的福尔杰传记中，由于排版错误，该铭文不幸被印成大不敬的"荣耀归于上帝，更高之荣耀归于莎士比亚"。这个笔误堪比《邪恶圣经》。

亨利·福尔杰一生中买了几十部第一对开本。如今，福尔杰图书馆将它们像早期抄本一样存放——展开铺平。粗略看来，沉迷于搜集一本书的不同版本似乎颓废甚至庸俗，但学者们对这些版本进行对比后却有惊人发现。在印制过程中，文本发生了演变。版本之间的差异揭开了许多经典诞生的细节，以及在其诞生中充当助产士的编辑和排版工人的细节。

五位不同的排版工被学者们指认出来,分别用字母 A 到 E 代表。他们每一位都有独特的风格和特征:A 是位印刷术实践大师;B 是个马虎的人;E 是状况频出的学徒。学者们对这些排版工人进行了大量的有关印刷技术、语法及心理力学方面的测评。莎士比亚的文献书目有很多难以确定的谜团,但在排版这一领域,福尔杰的收藏为我们提供了无比宝贵的确定性。福尔杰的第一对开本精彩地展示了文献书目学的分形本质——每一个细节都是重要的;每一个切入点都有其效用,有其价值。

关于重复收藏同一书籍不同副本的问题,曼彻斯特图书馆的经验值得借鉴。恩里克塔·奥古斯丁娜·赖兰兹(Enriqueta Augustina Rylands)出生于哈瓦那,是曼彻斯特成功的棉花商人约翰·赖兰兹(John Rylands)的第二任妻子。1888 年丈夫去世后,她继承了二百多万英镑的遗产。她将这笔钱用在了慈善和文化事业上,其中包括曼彻斯特的约翰·赖兰兹图书馆。

赖兰兹图书馆的核心藏书,是史上最佳私人图书馆之一的斯宾塞勋爵奥尔索普图书馆的旧藏。斯宾塞在 1794 至 1801 年间担任英国第一海事军务大臣。他是授予纳尔逊(Nelson)地中海地区独立指挥权的主要决策者,也因而促成了尼罗河战役的胜利。斯宾塞在藏书界成就也很多。他是罗克斯伯俱乐部的创始主席,也是其拍卖会的知名竞

13 荣耀归于莎士比亚

标者。奥尔索普图书馆有五个紧挨着的藏书室：长厅、拉斐尔厅、比亚尔厅、马尔堡厅、诗人馆。每一间都装满了书籍。图书馆宽敞得"即使养一匹设得兰矮种马也绰绰有余"，迪布丁建议就养一匹小马，"供娇弱的客人从图书馆的一头骑到另一头"。斯宾塞勋爵比许多亲王还富有。他收集了数万册16至18世纪的精美书籍和抄本，还拥有三千册摇篮本，其中包括卡克斯顿、德·沃德、古登堡、舍费尔等印刷所的产品。斯宾塞在印刷字体上很有眼光。

斯宾塞旧藏的购买协议是恩里克塔秘密协商的，最终在1892年以二十一万英镑成交。此前从未有人用如此巨额的资金购买一批藏书。这次收购使得奥尔索普图书馆的藏书免于流散，同时也为曼彻斯特带回一笔宝贵财富——英国私人图书馆黄金时代的极品典范。此次收购的图书中，包括19世纪最昂贵的书——罗克斯伯版《十日谈》。

买下斯宾塞旧藏后，恩里克塔还专门建造了一处合适的场所来存放这些图书——一组哥特式的优雅建筑，命名为"约翰·赖兰兹图书馆"。除斯宾塞旧藏外，恩里克塔还收购了其他一些重要印刷书及抄本，并将它们一并存入赖兰兹图书馆。1908年她去世时，又留下二十万英镑的遗赠及更多私人藏书。赖兰兹图书馆迅速将这笔钱用于采购藏书，而没有留作日常管理经费慢慢使用。

1972年，赖兰兹图书馆与曼彻斯特大学图书馆合并。之后的十年，图书馆资金紧张，政府补助亦日渐紧缩。图书馆的管理者决定在两馆合并的藏书中，挑出最好的九十八册"重复副本"发售。九十八册藏书中,有三分之二来自斯宾塞旧藏。

拍卖会的举行恰逢约翰·赖兰兹逝世一百周年。有些藏书因为运输过程和拍卖前的试看中缺乏妥善管理而遭到损坏。尽管一位自称"本森"(E. P. Benson)的意大利书商踊跃竞拍,拍卖会仍乏善可陈。最终,书籍以很低的价格成交。

更糟糕的是,图书馆受托人后来意识到,这些所谓"重复副本"根本就不重复。九十八册藏书在插图、注释、排版、封皮装帧和出处等方面都跟其他副本有着显著差异:其中一本斯宾塞旧藏的摇篮本有独特的作者勘误;一本有独特的插入页;还有几本有独特而重要的 15 世纪出处。这些图书被处理掉之后,曼彻斯特的访客们再也无法通过对比它们和其他不同出处的版本,来发现其文字和排版间的差异了。

抛售"重复副本"的消息传开后,引起一片哗然。虽然无法用同一计量单位对比,但出售这批书造成的名誉损失显然远大于其拍卖收入。作为研究早期印刷术(如 15 世纪的希腊印刷术)的重地,曼彻斯特的重要性大大降低了;而作为书籍庇护之所,曼彻斯特更是背叛了过去的誓言。这场风波的后果是,捐赠者们纷纷将他们的资金和书籍撤出,转捐往别处。克劳福德伯爵(Earl of Crawford)收回了他和前几任伯爵存放在曼彻斯特图书馆的数千册书籍,将它们转存到苏格兰国家图书馆。

13 荣耀归于莎士比亚

尼古拉斯·巴克在《独立报》(Independent)上撰文称，抛售这九十八册书是"对国家文学遗产空前的强奸"。他在《图书收藏家》(The Book Collector)中进一步写道，此次出售"破坏了国家文献书目财富重要部分的完整性"，就像从巨石阵中夺走了一组三石。

艾米丽去世后，她在福尔杰图书馆留下了一批忠心耿耿的工作人员，比如一位讨厌灰尘的工作狂女仆，曾经参与挖掘巴拿马运河的工程师查尔斯·罗杰斯（Charles Rogers）。作为守夜人，罗杰斯每天下午四点钟到图书馆，穿着打扮像位衣冠楚楚的国会参议员，出现在公众视野中时，永远戴着围巾和手套。

理论上讲，福尔杰图书馆的书籍应该是开放和易于查阅的，但在很多方面，其环境对读者并不友好。比如，前门有警卫站岗；图书目录不完整；阅览室灯光昏暗，不便阅读。有人形容图书馆的整体氛围是"葬礼"般的。继任的馆员们进行了一系列政策、人员和管理方式的改革，补充了图书，更换了照明灯，敞开了大门，使其更好地发挥研究型图书馆的作用。

二战结束后，路易斯·莱特成为福尔杰图书馆的主管。他拓宽了书籍选购的范围，尤其是17世纪下半叶的书籍，例如雅克·布瓦洛（Jacques Boileau）1678年的作品《对裸露乳房和肩膀合情合理的谴责——一位严肃而博学的罗马天主教徒的手记》(A Just and Seasonable Reprehension

图书馆：无尽的奇迹

of Naked Breasts and Shoulders, Written by a Grave and Learned Papist），以及1690年的作品《英法厨师全书》(*The Compleat English and French Cook*）。此书收录了许多不同寻常的菜式，比如"煮鳗鱼"和"紧跟时尚之猪肉派"。

莱特热切地希望福尔杰图书馆看起来像个热情洋溢的机构。他把前门的哨兵换成了清洁工，并在决定工作人员配置时，刻意规避招收某一类型的女性馆员。用他的话说，是"举止尴尬，长着一对猫头鹰眼，戴眼镜，浑身散发阴郁之气"的女人。莱特搜遍北半球，找寻对书籍和研究型图书馆的运作真正感兴趣的"年轻聪明的女性"。他表示："有些小妞滔滔不绝地说'就是喜欢莎士比亚'，这远远不够。脑筋正常和会打字比热爱莎士比亚重要得多。"他在英国、匈牙利、希腊和加利福尼亚找到不少满意的人选。其中的得意之作是一位叫珍妮丝·雅克（Janice Jacques）的"年轻开朗的女士"。她为图书馆前台增添了热情洋溢的法裔加利福尼亚氛围。

图书馆新建了屋顶花园，是给"女孩子们晒太阳的地方"。莱特亲手绘制一幅员工群像，酷似波焦笔下的巴登浴场——田园牧歌中有出水仙子伫立其间。这幅画与梵蒂冈图书馆冷冰冰的"半裸"助手又有鲜明的不同。尽管木兰花丛中啼叫的是乌鸦而不是椋鸟，这座美丽的屋顶花园仍成为人们体验福尔杰图书馆时不可或缺的一部分。

乌鸦与福尔杰图书馆的缘分还不止于此。在图书馆收藏的一卷1574年威尼斯犬类史中，夹着一条警告："窃此书者，将遭乌鸦掠其肚肠。"

福尔杰图书馆大楼下面，潜伏着一个由隧道、地窖、真假地牢组成的网络。在冷战高峰期，一些华盛顿居民认为核弹攻击不可避免，文明"已不值得被拯救，更不值得被研究"。福尔杰图书馆的员工们拒绝逃往某个"被上帝遗弃的巴塔哥尼亚避难所"，留下来继续维持图书馆的日常运行和研究工作。莱特旗帜鲜明地表示："真正安全的地方已经挤满了讨厌的人。我们就待在这儿。只要空调还能运转，就开着空调，阅读文艺复兴时期关于'先天邪恶说'的布道——不知为何，这个主题总能让人高兴起来。"为以防万一，莱特和他的员工们计划使用图书馆地下的墓穴作为防空洞，大家可以"高枕无忧地在其中大汗淋漓"。

耶鲁大学曾谣传，如果发生核弹袭击，拜内克图书馆可以降到地面之下，成为一个超级现代、超级书卷气的避难所。不过，流经图书馆底下的溪流是这个传言几个致命漏洞之一。

福尔杰图书馆的落成恰逢阿文河畔斯特拉特福的新莎士比亚纪念剧院（现皇家莎士比亚剧院）开幕。福尔杰图书馆里也有个装样子假戏院，主要用来举办学术讲座，其设计旨在令听众有置身伊丽莎白时代的英国之感。这座戏院并不适合真正的演出——它连更衣室都没有配备，也不符合消防规定。不过，福尔杰图书馆最终还是设法在此举办了演出。1949年，莱特说服市政府给予补贴，举办了首场由阿默斯特剧团（Amherst Masquers）出演的《恺撒大帝》。之后又举办了多场演出，其中包括第一对开本中一些比较晦涩的剧目。

像亚历山大的图书馆馆员和维也纳的彼得·基恩一样，亨利·福尔杰也常常被无良书商和文物贩子蒙骗。他买了很多品相极差的第一对开本。这类副本被书商描述为"好的副本""多经阅读""之前不是收藏状态""专门用来翻读的副本"——都是推销垃圾时的委婉表达。有些他收购的第一对开本上有小孩的涂鸦；有些是用第二对开本的散页和摹本拼凑起来的；有些缺少扉页或其他前页；有些甚至缺了整整一部剧本。1907年收购的一个副本，少了一半以上的书页，根本就不能称之为第一对开本。残缺、凹凸、弯曲、虫蛀、破损、沾染食物、沾染油污……福尔杰的对开本书目记录令闻者伤心。除了"太脏"的副本，他还有一些"太干净"的副本。这种因为过度清洗而被损坏的书籍，在19世纪颇为常见。福尔杰一到，书商们都会心中一喜。

除了受蒙骗高价购买真品外，福尔杰还上当买了不少赝品和毫无价值的小玩意。一个商人以高昂的价格卖给他一幅大卫·加里克（David Garrick）的小画，声称这是约书亚·雷诺兹爵士（Sir Joshua Reynolds）的素描真迹。但实际上，这幅画只是一张廉价的印刷品。非法书商用水彩点染了，令其看起来充满年代感。至于价值几何？运气好的话，也许能卖二十美分。但凡有莎士比亚的半身像出现

13 荣耀归于莎士比亚

在市面上，福尔杰就要将其扫购一空。他曾买过一件用现代混凝土材料制成的超大型莎士比亚遗容面模。在他本人过世很久之后，莱特想用这个面模换点有用的东西，比如"几袋可以用在屋顶花园的腐殖土"。莱特还弄走了其他一些价值可疑的藏品。福尔杰图书馆的阁楼上堆满了男女演员的海报，"这些海报以前挂在剧院大厅——幅面太大，别处也挂不下。它们非常适合德州石油暴发户的豪宅。感兴趣的话，我们可以提供优惠价"。

许多参观福尔杰图书馆的游客都会向莱特和工作人员们打听一件令人着迷的藏品：一件紧身胸衣。福尔杰购买它时，被告知这是女王伊丽莎白一世的旧物。为满足公众的好奇心，莱特将其展出，并附如下说明，表示无法验证其真实性。

> 此物品于多年前被福尔杰先生购入。卖主是一位急于将一切能引起人类兴趣的物品出售的商人。关于此物出处，该商人唯一能提供的证据是当初将它带到店里的老妇人说：根据她们家族的世代传说，它曾属于伊丽莎白女王。

莱特曾将胸衣的图片寄给维多利亚和阿尔伯特博物馆。经博物馆纺织品部负责人助理唐纳德·金（Donald King）的仔细观察，认为它的年代可追溯到18世纪上半叶，但"伊丽莎白时代从未发现过有此种类型的胸衣"。莱

特在报告中遗憾地说：

> 我们甚至不能将其归属到安妮女王或乔治一世的某位情妇身上，因为对比此件物品的周长，她们的胸围过大，穿戴时不可能合拢。我们不得不将此物品的展览标签改为"一件古老的紧身胸衣，安妮女王末期或乔治一世早期"。

其他可疑物品还包括一系列桑木制品：椅子一把、顶针一只、戒指一只、擀面杖一根、烟草盒一个、烟斗夯一个、墨水台一个、高脚杯一只、小储物盒一个、香料匣一个。据说制作这些物品的木材来自莎士比亚在阿文河畔斯特拉特福亲手种植的一棵桑树。不过，所有"莎翁手植"桑木制品加起来，所用的木材比钉死耶稣基督的真十字架的碎片加起来还要多。

福尔杰图书馆的赝品清单中还包括假的封皮装帧。有几套19世纪制作的封皮，伪装成16世纪的古物，附在16世纪的书籍上。例如，图书馆收藏了一套精致的山羊皮"阿波罗与飞马"封皮，里面是1515年西塞罗的一卷书。这套封皮一直被认为是真品，直到世界上最伟大的文艺复兴时期书籍装帧专家安东尼·霍布森注意到了一些微小的细节——在上封的镀金块中，阿波罗战车的轮子有四根辐条，而不是固定模式的六根；中央徽章周围的铭文连结在镀金块上，而非单独加工制成。证据确凿，这套封皮像摩根被砸掉的茶碗一样假。它是维托里奥·维拉（Vittorio Villa）将16世纪简易装帧的封皮加上镀金装饰翻制而成，模仿的是1545至1547年乔瓦尼·巴蒂斯塔·格里马尔迪（Giovanni Battista Grimaldi）在罗马定制的华美书面装帧。这套赝品可能是热那亚医生德梅特里奥·卡内瓦里（Demetrio Canevari）订作的。

尽管有"鱼目"混在其中，福尔杰的藏品仍是珠玉满堂。重要的抄本、精美的早期版本、奢华的封皮装帧、大量的史料、令人惊艳的实物——这些藏品美轮美奂，具有不可估量的学术价值。该图书馆极大地实现了其创始人的目标，是对莎士比亚最非凡的纪念。图书馆也是一流的研究机构，吸引来自世界各地的学者，在此举办丰富多样的学术活动。毫不夸张地说，福尔杰图书馆是全球莎士比亚研究的总部。

不过，"莎学"内部一些撕裂性观点为福尔杰图书馆的荣耀蒙上一层阴影。"莎学"向来被誉为龙潭虎穴，千百年来争议层出不穷。其中最热门的讨论就是著作权之争——莎翁著作真的是莎翁所作吗？这给福尔杰图书馆出了个大难题。如果事情向"不可说"方向发展，那些"异端邪说"是对的——莎翁作品的真正作者是弗朗西斯·培根、克里斯托弗·马洛（Christopher Marlowe）、爱德华·德·维尔（Edward de Vere）或亨利·内维尔（Henry Neville）——那么福尔杰图书馆岂不成了一个巨大的笑柄，专为致敬谎言而生！多年来，福尔杰的主管们一直在为此种可能性未雨绸缪。扩大早期文本的收藏范围是其中之一。再者，他们同时收纳正统和非正统莎翁研究者的著作。几位莎学非正统"怀疑论"研究者都是美国人：俄亥俄州的迪莉娅·培根（Delia Bacon）、密歇根州的奥维尔·欧文（Orville Owen）、康涅狄格州的戴安娜·普莱斯。他们的书福尔杰图书馆都有收藏。

莱特虽然远算不上莎士比亚怀疑论者，但他是套期保值、转移风险的关键人物。他致力于弱化莎士比亚在福尔杰治馆理念和收藏重点中的角色，同时扩充馆藏，使图书馆成为全球范围内，整个16至17世纪英语文学的收藏研究重地，在多个领域及作家作品方面占有优势。口头上，莱特反对阿文河畔斯特拉特福的"巴纳姆－贝利"（Barnum and Bailey）版莎翁戏剧。这一表态为他在非正统莎学阵营赢得了朋友。1956年，一位"福尔杰善意而忧心忡忡的朋友"询问莱特，是否担心图书馆的资产贬值，"如果克里斯托弗·马洛的支持者证实，莎翁著作其实是马洛写的，可如何是好？"莱特愉快地向此位友人保证：图书馆"多年前就采取了避险措施，购入了全球最好的马洛作品集之一"，无论如何，福尔杰图书馆都稳坐第一把交椅。友人颇感欣慰。

福尔杰图书馆的另一策略，是努力成为辩论和研讨莎士比亚争议和发现的"首选"之地。两位书商新近"发现"《莎士比亚词典》的事件就是例证之一。图书馆管理层的想

13 荣耀归于莎士比亚

法很容易揣测。书商的目的无非两个：一是提高"词典"价格；二是"新发现"前后的故事一旦成书，确保拿下版权。对此，应该如何反应呢？图书馆不能冒险为不良古书和其"传记"背书，也不愿承担任何连带后果，但关于莎翁的讨论和因此引起的关注和热议是值得欢迎的。更重要的是，当人们寻找此类问题的资料和答案时，福尔杰图书馆将成为他们的目的地。通过调停和仲裁莎翁作品的相关争议，福尔杰图书馆将巩固其在全球莎士比亚研究中的权威地位。

退一步讲，真到了万不得已的时候，图书馆的终极策略也很简单——时刻准备好换掉名片、信纸抬头、大理石门楣和福尔杰夫妇骨灰壁龛上那块倒霉的铜匾。

诞生

在约八千五百万年前的恐龙时代，灵长类从树鼩和其他哺乳动物中分化出来。在约两千万年前，猿类从长臂猿中分化出来。在约八百万年前，人类和黑猩猩的祖先从大猩猩中分化出来。在六百万至四百万年前，经历了逾百万年不断的种间杂交和融合，"祖先"们进一步分化。在二十五万到十万年前，人类开始讲话。在大约五千年前——驯化了马匹、种植了辣椒、酿造了啤酒、扬起了风帆、发明了陶轮之后——人类开始书写。在三年前,兰开夏郡埃德蒙顿格林图书馆(Edmonton Green Library)的儿童区,医护人员和图书馆员帮忙接生了一名女婴。

14

杀死一名修士
奇幻图书馆

奇异非凡的图书馆往往是奇幻小说和科幻小说的重要组成部分。伊恩·班克斯、菲利普·迪克、特里·普拉切特、道格拉斯·亚当斯、杰克·万斯、约翰·斯拉德克（John Sladek）和托尔金都用想象力编织出了各自版本的奇幻图书馆。在《机器人谋杀案》(*Tik-Tok*)中，斯拉德克构想出一个巨大的星际移动图书馆。反英雄主人公、人形机器人嘀嗒（Tik-Tok），发现自己进入了"涂鸦虫号"（Doodlebug）。这是一艘在利比里亚注册的巨大宇宙飞船，最初是为了供超级富豪游览太阳系设计的，但经济大萧条后，只好改用作运输牲畜。按照工会规定，机器人不许在飞船上打工，所以嘀嗒有充足的空闲时间游览船上安静的宴会厅、奢华的浴室、一流的咖啡厅和图书馆。

为了充分利用图书馆中"无与伦比"的藏书，嘀嗒给自己定下了规矩，比如某一天他专门读与一位叫罗比（Robbie）的机器人相关的书，另一天则只读关于火星的书，或者古早时候的修女的自传，或者名字以字母 U 开头的书。U 字部最常见到有隐晦亵渎之意的书，比如《不可言说的做法，不自然的行为》(Unspeakable Practices, Unnatural Acts)、《菲齐克的便池》(The Urinal of Physick)、《十字路口》(Up the Junction)、《贝罗纳俱乐部的不快事件》(The Unpleasantness at the Bellona Club)、《汤姆叔叔的小屋》(Uncle Tom's Cabin)。

在《神秘博士》的"静谧图书馆"一集中，博士被困在一个星球大小、阴暗背光处有小型食人鱼出没的图书馆里。在普拉切特《碟形世界》的隐形大学（Unseen University）里，魔法书要竭力挣脱拴住它们的锁链，肃穆威严的红猩猩馆员守卫着三样东西：肃静、借阅规则和宇宙物理法则。

在杰克·万斯的《夜灯》(Night Lamp)中，贾罗（Jaro）和斯基尔（Skirl）在废弃的索马尔（Somar）宫殿发现了一个大图书馆，里面塞满了一千多年前的书籍——"都是沉甸甸的厚书，封面由雕花木板制成，书页上穿插着文字和手绘图案"。有些书散发着蜡和防腐剂的芳香。一位当地骑士解释说，每本书都凝聚了某个人的一生，里面收录着此人的日记、文艺创作、新发现及心得，是他一生经验和秘闻的档案馆。每本书都彰显着作者的风格与个性，它们承载了作者永生的愿望，也真的替他们实现了——捕捉住一个人的才智精髓，使其在时间的维度上静止，那么这个人不就相当于永生了吗？"半梦半醒间，作者在他倾情创作的书页中永恒地来回穿梭。"图书馆墙壁后面有很多秘密通道，有的通向安全之所，有的则通向食尸鬼的巢穴。

与《夜灯》一样，奥德丽·尼芬格的《移动夜间图书馆》（The Night Bookmobile）也是关于书籍和死亡的奇幻想象。在尼芬格的书中，一位年轻女子邂逅了一间神秘的移动夜间图书馆。这间图书馆收藏了她一生中所有认真读过、粗略翻阅及浅尝辄止的书。这些书籍由馆员奥彭肖（Openshaw）先生细心管理着。这次相遇之后，这位女子一直试图再次找到这间移动夜间图书馆，但直到九年后才有了第二次相遇。她恳请奥彭肖先生，让她做他的助手，但被拒绝了。她报考了图书馆学专业，到芝加哥公共图书馆苏尔泽（Sulzer）分馆工作。十二年后，她又见到了移动图书馆，但她的请求再次被奥彭肖拒绝了。直到她过世后，才得到了肯定的答复。她自杀了，之后发现自己身处图书馆的"中心阅览室"中，奥彭肖也在。她成了移动夜间图书馆的馆员，有了她专门服务的读者，负责管理这位读者读过的所有书籍。

2014年上映的电影《星际穿越》也是同样主题。影片的高潮发生在一间棕色调、有着完美几何形状的摩登超现实版拜内克图书馆里，而这座图书馆自身又处于黑洞之中。从片中角色，天体探索先锋约瑟夫·库珀（Joseph Cooper）的视角看，所有书籍都像奥多里科·皮洛内（Odorico Pillone）

的收藏一样，书脊朝内摆放。这部影片被批评为过于冗长和夸张，更糟糕的是它不合理。库珀进入黑洞的情节，没锤炼到主角本人，而是锤炼了电影的可信度——人类的肉身穿梭三维与四维空间，竟然没有四分五裂。不过，电影的高潮收到了预期的效果：通过博尔赫斯式无限图书馆的隐喻，导演成功地在方寸屏幕之间展现了无限的时间与空间。

用塞满书架的书籍来象征跨时空交流、过去与未来的桥梁、无限及不朽，可以说是恰如其分的。黑洞图书馆的情节设置虽然是为了增强叙述的效果，但在物理学上也有一定道理。有趣的是，多重维度和多重信息的确在黑洞物理学中占据着核心地位。例如近期发现的一个理论提出，我们可见的宇宙只是四维黑洞在其表面的三维投影。此类理论打破了数字与模拟、虚拟与现实之间的界限，为6世纪《创造之书》(*Sefer Yezirah*)中的卡巴拉理论，即宇宙由字母和数字构成的假说，注入了新的活力。

史密森尼学会，又称"美国阁楼"、古玩柜、马松屋，收藏了大量关于火箭科学的书籍，其中还包括火箭立体书和热门科幻小说。不过，第一本提到用火药作为火箭推进剂的英文书——笔名默塔·麦克德莫特（Murtagh McDermot）的作家的小说《月球之旅》(*A Trip to the Moon*)，却收藏在福尔杰莎士比亚图书馆。这本出版于1728年，献给里梅尔·格列佛的小说讲了一个很精彩的故事。故事的主人公在攀登特内里费（Teneriffe）的山峰时，遭遇了类似《绿野仙踪》中

14 杀死一名修士

将多萝西从堪萨斯州卷走那样的龙卷风。他被吹到了地心引力作用之外的高度，悬浮于地球和月球之间。正在他担心将被困在此处饿死时，极端天气又发挥了作用——他幸运地随一场冰雹掉落在月球的一个鱼塘中，被王家渔夫的鱼钩勾住了扣眼。

为了重返地球，主人公制造了一枚粗糙简易的火箭。他将十个木桶套在一起，外层用铁箍固定。他藏身于木桶之中，点燃下面的七千桶火药，将自己炸离月球。到达地月引力交汇处时，他爬出木桶，戴上翅膀，跟随一群迁徙的鸟儿飞到非洲。他在几内亚登上一艘开往欧洲的轮船，最终回到了爱尔兰。"即使对一个勇猛的爱尔兰人来说，这趟旅行也太过艰难了。"主人公表示，龙卷风"可不是什么易于乘坐的交通工具；被炸飞也不好受。"

一个多世纪以来，科幻小说为读者描绘了各种各样神奇的未来图书馆，但其中最妙的两座却取材于历史上真实存在的图书馆。

作家、学者兼藏书家翁贝托·埃科拥有四万多册私人藏书。他像理查德·希伯一样，将藏书分散存放在米兰等地的房产中。他一生主要从事文字、书籍、图书馆方面的研究。十六岁时，他参观过一座本笃会修道院，仔细探索了其中的哥特式和罗马式穹窿回廊。在修道院图书馆里，他发现一本翻开放在诵经台上的《圣徒行传》(*Acta Sanctorum*)。书中有一位与他同名的圣徒——翁贝托主教。这位主教曾成功劝导森林中的一头狮子皈依圣教。"万籁俱寂，光通过晦暗的窗子照进室内。窗子几乎嵌在墙壁中，窗顶收束成尖拱。"翻阅着对开的书页，埃科顿悟了。这最终让他创造出小说中最迷人的图书馆，即其处女作《玫瑰的名字》中的本笃会修道院图书馆。

图书馆是《玫瑰的名字》的核心，也是其情节的支点。为刻画这座图书馆，埃科研究并绘制了数百张图书馆和修道院的平面图，以及镜廊和迷宫——希腊式的、根系一般的、矫饰主义风格的，还有想象的。兰斯大教堂地板上的迷宫遗迹是给予他很大帮助的几个参考坐标之一。今天，我们只能从图纸和画作中得知，兰斯大教堂原本的迷宫整体呈八角形，每个角上又有一个类似角楼的小八角。18世纪，法政牧师雅克马特（Canon Jacquemart）下令拆毁这座迷宫，据说是嫌礼拜时在迷宫中嬉闹的孩子太吵了。达勒姆大教堂、耶鲁大学斯特林纪念图书馆、博比奥修道院、位于皮埃蒙特苏萨谷（Susa Valley）的庞然大物——圣米迦勒修道院（St Michael's Abbey），以及理想中的9世纪圣加修道院与图书馆平面图，都给埃科提供了重要灵感。

在头脑中构筑修道院图书馆时，埃科也想到了博尔赫斯的无限图书馆。在撰写《玫瑰的名字》两年前，埃科曾为《艾诺迪百科全书》（*Einaudi Encyclopaedia*）添加"抄本"条目，其中提到了被他称为"巴别图书馆实验"的内容。自此，他对博尔赫斯从感兴趣转变为良性的痴迷。最终定型的《玫瑰的名字》修道院图书馆，在很多方面都类似于博尔赫斯的无限图书馆，比如由相互连接的六边形房间构成。埃科为他的中世纪图书馆配备了一名盲人图书馆员，叫他"豪尔赫"。

1978年3月，当埃科终于开始写这部小说时，他脑中浮现出了一个开拓性的创意："我要毒死一名修士。"受柯南·道尔及英国侦探小说传统的影响，埃科着迷于编造这样一个情节——在图书馆读书的修士，因吸收了书页中的致命毒素而死。他向一位生物学家朋友咨询，问哪种化合物是可以在碰触时被皮肤吸收的。朋友并不知道有这样一种毒药。出于谨慎，埃科立刻撕毁了朋友的回信，因为"在不同的语境下，这封回信很可能将我送上绞刑架"。

《玫瑰的名字》的首批读者中，有些被未经翻译就大段引用的拉丁文搞得晕头转向，有些为该书显而易见的文学严肃性和文体前卫性感到困惑。不过，绝大多数读者透过现象看本质，只把它当成一本巧妙新颖的悬疑题材小说来读——其中有写实得惊人的中世纪历史背景，还有一座有史以来人类语言描绘出的最迷人的图书馆。

> 羊皮卷抄本之间长达若干世纪的喃喃低语，留存在此处；它有生命；它是不受人类意志支配的能量收纳之所；创造和传播智慧的人或已逝去，但他们的心灵秘宝永驻于此。

将《玫瑰的名字》的历史背景设定在中世纪晚期是有道理的，因为这一时期的藏书量是中世纪的顶峰。不过，埃科的图书馆仍遭到了质疑,被指出它其实完全不符合史实。以现代的眼光看,中世纪晚期的图书馆,即使"较大",藏书量也并没有很多。比如当时世界上藏书最多的图书馆之一——索邦学院图书馆,在 1332 年,其藏书总数也不过一千七百二十卷。埃科笔下的修道院图书馆,藏书量却大了一个数量级——八万七千卷。这一数字引起了研究中世纪历史的学者的广泛诟病,比如波拉斯特龙(Polastron)就指出:"埃科小说中的胡说八道让人没法不谴责。"想要制造出那个数量的抄本,至少需要八百万头牛犊的皮,还得全世界的抄经师子承父业,两代人抄上两辈子才行。"不过谴责归谴责,爱好做梦和幻想的人,才不会管专家们怎么说呢。"

托尔金与埃科有很多共同点。他也是一位研究中世纪历史的学者,编辑、翻译和重新解读了《贝奥武甫》《高文爵士与绿衣骑士》等早期文本,并以此建立了在学术界的声望。二人都对早期图书馆和迷宫着迷,又都深受博尔赫斯的影响,热衷于用丰富的幻想一丝不苟地编织出自己的奇幻世界。他们都爱好语言学,能用多种文字进行创作,喜欢玩弄文字的质感。他们在小说出版后,都不厌其烦地帮助译者将其翻译成其他语言。在小说的虚构世界中,他们又都建造出了令人敬畏和叹服的图书馆。

托尔金的作品以精妙绝伦、极具吸引力的中土世界为背景。这是霍比特人、龙和精灵的世界,也是图书馆的

14 杀死一名修士

世界。托尔金为其发明了语言、书籍,也发明了收藏书籍的图书馆。中土世界的图书馆被精心设计成各种不同的模式,有些在塔楼、城堡、藏宝库、金库中,有些与私宅的书房、卧室相结合。托尔金的作品简直是对书痴永不停歇的赞美诗。

霍比特人居住在一个叫作夏尔的美丽地方。他们是中土世界最爱读书的种族之一。在基因和文化上,他们与居住在东部和东南部的普通人类非常相似,但其体型则比大多数矮人还小。除了身高,另外一个独特之处是,大多数霍比特人居住在地下。霍比特人的房子叫"斯密奥"(smial),是在山坡中挖掘出的整洁居所。

霍比特人是聪明灵巧的种族。他们天生就是优秀的抄经师、热忱的保管员和极具天赋的工匠。像黑暗时代爱尔兰和苏格兰的修士一样,在中土世界动荡的第三纪元,是夏尔的霍比特人保存并发展了制作、收藏书籍的高尚艺术。霍比特人制作书籍的工艺在第四纪元初期达到顶峰,部分原因在于他们参与了魔戒战争,部分原因在于战争之后长期的和平。《西界红皮书》《夏尔药草学》《编年史略》都是那个时期的著作。

夏尔名人比尔博·巴金斯将他的藏书收在自家书房里。他的宅邸"袋底洞"是有史以来最好的斯密奥之一,而书房又是其中最好的房间。书房中配备了一个文明的霍比特人需要的一切装潢和设施——墙面镶板、瓷砖地面、地毯、壁炉、洁净光滑的桌椅、书架、木头保险箱,还有一扇深陷在墙中的圆形窗子，可以用来俯瞰花园、草场和远处的河流。窗子上还有遮光帘和百叶窗，用以控制光线。比尔博将最宝贵的书籍和自己正在撰写的作品存放在保险箱中，其余的书则摆在书架上。书架做得很矮，因为霍比特人恐高，绝不会爬梯子去取书。

霍比特人的书用皮革封面，且大部分采用鲜艳的颜色。比如《西界红皮书》的尺寸相当大，对身材矮小的霍比特人来说，这样的尺寸简直是巨大了。像《大西洋古抄本》一样，《西界红皮书》由多卷对开本组成。它记录了第三纪元末期的历史，以及比尔博和侄子佛罗多·巴金斯关于魔戒的冒险。书的全名相当长。比尔博给第一卷的命名是"我的日记。一段意料之外的旅程。去而复返。之后的故事。五个霍比特人的冒险。魔戒的故事，由比尔博·巴金斯和朋友们的观察记载整理而成。我们在魔戒战争中的全部作为"。之后，佛罗多划去旧名，重新将书命名为"指环王陨落与王者归来（矮人见闻；夏尔的比尔博和佛罗多的回忆录，辅以友人记录及智者所闻），以及比尔博在幽谷所译《学识典籍》的摘录"。

比尔博的藏书都是统一装订的。他自己撰写的四部作品更是以尺寸、风格、颜色都完全相同的皮革装订。比尔博的书房就是一位英国绅士的藏书室的缩小版。袋底洞也像是一栋埋在地下的英国乡村别墅微缩模型。

夏尔最大的几座图书馆分别位于塔底居、大斯密奥和白兰地厅。塔底居是西界牧守的宅邸。大斯密奥位于塔克

14 杀死一名修士

领，是图克家族的祖宅洞府。白兰地厅位于雄鹿山，是白兰地鹿家的居所。佩里格林·图克是大斯密奥图书馆的建立者。他收藏的书多是遥远的刚铎王国的抄经师所录，其中最著名的是芬德吉尔《长官之书》的副本。此书是《红皮书》最好的摹本。虽然它缺少原本中的族谱部分（《长官之书》没有收录这部分内容），但包含了《长官之书》中所有的增改校正，以及比尔博·巴金斯的《精灵语译文集》。大斯密奥的其他藏书大多是关于古代努门诺尔岛、神一样的勇士埃兰迪尔及其后裔、恶魔般的索伦的崛起等历史传说的摹本和概要。

《塔克领年鉴》又被霍比特人亲切地叫作"黄皮书"，因为它是用鲜艳夺目的黄色皮革装订的。"黄皮书"是夏尔留存下来的仅有的几部最古老文献之一。它比《红皮书》早了九百年。"黄皮书"记录了图克家族成员的诞生、婚娶、死亡，以及发生在夏尔的其他著名事件，还记载了塔克领及周边地区的土地买卖详情。

白兰地厅图书馆以收藏伊利亚德（包括夏尔在内的地区）和洛汗（位于东南远方的地区）的历史书籍闻名。其中很多书是由护戒同盟成员梅里阿道克·白兰地鹿撰写或起头撰写的。比如，《夏尔药草学》是梅里对烟斗草历史的考证，以及对吸烟方法和品鉴的论述。他还撰写了《年代计法》，探讨了夏尔、布理的历法，及其与刚铎、洛汗、精灵幽谷历法的关系。《夏尔旧词与名称》也是梅里的著作，其内容显而易见，是关于夏尔语言的。所有这些书籍，都

图书馆：无尽的奇迹

收藏在白兰地厅图书馆。

除收藏"黄皮书"、《长官之书》等重要典籍外，各大霍比特家族还热衷于收藏其他杂七杂八的书籍，就是那些在英国每家旧书店都能看到的用来填充书架的图书：家谱、地方志、诗歌、菜谱、园艺指南、运动健身和罪案实录，等等。夏尔人尤其热爱阅读盗窃故事、英雄传说和其他他们未经过见过的事物。当然，那些秉持着霍比特人所熟知的公平、公正、和谐理念的故事也同样受欢迎。

翁贝托·埃科用了十年时间才完成第一部小说。头几年，他并未落笔，而是煞费苦心地寻找想象中的地点和场所。尽管如此，《玫瑰的名字》的出版之路仍比《魔戒》顺遂多了。托尔金教授史诗般的末世论巨著，经历了漫长的出版过程和无数磨难，甚至差一点没能付印。

事情始于1937年，托尔金出版了儿童读物《霍比特人》。托尔金写这本书是为了在学术研究之余换换脑子，这也是他注入了极大热情的新项目"献给英格兰的神话"的副产品。他终生都在研究神话，最终在此基础上诞生了《精灵宝钻》。

《霍比特人》一经问世便成了畅销书。出版商斯坦利·昂温（Stanley Unwin）在该书发行之初就催促托尔金再写续集。托尔金答复说，他原本没有写系列故事的打算，所以把大量可用作续集的素材"挥霍"在了《霍比特人》上，"很难再从霍比特人的世界里发掘到新东西了"。尽管

14 杀死一名修士

如此，1937年底，他还是开始写《魔戒》了。昂温期待在三年内出版《霍比特人》续集，不过他实际等待的时间比预期长得多。

整整十年后，1947年，托尔金才将一份打印的书稿交给昂温的儿子雷纳（Rayner）。此时，托尔金已是牛津大学墨顿学院英国语言与文学教授。袋底洞充溢着书卷气的舒适空间，让人想起托尔金在牛津经常出没的几个地方，比如博德利图书馆的艺术角和老鹰与小孩酒吧（Eagle & Child）的兔子屋。这部书稿很特别，首先是篇幅比预想的长得多，二是其目标读者是成年人而非小孩子。第一批审阅书稿的人拿不定主意该如何评价它，但雷纳认为这个故事非常精彩、引人入胜，催促父亲尽快出版。与此同时，托尔金不停地修订书稿，直到1949年才满意地定下终稿。

在此期间，托尔金与柯林斯出版社眉来眼去，相信他们会出版《魔戒》和早期版本的《精灵宝钻》。1937年，昂温拒绝将《精灵宝钻》作为《霍比特人》的续集，但托尔金决心将自己的神话与最新作品捆绑在一起。托尔金还对昂温在销售其中世纪寓言《哈莫的农夫吉尔斯》（Farmer Giles of Ham）时的表现不满意。因此，他对柯林斯出版社暗送秋波，后者对《霍比特人》及其姊妹作都有兴趣。

1950年4月，托尔金给昂温下了最后通牒：同时出版《精灵宝钻》和《魔戒》，否则他将把两部作品一起转给其他出版商。昂温拒绝了托尔金的要求，柯林斯出版社也含糊其词。托尔金的书稿坐了两年冷板凳。1952年6月，托尔金致信雷纳，表示自己改主意了："出版一本总比什么都出版不了好！"他总结道。有什么办法可以重启两年前搁置的计划呢？

斯坦利·昂温担心出版《魔戒》也许会导致高达一千英镑的亏损。他要求托尔金签订了一份合同，规定若出版商没有收回成本，将不会向作者预付任何款项和版税。托尔金将书一分为六，但一直打算出单行本。而为了降低风险，昂温将书分为三部。如此操作一举两得，一方面能将零售价定得较低，另一方面可以用第一部《护戒同盟》试水。昂温先向印刷厂下单了三千五百册，并于1954年7月发行。托尔金煞费苦心绘制的彩色插图未被包含其中，让他始终耿耿于怀。娜奥米·米奇森（Naomi Mitchison）、理查德·休斯（Richard Hughes）和 C. S. 刘易斯都为该书写了封套推荐语。

昂温在1960年回忆，出版之前，他将《魔戒》的校样寄给英国书商，彭勃思书店（Bumpus）的 J. G. 威尔逊（J. G. Wilson）立刻认出这本书是一部伟大的作品。事实上，书商对此书的反应相当两极化——一些书商趋之若鹜，另一些则不屑一顾。书评界的反应亦是如此。负面评论说，托尔金的想象力简单且肤浅。《纽约客》的书评人认为，托尔金乏味而不自知，"所以多数时候都非常乏味"。不过，普通读者的反应从一开始就是统一地十分喜欢。

因为要添加精灵语和矮人语语法、霍比特人族谱等补充资料，《魔戒》第三部《王者归来》的出版时间推迟到

14 杀死一名修士

了 1955 年 10 月。被悬念困扰的读者纷纷致信昂温,将他淹没在乞求声中。不过,附录补充资料不见得是出版延迟的唯一原因。昂温不能免俗地玩弄起经营之术,他非常清楚让读者的热情多发酵一段时间的好处。他假意抱怨说,回复读者来信令他的员工们不堪重负。这当然是鳄鱼的眼泪。当《王者归来》最终出版时,其销售量立刻打破了所有纪录。《魔戒》的销售量很快远远超过了中世纪抄本和印刷术出现后最初几十年印刷书籍的总和。

从 1954 年到 1956 年,丹·威肯登(Dan Wickenden)在《纽约先驱论坛报》上对《魔戒》大加赞扬。不过,这部小说真正风靡北美洲,是在十年之后。1965 年,美国的托尔金迷数量激增。霍顿·米夫林公司(Houghton Mifflin)未能获得《魔戒》在美国的独家版权。王牌图书公司(Ace books)趁机出版了盗版单行本,售价仅七十五美分。在王牌图书公司的带动下,托尔金的发行商也与巴兰亭书社(Ballantine)合作,出版了自己的平装单行本。这两种平价版本在美国掀起了托尔金热潮。每个大学生的书架上都有一册《魔戒》,并且幻想自己是阿尔玟·乌多米尔,或是与之有亲密关系的亚拉松之子阿拉贡。同年,巴兰亭还出版了平装本的《霍比特人》。有趣的是,封面上画了两只鸸鹋、一头狮子和一棵长着球状果实的无名小树。根据巴兰亭的说法,这棵树是圣诞树。显然,封面设计师没有读过这本小说。

1956 年,《魔戒》的荷兰语版本问世。不久,瑞典语版本也出版了。目前，该书几乎拥有所有非死语言的译本。不止一家出版公司和机构承销这部书。托尔金所有的次要作品都已经出版和再版，并且整整一个系列的衍生作品都有专营权，比如中土世界游戏、漫画、歌曲、电影、烹饪书、日记、词典、地图册、立体书、日历、动物寓言集和戏仿作品等。托尔金所有只言片语的手稿都被收录在由他的儿子克里斯托弗编辑的《创造中土世界》（*The Making of Middle-earth*）系列中。学者和托尔金迷不厌其烦地搜集托尔金已经流散的个人藏书。这些藏书内容丰富，涉及了文学、语言学、神话学等诸多领域。

托尔金的藏书一在市场上现身，就会引起广泛的兴趣，价格也随之高企。不过，与托尔金相关的书籍的最高拍卖价仍落在了品相完美的初版《霍比特人》和初版《魔戒》上。2015 年，一本《霍比特人》在伦敦苏富比拍卖行以十三万七千英镑的价格成交。其初始估价仅为五万到七万英镑，但有两个因素促使其拍价一再飙高：一是其上有托尔金亲笔书写的精灵语题词，二是其原始护封品相完美。初版护封价值独特，它们被装在塑料档案袋中，藏在银行金库里。当然，这也导致它们成了盗窃和做假的热门目标。

托尔金于 1973 年去世，享年八十一岁。他没能看到《精灵宝钻》的出版。在托尔金着手创作五十多年后，1977年，这部作品才终于出版。它的内容沉闷，与《魔戒》的联系也非常有限。虽然直到 2004 年，还有一位叫亚当·罗伯茨（Adam Roberts）的作家以"A. R. R. 罗伯茨"的笔名

14 杀死一名修士

出版了戏仿之作《钻宝灵精》(*Sellamillion*[1]),但不得不说,托尔金试图写一部"献给英格兰的神话"的尝试是失败的。读者读不下去《精灵宝钻》。不过,托尔金自有其成功之处:一代又一代完全不同的读者,通过共同的体验,在一个令人难忘的架空世界中联系在了一起。

中土世界的历史中,处处交织着图书馆的历史——大型图书馆和小型图书馆、古典图书馆和中世纪图书馆、公共图书馆和私人图书馆。藏书的类型涉及三种:黏土板、卷轴、抄本。在伟大的人类王国努门诺尔和刚铎,最珍贵的"黏土板"类书籍其实是由金和银制成的。中土世界有据可查的最早卷轴是《诸王史卷》。它记载了努门诺尔历代国王和王后的名讳。努门诺尔岛沉没后,《诸王史卷》被毁,幸存的国民辗转至中土世界定居。

在托尔金的世界中,精灵族的文化是理想版本的古希腊和古罗马文化。书籍是这一文化的内核。精灵文的第二个字母是 parma,意为"书"(第一个字母 tinco,意为"金属")。精灵族从神圣的匠人奥力处学得制书之艺,这是神赐予他们的礼物。

在埃瑞吉安王国的欧斯特-因-埃第尔城、贝烈瑞安德地区西部的纳国斯隆德王国、图姆拉登谷中的刚多林城,以及多瑞亚斯的明霓国斯城,托尔金都描绘了精灵抄

1《精灵宝钻》英文版名为 The Silmarillion。——编者注

图书馆：无尽的奇迹

经师制作书籍的场景。位于迷雾山脉中的幽谷，更是一座圣加一般的图书之都。幽谷中有一座中央图书馆，其间设有抄写、学习和沉思之所。该图书馆中收藏着一些中土世界最古老的文字资料。大多居住在幽谷的成年精灵，家里都有私人藏书室。

第一纪元初期，矮人王都林一世在墨瑞亚建立了一座图书馆。墨瑞亚又叫卡扎督姆或矮人挖凿之所，是矮人在迷雾山脉地下深处凿空石头建造出来的城市。矮人的书籍都是直白的编年史和王室行政、远征、贸易及灾难的记录。墨瑞亚的书籍被存放在中土最古老的图书馆之一——马扎布尔室中。马扎布尔室是一个宽敞的正方形空间，有石门保护，东墙高处开凿了一个宽大的竖井，用以照明。矮人如此严密地守护着他们的书籍和文献，侧面反映出这些记录多么稀有和珍贵。其他矮人城邦也有类似的藏书系统——公用书籍和文献储存在用铸铁加固的箱子中，再存入地下壁龛。

在马扎布尔室中央、巴林坟墓旁边，护戒同盟发现了矮人抄本《马扎布尔之书》。这部书始撰于第三纪元2989年，由几位矮人花了五年时间写成，其中记载了墨瑞亚城的命运。书的最后几行字是在墨瑞亚被半兽人和食人妖攻陷时匆匆写就的。虽然在敌人入侵中遭到了严重损坏，《马扎布尔之书》仍展示了矮人对多种文字的熟练运用——比如书中很多内容是用精灵语书写的，其他部分则使用了矮人族的秘密语言——库兹都语。

14 杀死一名修士

托尔金对《马扎布尔之书》的描写似乎受了几部早期抄本的影响，比如被烧焦了的《贝奥武甫》、乌普萨拉大学图书馆收藏的《银圣经》(Codex Argenteus)，以及现存德国富尔达（Fulda）的《拉金朱迪斯抄本》(Ragyndrudis Codex)。据说，《拉金朱迪斯抄本》曾被圣卜尼法斯当作临时的盾牌，抵挡剑砍斧劈，书上的切口可能就是因此留下的。

在夏尔和中土世界的其他地方，都没有可借阅图书的公共图书馆，但图书借阅仍是广泛存在的。霍比特人就常常将藏书借给亲友。比尔博在出借藏书方面慷慨到了过分的程度，很多书籍借出后就再没有归还回来。雨果·绷腰带借走了大量比尔博的藏书，以至比尔博在第三纪元3001年离开夏尔时，特地送给他一个书柜来存放这些书。

除分享书籍外，制作书籍的技术也是分享的对象。人类贵族试图效仿精灵文化。在刚铎的首都米那斯提力斯，有一座类似中世纪"抄经室"的文字馆。刚铎的职业书写师们隶属于王室，受头衔为"国王书写师"的长官管辖。书写师的主要工作就是抄书，为国王及其家人制作准确无误的书籍摹本。

和中土世界的其他图书馆一样，这座文字馆让我们对诸王国崇尚治学及研究的传统略窥一斑。此类例子还有很多，比如巫师甘道夫通过查阅《伊熙尔杜卷轴》来准备与索伦的最后一战，比尔博·巴金斯在幽谷写作《精灵语译文集》，梅里阿道克·白兰地鹿为撰写《编年史略》整理资料。埃隆很高兴有其他王国的精灵和与精灵友好的异族来阅览他收藏的书籍和文献。他欢迎阿拉贡和甘道夫查阅他的地图,他也为比尔博和梅里的研究提供了很多帮助。

和马扎布尔室一样,米那斯提力斯的图书馆也戒备森严——图书馆位于国库中,国库又在一个有兵士护卫的城堡内。来自努门诺尔的移民在第二纪元时建立了这座图书馆。到第三纪元末期,图书馆中已经收藏了大量的抄本、卷轴和黏土板,其中很多都十分古老。藏书中有一小部分是从前在努门诺尔岛制作的,其余则是在米那斯魔古尔和欧斯吉利亚斯被魔多的军队攻陷前抢救出来的。

仍像马扎布尔室一样,米那斯提力斯的藏书也是锁在箱柜中的。一些黏土板和卷轴被裹在布袋和皮袋中,以提供进一步的保护。没人确切知道图书馆中到底有哪些藏书。这些不同版本和语言的书籍,大多是没有编目的。巫师萨鲁曼用了好几年的时间来整理这些藏书,以寻找有关魔戒的信息。

当刚铎王位空缺时,执政宰相德内梭尔二世不愿意让甘道夫查阅米那斯提力斯图书馆的资料。国王归来后,访问图书馆的难度大大降低了。城中的书写师们亦不断提供新誊写出来的书籍,使得图书馆馆藏大幅扩增。中土世界也存在王国之间的图书交易。例如,刚铎会从遥远的地方,比如夏尔,购买书籍。不过,中土没有印刷商,也没有商业主导的书籍生产和发行。

对托尔金来说,图书馆象征着文明。中土所有文明的

14 杀死一名修士

国度都视书籍为珍宝。被称为"半兽人"的恶魔地精，代表着危险、蒙昧、工业化的未来。他们和其他邪恶种族是书籍的毁坏者，且从不制作书籍。邪恶生物中的龙倒是个例外。比如格劳龙和巨龙史矛革，它们在掠夺宝藏（比如矮人的宝藏）时，可能将其中的藏书一同收入囊中，所以它们囤积的财宝中可能包含书籍。

这就是托尔金幻想中的中土图书世界。他的著作中充满奇思妙想，偶尔也有时代错误。比如，《霍比特人》中很古怪地提到了气枪，《魔戒》中提到了特快列车。不过，黏土板、抄本、卷轴稀缺的中土世界图书馆可远比《玫瑰的名字》中的修道院图书馆更贴近中世纪的现实。

死亡
——

安德烈亚斯·威廉·克拉默（Andreas Wilhelm Cramer）是德国基尔（Kiel）图书馆的馆长。19世纪20年代初，他参观了圣加美轮美奂的洛可可风格图书馆及馆中藏书。事后，他在家庭纪事中写道："人们不会介意被埋葬在这样一座图书馆中。"蒂姆·芒比曾参观过一位已故藏书人在布莱克希思（Blackheath）的居所。很多年前，这位藏书人开始毫无节制地买书，以至家里的每一个房间都堆满了书，"书从地板摞到天花板，中间只有极狭窄的过道"，几乎所有书都是没办法抽出来读的。在一个房间中，有一块刚好容纳下一张床的空地。这位藏书人就死在这张床上，尸身几乎掩埋在印刷品中。

1374年，六十九岁的彼特拉克在位于帕杜阿（Padua）附近阿尔卡（Arquà）的家中过世，死亡地点是他的私人藏书室。第二天早上，他的尸体被发现时，头部就枕在一卷打开的手稿上——他本人撰写的《恺撒生平》（Life of Caesar）。据说柏拉图去世时也是类似情形，头枕着索福戒的《笑话》（Jests）。

查尔斯·范·胡特姆是猝然而逝的，"被突如其来的中风带走，尸身伏在一堆书上，像殒命战场的武士"。托马斯·罗林森也以类似的方式辞世，倒在"他那一捆捆、一堆堆堡垒似的故纸中"。坦尼森（Tennyson）与他在最后时刻捧着的一卷《辛白林》一起下葬。编辑兼藏书家古斯塔夫·莫拉维特（Gustave Mouravit）曾讲过一位浮夸的塞尔维安（Servien）先生的故事：临终前，塞尔维安意识到自己竟然没有藏书——若是遗物中一本书都没有，人们会如何评价和议论他呢？这种想法令塞尔维安太过不安，他于是下令立刻去买一个图书馆来。

1515年，"文艺复兴时期的印刷大王"阿尔杜斯·马努蒂乌斯去世。他的葬礼在圣帕特里尼安（San Patrinian）教堂举行。出席葬礼的人文主义者将他毕生出版的书籍摞在棺木四周，形成一座座小塔，看起来像卫兵一样。

15

情书
图书馆的未来

古罗马的公共图书馆很多。皇帝图拉真曾建造了若干座图书馆，其中包括一直留存到5世纪的大型图书馆——乌尔比安图书馆（Ulpian Library）。奥古斯都也建立过几座重要的图书馆。具有讽刺意味的是，罗马的第一批公共图书馆是依照希腊模式建造的，且其主要藏品包括从希腊掠夺来的抄本等战利品。

欧洲文艺复兴时期，公共图书馆的传统得到复苏。16世纪，纽伦堡市政当局建立了一座市立图书馆。到16世纪50年代，该图书馆的藏书约达四千卷，其中包括抄本和印刷书。之后几个世纪，大多数欧洲国家都建立了中央和地方图书馆，并且在不同程度上秉持着"全民共享"的理念。

安东尼·帕尼齐认为，政府有责任资助建立国家图书馆，以造福全民：

图书馆：无尽的奇迹

我希望，即使是一个贫穷的学生，也能像王国中最富有的人那样，在书籍允许范围内，最大限度地满足求知的好奇心和理性的追求，求教同样权威的导师，探寻最复杂的未知疑题。我认为，政府有责任在此方面为人民提供最慷慨和不设限的援助。

在20世纪的美国，免费的公共图书馆开启了终生阅读的先河，也使得尤多拉·韦尔蒂（Eudora Welty）、约翰·厄普迪克（John Updike）等作家的文学生涯成为可能。在20世纪的英国，地方图书馆的出现是战后重建和社会变革的重要特征。

20世纪50年代末，一些图书馆成了大型超现实主义恶作剧的舞台。乔·奥顿和他的伴侣肯尼斯·哈利维尔从伊斯灵顿的几座图书馆中偷偷拿走一些书，在书籍封面上添加了虚构的推介语，画上难以理解却夺人眼球的图案，再将书悄悄送回去。多萝西·L. 塞耶斯的《俗丽之夜》的推介语称，这是该作家"最令人敬畏之作、最怪异之作，更不消说，最粗鲁之作！"在塞耶斯《证言疑云》的封面上，借阅者被建议在封闭的室内阅读此书，"并在阅读时好好拉一泡屎"。《柯林斯玫瑰栽培指南》（Collins Guide to Roses）等书中，被添加了猴子和狒狒的图片。约翰·贝吉曼（John Betjeman）的传记中被添加了一幅插图，画的是一位身着泳裤、满是文身的老人。菲利斯·汉布尔顿（Phyllis Hambledon）《女王最爱》（Queen's Favorite）的封

15 情书

面被换成两个男人摔跤的图片。《埃姆林·威廉姆斯戏剧集》(The Collected Plays of Emlyn Williams)的封面向读者展示了一些波焦式标题——"面前式""背后式""底裤的坠落"。《三面夏娃》(Three Faces of Eve)的一张脸被换成了一只小猫咪。

奥顿和哈利维尔从艺术书籍上剪下书页和图版,用来装饰他们公寓的墙壁,并美其名曰"图书馆壁纸"。这对情侣还以一位叫埃德娜·韦尔索普(Edna Welthorpe)的老人的口吻,写信骚扰当地的图书馆和其他研究机构。他们想通过这些恶作剧表达一定的政治观念,即对现代图书馆在图书选择方面优先顺序的激烈抗议。奥顿在1967年出版的书中写道:图书馆还不如压根儿就不存在,"它们有无穷无尽的书架安置垃圾书籍,但几乎没给好书留下任何空间"。

市政府官员很快怀疑到了奥顿和哈利维尔头上。政务会的法务官悉尼·波雷特(Sidney Porrett)是《宋飞正传》中勤勉的布克曼先生(Mr Bookman)的英国版。波雷特设计了一个优雅的圈套来"捕捉这两个捣蛋鬼"。他致信哈利维尔,要他移走一辆非法停放的汽车。哈利维尔在回信中大肆谴责市政机关头脑狭隘。这封打印的回信,字体及字迹上独特而不规则的痕迹与图书馆破坏者的涂鸦完全吻合。

1962年4月,奥顿和哈利维尔被逮捕,并被指控盗窃七十二本图书及一千六百五十三个图版。二人对五项恶意破坏罪表示认罪。他们被处以罚款和六个月监禁，分别在两座监狱服刑。奥顿认为，二人的同性恋关系使得量刑更重。

监禁期间，哈利维尔曾试图自杀。获释五年后，奥顿成为知名作家和剧作家。不幸的是，1967年8月，哈利维尔用锤子袭击并杀死了奥顿，之后服用过量药物自杀。

这一可怕事件引人注目的余波是，伊斯灵顿图书馆遗留了大量遭奥顿和哈利维尔涂抹篡改的书籍封面。这些封面及这对情侣创作的其他"手工艺品"，自此成为伊斯灵顿地方历史中心及附近其他研究机构最有价值的收藏品。1995年，这些作品在两人曾经破坏过的图书馆展出。馆员讲解说："乔·奥顿作为本地杰出的文学人物，多年来已成为我们的骄傲。"

诗人兼图书馆员菲利普·拉金出生于两次世界大战之间，经历了使英国进入现代社会的社会变革。小时候，他曾牵涉到一起毁坏朋友收藏的香烟卡片的事件中。格林·劳合（Glyn Lloyd）是拉金在考文垂预备学校的同学，也是个狂热的香烟卡片收藏者。某天，他收藏的卡片不见了。他立刻把电话打到拉金家里，指责拉金拿走了卡片。拉金的确拿了那些卡片，也在之后物归原主。劳合后来记录了这件事，并记述了卡片被损毁的情况："所有漂亮的红色、白色、蓝色、绿色的衬衫……都被蓝黑色墨水画的细密交叉线阴影覆盖了！"几十年后，拉金把大部分责任推给了父母。劳合表示："到底是谁，我无从得知。但在彻底毁掉我的香烟卡片方面，工作完成得'漂亮'极了。"

成年后，作为一个处处困窘的穷诗人，拉金拥护建立公共图书馆和大学图书馆。20世纪80年代，社会的趋势是建立新的公共管理秩序，推崇新古典经济学，这与建立公共图书馆是相对立的。拉金虽然同情保守主义，但并不赞同这种社会趋势。拉金在赫尔大学布林莫尔·琼斯图书馆（Brynmor Jones Library）担任馆长多年。某年，新到任的副校长与拉金初次会面，要求查看图书馆薪资及其他开销的明细。这位诗人闷声回答："妈的，管好你自己的事儿吧。"拉金曾在大英图书馆董事会任职，但因为两个原因辞职，一是上班时间太早，二是看起来"易发生火灾"的会议室引发了他的幽闭恐惧症。

如今，英国的公共图书馆在经费、读者数量、服务专业化程度等方面每况愈下。比尔·韦斯特（Bill West）在《异军突起的半文盲英格兰》（The Strange Rise of Semi-literate England）一书中，谴责了公共图书馆藏书的流失、对文学经典的忽视，以及过分强调选购一些杂七杂八的烂书而非优质图书，以至引起一系列意想不到的危机。

假设某座图书馆以其他机构也收藏了同样的原始文本为由，决定处理掉大部分纸质文本，转而使用微缩胶片和数字化文本。再假设，其他图书馆也做了相同的决定。尼科尔森·贝克（Nicholson Baker）发现了一个可怕的现实：在追求高效的风潮中，实体文本以类别为单位被整个儿销毁了。例如，许多报纸"根本无法再从图书馆系统中获得，能看到的只有胶片或数字代替品"。贝克将此种情况归咎于那些"吝啬成本的白痴"。

在过去几十年中，全英各地的市政当局已经关闭了数百家图书馆。纽卡斯尔计划关闭当地十八座图书馆中的十座。剧作家李·霍尔（Lee Hall）号召工人抵制这项计划，"为自己保住阅读的权利，保住在智力、文化、社交方面提升见识的权利"。

数十载努力，毁于一旦。你们不单自甘堕落，还要累及所有人屈为下流。

作家马洛里·布莱克曼（Malorie Blackman）、朱莉娅·唐纳森（Julia Donaldson）、安妮·法恩（Anne Fine）及菲利普·普尔曼（Philip Pullman）发表公开信，谴责关闭图书馆的计划是错误且不道德的。他们表示，政府将缩减开支的重点放在图书馆上是错误的。"吝啬教育成本的代价，将远高于节省下来的开支。"

在2015年拯救法夫郡十六座图书馆的运动中，伊恩·兰金（Ian Rankin）娓娓讲述鲍希尔图书馆（Bowhill Library）如何成为他童年的"避难所和不断发现奇迹的地方"，回忆他如何每次都尽可能多地借书，以及"当被告知我到了持有成年人借阅证的年龄，可以从成年人小说区借书时的兴奋"。保罗·梅森（Paul Mason）2016年写下的话，代表了全体英国蓝领家庭孩子的心声："我们的大学之路，是从'小瓢虫'系列童书开始的。"图书馆历史上有无数实例证明，有机会博览群书意味着更好的工作机会、社会阶层的跃迁和文化上的觉醒。人们担心，关闭图书馆的同时，也关闭了社会阶层流动的通道。

2014年，一群诗人和作家在一封写给利物浦的图书馆的"情书"上写下自己的名字，失去这些图书馆，将摧毁这座城市："这是一场屠杀，屠杀中最大的受害者是利物浦的孩子。"在全国性抗议日，玛丽·沃诺克（Mary Warnock）反对关闭当地的图书馆。她说："在经济萧条和失业的时候，我们更加需要图书馆的慰藉。"

沃诺克的口号提出了一个重要的问题：图书馆存在的目的究竟是什么？我们可以列出几十种理由，给出几十个事例。图书馆是为混乱的世界建立秩序的一种尝试，是权力的象征（例如美索不达米亚国王和美国总统的图书馆），是威望的象征（例如美国的"强盗贵族"），是人类的备忘录，是联结成网的避难所，是熏陶新世界向文明方向前进的推动力，是提供慰藉与教育的所在，是人类精神的营养之源，是新移民融入新国度的阶梯，是建立社会关系和积累人脉资本的场所，是新生命诞生之处，是救赎之地。

对于翁贝托·埃科而言，理想的图书馆应该是人性化且轻松愉快的地方——两个学生可以在午后窝在图书馆的沙发里，浏览借阅感兴趣的科学书籍，同时无伤大雅地调情。对帕尼齐来说，大英博物馆图书馆是英国灵魂的写照，"大不列颠人生活和思想的方方面面，都应在图书馆中得到体现，使之成为展示整个国家的窗口"。

卓越的图书馆不仅仅是收集图书的地方，更是文明的分支机构和聚焦点，是学生、学者、策展人、慈善家、艺术家、恶作剧者和调情的人齐聚一堂、创造奇迹的地方。

但是，如果不带有感情色彩，也不加润饰，用新自由主义经济的模式，只看"投入—产出—成效"来给图书馆下一个定义，这些描述就都不符合要求了。这也正是问题的症结所在：在现代社会中，公共资金的使用是以"投入—产出—成效"的模式来指导分配的。图书馆的投入包括购买书籍、雇用馆员、运营资金，很好计算。但图书馆的产出和成效又怎样衡量呢？图书馆"绩效"的测评难度，跟给光顾图书馆的"客户"分出三六九等一样困难。

图书馆的"客户"（其中一些只是来走走逛逛）是典型的难以分类的多样化人群。在《夜晚的书斋》一书中，阿尔维托·曼古埃尔记录了某人在大英图书馆观察到的现象：

> 每天，在图书馆的众多读者中，有单纯来补眠的，有写作业的学生，有编写电影剧本的聪明青年……简而言之，做什么的都有，就是没有查阅图书馆收藏的书籍的。

另一位观察家说，"投资图书馆，要靠情怀"，但这正是追求节约成本、增加成效的新经济模式最忌讳的。亚历山大人和雅典人知道书籍对于学术、文化和文明社会的价值。在很大程度上，图书馆的历史，往往就是这些价值被遗忘，被重新发现，然后又被遗忘的循环。

《星球大战前传》中提到了绝地圣殿和处在圣殿核心位置的绝地图书馆。这座图书馆收藏了数码书籍、星图和其他跨银河系信息存储媒介。正像作家兼图书史家戴维·皮尔逊（David Pearson）注意到的，绝地图书馆的设计让人不禁联想到都柏林圣三一学院的长厅（Long Room）。事实上，二者相似度过高，以至圣三一学院致函卢卡斯影业，要求其给出解释，之后还引发了一场法律小纠纷。该事件恰巧为传统图书馆如何应对数字化及互联网提供了一个新奇的隐喻。2017年，图书馆正处在是否数字化的十字路口。现在，梵蒂冈图书馆的大部分书籍都有了电子标签，其中许多已经有了数字化扫描版。世界范围内，数字化技术正在改变书籍和档案的保存、访问及共享方式。

书籍数字化为珍稀书籍及抄本的发掘、研究、欣赏和品鉴提供了重要手段。数字化结合在线出版，使读者在全世界任何角落都可以轻松发现和获取文本资料。这无疑是读者的福音，也是保护书籍的一种手段。对早期珍稀书籍，特别是那些翻阅时无可避免会造成损伤的脆弱文本，数字化的好处更是显而易见。

不过，看似永久的数字数据，其实并不完全可靠。有些数字化书籍甚至比纸质书籍寿命更短。戴维·皮尔逊讲述了20世纪80年代电子版《末日审判书》(*Domesday Book*)的故事：该项目由英国广播公司资助，以数字方式收录了二十五万个地名、两万五千张地图、五万张图片、三千份数据集合及六十分钟的影像资料，还有数十种关于日常生活的记录。但这个超过百万人参与的项目，却仅仅展示了数字存储方式的局限性。保存在光盘上的"书"，只有英国广播公司特制的电脑才能读取。十六年后，能够读取该书的电脑几乎都因为被新技术淘汰而消失了，读者已无法查阅"书"中的资料。经过大规模的恢复工作后，包括费尽心思解开十六进制的数据并参阅原始模拟母带，该"书"的内容才得以解码。而与此同时，保存在邱园的有千年历史的《末日审判书》原本，完全可以直接阅读。

数字化存储还有其他不尽如人意之处。书籍的许多特质是无法通过数字化实现的，比如出处、页缘批注、装帧、纸张的质感、水印、版本间的差异、压印字体的手感，以及阅读一本书时的气味等物理存在给予读者的体验。这些特质也是每本书中每个故事的内在组成部分。如果无法亲手转动精致的轮盘图、展开折叠的地图，或结合上下文欣赏彩色图版，那么阅读一本古书的体验将大打折扣。这样说来，图书数字化的兴起并未造成实体书收藏的消亡，反而是二者一起，连同建立在实体书基础上的其他研究领域共荣共兴，也就不足为奇了。

还有许多其他体验也是数字浏览所不能提供的。在

15 情书

电子屏幕上读书,完全不能体会到迷失于实实在在、充满琐碎细节和偶然性的实体书图书馆中的感觉。比如本书中介绍过的许多不同种类的神奇图书馆,其中秘密的隐藏空间,奇妙的偶然发现,油漆、灰泥、木材和石头制成的高雅艺术品,从胜利到绝望的各种人间戏剧。图书馆和其藏书的所有物理存在——书脊、书口、在书架上的位置、标号、书架、层列、陈列台、阅览厅、圆顶——都是阅读的元素,帮助我们了解图书馆和书籍的历史:它们是何时制造、如何制造的,是怎样被使用和欣赏的。电子图书和数字图书馆无法提供或关联这些阅读体验。

在谷歌图书之前,有一个古登堡计划,将数以万计的文档上传到互联网上。阿尔维托·曼古埃尔抱怨说,很多文本是重复的,还有更多根本不可靠,"匆匆扫描上传了,对印刷错误的排查做得非常糟糕"。保罗·杜吉德(Paul Duguid)注意到另一个策划相关的问题:虽然古登堡计划在很多方面类似于传统的虚拟图书馆,但它同时也像"一个教堂的旧书摊",就是那种无论宝石还是废品,因为是捐赠而来,都同样受牧师珍视的旧书摊。

安德鲁·马登在 2003 年 3 月进行了一次调查(调查结果并未发表,但被安德鲁·马登、乔·帕利米、贾里德·布赖森于 2005 年引用过)。他邀请谢菲尔德一所学校的一百七十六名学生,以五分制表达他们对一系列互联网相关问题的同意程度。这些学生的年龄在十一到十六岁之间。他们中有百分之八十六的人同意"互联网像一座图书馆"。同年，在"互联网图书馆员"国际会议上，与会代表被邀请回答同样的问卷，有三分之二的受访者同意"互联网像一座图书馆"。

不过，马登、帕利米和布赖森并不赞同将互联网和图书馆做类比。他们认为，互联网更像自言自语的合集，或者是一间酒吧，"它们的客户大多是男性，谈论的话题主要是性和体育"。这些漫无边际的自言自语就像博尔赫斯的无限图书馆，本质上是无法系统管理的。未经筛选、没有边界和索引的图书收藏，毫无用处。无论像酒吧还是旧书摊，互联网对图书馆来说，既是一种诅咒，也是一种福音。连通全球的信息网络是传统图书馆的主要竞争对手，也是大救星，因为在互联网时代，信息筛选和信息展示的需求都很迫切。

在数字化背后，人们对图书馆黯淡前景的担忧从未消失过。大家担心，图书馆将成为"信息管理中心"，书籍将被屏幕取代，日渐稀少的抄本将被送入附属于图书馆的博物馆，作为与书籍相关的古董展出。1966年，牛津和剑桥的图书馆员及学者代表团拜访了福尔杰莎士比亚图书馆和时任馆长路易斯·莱特。此次访问中，代表们观摩了一个又一个新技术如何改变图书馆的例子。一位代表说："两个星期的行程，我们听到的除了电脑还是电脑。我急需一本书的安慰。"在前景黯淡的彼时，莱特预见大批死气沉沉的学生只知道敲打电脑键盘、盯着阅读器，不知道手捧一本书的乐趣。他担心机械化最终会使人们疏远生活中的人文情趣。在屏幕或微缩胶片上读一本书，难以令人心满意足，就像隔着玻璃窗亲吻一位少女。

身后事

在圣彼得堡莫伊卡河东南岸，距离涅夫斯基大街（Nevsky Prospekt）两个街区的地方，俄国最负盛名的诗人亚历山大·谢尔盖耶维奇·普希金建立了一座约有四千册藏书的私人图书馆。后来，莫扎列夫斯基（B. L. Modzalevsky）对其中一千五百零五册图书做了编目：四百多本是俄文书，其余"外国"书籍大部分是法文的。收藏中有很多经典著作：莎士比亚、马基雅维利、莱布尼茨、但丁、拜伦、班扬、《圣经》、德昆西的《一个吸食鸦片者的自白》、托克维尔的《论美国的民主》。还有大量关于马匹、哲学、艺术、医学、烹饪、英国内战和法国大革命的书籍。藏书中有些是在巴黎、佩尔皮尼昂、布鲁塞尔、伦敦、罗马、威尼斯、第戎、里昂、那不勒斯、都柏林、纽约、费城、君士坦丁堡等地出版的，还有一本来自滕布里奇流动图书馆。很多藏书里都有普希金留下的批注、铅笔手迹、下划线、款识、简短心得、问号和指甲划痕。

普希金于1831年同娜塔莉娅·冈察洛娃结婚。六年后，娜塔莉娅的姐姐叶卡捷琳娜的丈夫乔治·丹特士男爵

（Baron Georges H. D'Anthès）试图诱奸娜塔莉娅。丹特士是荷兰大使的养子，在法国骑士警卫团服役。尽管枪法很可能不敌对手，诗人还是向这位军官发出了决斗的挑战。决斗前几天，普希金参观了冬宫画廊。据乔治·施泰纳（George Steiner）说：

> （普希金）为诗人克雷洛夫（Krylov）的孙女唱了童谣，在晚宴上看见了房间另一头的妻姐与丹特士，给朋友们留下"欢乐且充满生机"的印象，还去参加了拉祖莫夫斯卡娅女伯爵（Countess Razumovskaya）的精彩舞会。

1837年2月8日（俄历1月27日），决斗双方及各自的副手在圣彼得堡郊外的一片雪地上会面。丹特士射中了普希金的小腹，自己也受了伤。普希金的朋友们将他移上雪橇，带到莫伊卡河岸街12号的公寓，请来词典编纂者兼海军医生弗拉基米尔·达尔（Vladimir Dahl）为他疗伤。

在达尔的照料和书籍的环绕中，普希金度过了漫长而痛苦的四十八小时，不治身亡。1837年2月10日（俄历1月29日）下午2时45分，诗人的心脏停止了跳动，年仅三十七岁。他的寓所经过精心修复，现已成为普希金故居博物馆。在诗人过世一个多世纪后，法医经过彻底检查（包括制作一具穿戴齐整的纸质尸体模型），确认故居中皮质沙发上的血迹是普希金本人的。

15 情书

  我们所知的普希金遗言有多个版本。一个版本是他按着达尔的手乞求,"扶我起来,高一点,再高一点"。另一个版本中他还说,"结束了。我要走了,我要走了",然后倒回枕头上,"我几乎无法呼吸,我窒息了"。不过,最应景和扣人心弦的版本是,他指着书柜对达尔说:"我觉得我们两个正在攀爬那些书架。"之后,普希金对着藏书讲了最后一句话:"再见了,朋友们。"

致谢

新南威尔士州立图书馆、澳大利亚亚司特律师事务所、莫纳什大学图书中心、莫纳什语言文学文化及语言学学院对本书的出版厥功至伟。藏书界领军人物,长期担任莫纳什图书中心及语言学院带头人的华莱士·柯索普(Wallace Kirsop)教授和琼·柯索普(Joan Kirsop)为我引见了世界各地的一流图书馆员,并在其他方面提供了无数慷慨支持。他们和其他几位阅读了本书手稿,并提出了宝贵的意见(若仍有错漏之处,当然应完全归咎于我)。新南威尔士州立图书馆主持颁发的阿瑟斯文学奖,使我有幸能够访问苏黎世、圣加、伦敦、牛津、波士顿、马萨诸塞州剑桥、纽约、华盛顿特区及悉尼等地的图书馆。我家乡墨尔本的众多图书馆也给我提供了大量帮助,其中包括维多利亚州立图书馆、马西森图书馆(Matheson Library)和贝利厄图书馆。

我想对下列图书馆的前任及现任馆员致以衷心感谢,特别是维多利亚州立图书馆的德斯·考利(Des Cowley)、

图书馆：无尽的奇迹

休·汉密尔顿（Sue Hamilton）和凯特·莫洛伊（Kate Molloy），维多利亚州立图书馆读者学会理事会，维多利亚州立图书馆之友，莫纳什珍本图书馆的理查德·欧弗里尔（Richard Overell）、史蒂芬·赫林（Stephen Herrin）、墨尔本大学图书馆的菲利普·肯特（Philip Kent）、沙恩·卡莫迪（Shane Carmody）、博德利图书馆和韦斯顿图书馆（Weston Library）的弗朗西斯卡·加利根博士（Dr Francesca Galligan）和理查德·奥文登（Richard Ovenden）、兰柏宫图书馆（Lambeth Palace Library）的吉尔斯·曼德尔布罗（Giles Mandelbrote）、哈佛大学珍善本图书馆（Houghton Library）的彼得·阿卡尔多（Peter Accardo）、大英博物馆的苏珊·伍德豪斯（Susanne Woodhouse），以及大英图书馆、惠康图书馆（Wellcome Library）、伦敦大学学院、澳大利亚国家图书馆、瑞士国家博物馆、苏黎世中央图书馆、皮尔庞特·摩根图书馆、纽约公共图书馆、波士顿雅典娜图书馆、波士顿公共图书馆、哈佛大学维德纳图书馆、福尔杰莎士比亚图书馆、美国国会图书馆、史密森尼学会和圣加修道院图书馆的全体馆员和工作人员。在圣加图书馆，我总是虔诚地穿上每位访客都必须穿的特殊拖鞋，以保护其瑰丽的地板。我还要感谢中国国家图书馆、印度尼西亚国家图书馆、墨西哥国家图书馆、亚历山大图书馆、清华大学图书馆、南京大学图书馆、威廉斯顿之友图书馆（Friends of Williamstown Library）、纽波特图书馆（Newport Library）、哥德菲尔兹图书馆（Goldfields Library）、亚拉·普伦蒂地区图书馆（Yarra Plenty Regional Library）、阿伯茨福德女修道院基金会（Abbotsford Convent Foundation）、人文21组织（Humanities 21）和联合国教科文组织"文学之都"（UNESCO City of Literature）。

我还要感谢曾对本书中提到的图书馆进行过研究的前辈作家的成果，包括玛丽亚·斯蓬塔·德萨尔维娅（Maria Siponta de Salvia）、丹尼尔·门德尔松和约翰·普雷斯顿（John Preston）关于梵蒂冈图书馆和秘密档案馆的研究；P. R. 哈里斯（P. R. Harris）关于大英博物馆阅览室历史的研究；阿尔·阿尔瓦雷斯（Al Alvarez）和狄杜·默温（Dido Merwin）关于泰德·休斯私人文档遭到销毁的研究；尼古拉斯·巴克关于约翰·赖兰兹个人藏书被拍卖的研究；安·加尔巴利（Ann Galbally）、菲奥娜·索尔兹伯里（Fiona Salisbury）和维多利亚州立图书馆馆员关于雷蒙德·巴里个人藏书和私人日记本的研究；艾琳·查宁（Eileen Chanin）和查尔斯·施蒂茨（Charles Stitz）关于戴维·斯科特·米切尔及其藏书的研究；乔纳森·J. G. 亚历山大（Jonathan J. G. Alexander）关于中世纪抄本绘图和抄经室的研究；阿尔维托·曼古埃尔关于法国大革命时期临时书库和公共图书馆的研究；乔治·施泰纳（George Steiner）、B. L. 莫扎列夫斯基（B. L. Modzalevsky）和安德鲁·卡恩（Andrew Kahn）对亚历山大·普希金图书馆的研究；卡尔·韦伯（Carl J. Weber）对书口画的研究；詹姆斯·坎贝尔关于德国巴伐利亚梅滕修道院和奥地利下奥地利州阿尔滕堡修道院图书馆的研究；J. M. 克拉克（J. M. Clark）、安东尼·霍布森、约翰尼斯·休伯（Johannes Huber）、卡尔·施穆基（Karl Schmuki）、厄恩斯特·特伦普（Ernst Tremp）和圣加修道院及瑞士国家博物馆全体员工关于圣加修道院图书馆历史的研究；安东尼·霍布森和吕西安·波拉斯特龙关于基督堂学院图书馆、安波罗修图书馆、哥伦布图书馆、都柏林圣三一学院图书馆、布鲁塞尔耶稣会教堂图书馆、海德堡公共图书馆、巴黎公共图书馆、阿德蒙特修道院图书馆、神学家圣若望修道院图书馆盗书事件的研究；艾伦·约翰斯顿（Alan Johnston）和国际古旧书商联盟关于那不勒斯吉罗拉米尼图书馆（Girolamini Library）失窃案的研究；艾莉森·胡佛·巴特利特（Allison Hoover Bartlett）关于约翰·查尔斯·吉尔基（John Charles Gilkey）的研究；翁贝托·埃科关于《玫瑰的名字》的反思；乔治·惠勒（George Wheeler）、罗恩·切尔诺（Ron Chernow）和摩根图书馆馆员（包括"大师之手"展览的策展人）关于皮尔庞特·摩根图书馆的研究；彼得·吉里弗（Peter Gilliver）、杰里米·马歇尔（Jeremy Marshall）和埃德蒙·魏纳（Edmund Weiner）关于托尔金"马松之家"的研究；尼古拉斯·皮克伍德（Nicholas Pickwood）关于书脊装饰棱带历史的研究；克里斯廷·弗农（Christine Fernon）和《悉尼先驱晨报》关于麦克阿瑟研究所的研究；伊斯灵顿图书馆的馆员和乔·奥

致谢

顿日记关于他的"图书馆创作"的细节记载；阿诺德·亨特（Arnold Hunt）、A. N. L. 芒比（蒂姆·芒比）、阿尔维托·曼古埃尔和安东尼·霍布森关于阿什伯纳姆伯爵图书馆、利布里伯爵图书馆和希伯图书馆的研究；霍尔布鲁克·杰克逊关于爱尔兰恶龙的研究；霍尔布鲁克·杰克逊和安德鲁·普雷斯科特（Andrew Prescott）关于罗伯特·科顿爵士（Sir Robert Cotton）藏书及阿什伯纳姆住所火灾的研究；A. N. L. 芒比和玛丽·波拉德（Mary Pollard）关于卡文迪什克朗塔夫豪宅火灾的研究；耶鲁拜内克图书馆、费城罗森巴赫博物馆及图书馆关于罗森巴赫兄弟《海湾圣诗》副本故事经过和细节的记载；利·亨特、彼得·科克伦（Peter Cochran）和科林·特罗斯比（Corin Throsby）关于拜伦勋爵及其被焚毁手稿的记载；娜迪亚·霍马尼（Nadia Khomani）、李·霍尔、玛丽·沃诺克、比尔·韦斯特（Bill West）关于英国地方图书馆关闭的研究；路易斯·莱特、安德里亚·梅斯（Andrea Mays）、斯蒂芬·H. 格兰特（Stephen H. Grant）和福尔杰图书馆馆员及关于福尔杰莎士比亚图书馆的通讯；尼古拉斯·莎士比亚（Nicholas Shakespeare）和《澳大利亚传记词典》（*Australian Dictionary of Biography*）关于布鲁斯·查特文（Bruce Chatwin）、西奥多·施特雷洛及古代澳大利亚口头图书馆的记载。

　　以下著作对本书的写作也提供了很多帮助和指引：尼古拉斯·巴克（Nicolas Barker）主编的《藏书之趣》（*The

Pleasures of Bibliophily》,2002 年;詹姆斯·坎贝尔的《图书馆:一部世界史》(The Library: A World History),2002 年;托马斯·弗罗格纳尔·迪布丁的《书痴》,又称《书狂》(Book Madness),1809 年;海伦·汉夫(Helene Hanff)的《珍如瞳眸》(Apple of My Eye),1977 年;安东尼·霍布森的《伟大的图书馆》,1970 年;雷蒙德·欧文(Raymond Irwin)的《大英图书馆遗珍》(The Heritage of the English Library),1964 年;霍尔布鲁克·杰克逊的《书痴剖析》,1930 年;安德鲁·兰的《书与书商》(Books and Bookmen),1886 年;迈克尔·利普曼(Michael Leapman)的《大英图书馆藏书》(The Book of the British Library),2012 年;阿尔维托·曼古埃尔的《阅读史》,1996 年,以及《夜晚的书斋》,2005 年;罗宾·迈尔斯(Robin Myers)、迈克尔·哈里斯(Michael Harris)和吉尔斯·曼德布罗特(Giles Mandelbrote)主编的《违法》(Against the Law),2004 年;戴维·皮尔森的《以书为史》(Books as History),2012 年;亨利·彼得罗斯基的《架上书》(The Book on the Bookshelf),1999 年;吕西安·波拉斯特龙的《浴火之书》(Books on Fire),2007 年;哈罗德·拉比诺维茨(Harold Rabinowitz)和罗伯·卡普兰(Rob Kaplan)主编的《书之爱》(A Passion for Books),1999 年;唐·海因里希·托尔兹曼(Don Heinrich Tolzmann)的《人类的记忆》(The Memory of Mankind),2001 年。

我的经纪人希拉·德拉蒙德(Sheila Drummond)和文字出版公司(Text Publishing)的团队,特别是迈克

致谢

尔·海沃德（Michael Heyward）、埃琳娜·戈麦斯（Elena Gomez）、W. H. 庄（W. H. Chong），出色地完成了将手稿变成一本书的任务。我的妻子菲奥娜和女儿西娅、夏洛特，陪我参观了许许多多的图书馆，并给予我无数的善意和支持。我的朋友伊丽莎白·莱恩（Elizabeth Lane）、路易丝·莱恩（Louise Lane）、安娜·布兰妮博士（Dr Anna Blainey）、丽莎·埃伦弗里德博士（Dr Lisa Ehrenfried）、埃德·斯科菲尔德博士（Dr Ed Schofield）、安德鲁·斯科菲尔德（Andrew Schofield）、阿曼达·文特（Amanda Wendt）、格雷格·哈伯（Greg Harbour）、托尼·皮特曼（Tony Pitman）、查尔斯·斯蒂兹（Charles Stitz）和伊恩·高教授（Professor Ian Gow）帮助我在法国、德国、瑞士、英国、俄罗斯、美国、墨西哥和澳大利亚进行了额外的田野调查，满足了我对图书馆不懈的热情。非常感谢大家。

── 作者简介 ──

斯图尔特·凯尔斯（Stuart Kells）

　　作家，古书收藏家，澳大利亚莫纳什大学博士。他的著作包括《珍本》（2011年）、《企鹅与莱恩兄弟》（2015年）等。其中，《企鹅与莱恩兄弟》获阿什赫斯特商业文学奖（Ashurst Business Literature Prize）。他与妻子和女儿居住在墨尔本。